외로움 의
함정

외로움의 함정

고립이란 이름으로

우리 곁에

숨어 있는

이완정 지음

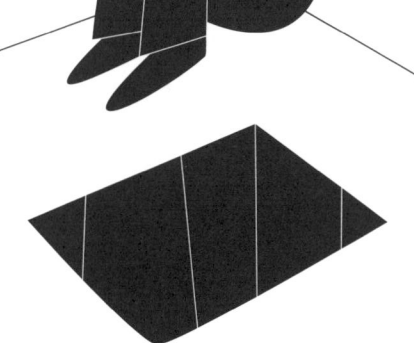

더디퍼런스

"Loneliness is a seductive trap,
poison that, once tasted, turns into a habit."

외로움은 매혹적인 함정,
한번 맛본 독은 습관으로 변한다.

— Jim Carrey

서문 외로움의 함정을 만나기까지

시니어 비즈니스 분야에 관심을 갖고 관련 사업을 시작한 것은 아직 고령화사회가 사회적 이슈가 되기 전인 2004년이었다. 10여 년간 일본에서의 직장 생활을 마치고 귀국해서 통번역대학원을 다니던 중에 지인으로부터 고령자 관련 용품 산업 전시회가 일본에서 개최되는데, 국내 정부 담당자와 기업 관계자들로 구성된 방문단의 코디네이터 일을 맡아 줄 수 없냐는 제의를 받은 것이 계기가 되었다. 일본 최대 규모의 전시장에서 열린 전시회를 가기 위해 역에 내린 순간, 전시장으로 이어지는 방문자들의 줄이 이어진 모습은 지금도 잊을 수가 없다. 당시 국내에서는 고령자 관련 산업이 제대로 자리 잡지 않았다는 것은 방문단 사전 미팅 때 이미 이야기를 나누었던 차였지만, 실제로 전시장의 규모를 보고서는 국내시장과의 격차가 너무나 크다는 것을 실감했기 때문이다. '시니어 비즈니스가 앞으로 나의 평생의 업이 되겠구나'라는 생각을 한 건, 전시회 방문을 마치고 돌아오는 비행기 안이었다.

이후 시니어 비즈니스 컨설팅을 하는 회사도 창업하고 한국과 일본을 오가는 시간을 보냈다. 조금씩 국내에서 고령화시대나 실버산업 등 고령자 관련 산업에 대한 관심이 높아지면서 대학에서 많은 강의를 했고, 정부의 관련 위원회에 위원으로 참여했다. 이와 함께 정부 정책부터 사업 컨설팅, 복지기기 무역 업무는 물론, 액티브 시니어부터 장기요양 상태의 돌봄이 필요한 시니어까지의 전 스펙트럼을 오가며 여러 가지 일을 경험했다. 그리고 2016년부터는 대학으로 자리를 옮겨 사회문제로서의 고령화와 관련된 연구들을 수행했다.

그러던 중에 2023년부터 '사회적 고립' 관련 연구과제에 참여하게 되었다. 때마침 '고령자 돌봄과 고립'에 대한 고민도 하고 있던 차였고, 저출산 고령화라는 문제의 저변에는 눈에 보이지 않는 외로움이나 고립이 숨어 있고, 이에 대해 어떻게 하면 더 심도 있게 접근할 수 있을까 고심하고 있던 때였다. 어쩌면 지금까지 다루었던 고령화라는 사회문제의 전모를 파악할 수 있는 마지막 퍼즐을 찾아낸 느낌이었다.

프로젝트를 진행한 지도 3년여가 흘렀다. 외로움과 고립의 문제를 다루면서 알게 되고 느끼게 된 것들이 머릿속에 쌓이고, 많은 사람과 이야기하면서 새롭게 보이기 시작한 것들도 가슴에 쌓이면서 책을 쓰고 싶다는 욕심이 생겼다. 주변 사람들에게 외로움과 고립 관련 책을 쓰고 싶다고 하자 다들 관심을 보였다. 모두가 외로움이라는 단어를 듣는 순간, 바늘 끝이 심장에라도 닿은 것처럼 움찔했다. 외로움과 무관할 듯 보이는 이들 조차도 이 주제에 대해 그냥 지나치지 않았다. 어떤 이는 '외로우니까 사람인 게야'라며 초연한 태도를 보이기도 하고, 어떤 이는 마음을 열어 보이며 '난 사실 언제나 외로웠어'라며 자기 고백을 하기도 했다.

본격적으로 원고를 쓰면서 나를 비롯한 모두가 외로움에 대해 민감한 반응을 보였던 이유를 알 것 같았다. 외로움은 늘 우리 주변에 있는 마치 공기 같은 존재였기 때문에 그 본질에 대해 따져 물은 적이 없었다. 그리고 외로움은 우리의 과거이자 현재이며, 미래의 모습이기도 했다.

2024년 봄부터 소속 대학교가 자리한 성북구의 여러 기관과 사회적 고립에 대한 협업을 시작했다. 사회적 고립 연구는 2023년 하반기부터 시작되었는데, 2024년부터는 지역 차원 교류의 필요성이 제기되면서 성북구의 지역사회 통합돌봄 협의체인 '사회적 고립 가구 실무자 회의'에 옵저버 자격으로 참석하게 되었다. 현장에서 직접 고립 가구를 상대하고 계신 분들의 생생한 경험담과 고민을 들을 수 있는 귀중한 기회였다.

협의체 모임이 있던 첫날, 협의체 회장인 베테랑 사회복지사

님으로부터 두 달 뒤에 열리는 전체 회의에서 '외로움과 고립'을 주제로 강의를 해 달라는 부탁을 받았다. 고립 가구 담당자들이 현장에서 고립 가구를 찾아내고 접촉하려 고군분투하고는 있지만, 막상 찾아낸다고 해도 지원을 거부하는 사례가 많아 여간 애를 먹고 있는 것이 아니라면서 고립 가구의 심리를 이해하고, 이에 맞는 대응책을 만들어 가고 싶다고 말씀하셨다. 현장에서 가장 필요로 하는 주제라며, 강의 제목을 "고립 가구의 지원 거부에 대한 심리적 이해와 대응"이라고 정해 주셨다.

강의를 의뢰받을 당시에는 강의 수락은 했으나 사실 이 주제에 대해 준비가 부족한 상태였기 때문에 연구자료와 학문적 이론, 선진 사례와 통계 등을 살펴보며 본격적인 조사분석에 돌입했다. 하지만 아뿔싸! 막상 시작해 보니 사회적 고립의 과학적 연구는 거의 없는 게 현실이었고, 거기에 지원 거부자의 심리는 물론 지원 거부 대응 연구와 사례도 찾기가 어려웠다. 마치 학교 다닐 때 시험 범위로 교과서 한 권이 통째로 지정된 느낌이라 어디서부터 손을 대야 할지 막막했다. 그래서였는지, 지금까지 했던 여느 강의보다도 공을 들이고, 강의 전날까지도 긴장하면서 준비를 했다. 강의시간 내내 현장 전문가인 사회복지사들에게 내 이야기가 잘 전달될지 마음을 졸이며 조심스럽게 강의를 진행했고, 다행히 잘 마무리되었다. 고령화 관련 연구를 하면서 익혔던 '지역사회 통합돌봄'에 대한 이해와 함께, 복지란 생활 지원이라고 생각하던 평소의 사회복지에 대한 시각이 많은 도움이 되었다.

강의 이후 성북구청 1인 가구 지원팀을 비롯해, 성북구 관내의 길음종합사회복지관, 서울청년기지개센터, 성북장애인복지관, 성북구청 청년공간 동선이음, 고립 청년지원 푸른고래 리커버리센터, 성북구사회적경제센터, 생명의전화 종합사회복지관, 청년문간사회적협동조합 등에서 직접 지역주민들을 만나 보았다. 또한, 서울시 주재의 '고립은둔대책 TF팀'의 회의에도 참석하여 정책적, 제도적인 준비 상황을 파악할 수 있는 기회를 갖기도 했다.

이 책은 고령자 관련 업무에서 시작해서 고립 지원 프로젝트까지 그동안 걸어왔던 길에서 느끼고 배우고 경험하고 전달하고픈 외로움과 고립 이야기를 담았다. 그저 어쩔 수 없이 받아들여야만 했던 고령자의 외로움을 시작으로, 점차 중장년층, 청년층의 외로움을 마주하게 되면서 외로움으로 힘들어 하는 사람들, 사회적으로 단절되어 고립감을 느끼는 사람을 이해하기 위해 어떤 노력이 필요할까에 대한 고민을 나누고 싶었다.

특히 사회문제가 되고 있는 고독사를 예방하기 위해서는 '자기방임'에 빠지게 되는 매우 복합적인 의미를 지닌 심리적 프로세스를 이해하고 이를 예방하는 것이 무엇보다 필요하다는 이야기를 하고 싶었다. 그리고 마지막으로 외로움과 고립에 다가가기 위해서는 사회학, 심리학, 사회복지학, 정치학, 행정학, 경제학 등 다각적인 학문 연구와 함께 현장의 실제적 사례와 실천적 노력, 특히 행정의 제도적 지원이 필요하다는 것을 이야기하고 싶었다. 무엇보다 가장 이야기하고 싶었던 것은 지금 빨리 시작하지 않으면 외로움의 함정은 더 깊이, 더 어둡게, 더 불행하게 깊어질 수 있다는 점이다.

    내 곁에 숨 쉬는 누군가가, 아니 외로움에 힘겨워 하는 우리 사회가 고립이라는 외로움의 함정에 빠지지 않기를, 만약 외로움의 함정에 가까이 있거나 발을 들이밀었다면 그곳에서 빨리 벗어나기를 바라는 소망을 이 책에 담았다. 그 소망이 책을 읽는 독자에게도 잘 전달되기를 바라는 마음이다.

봄을 시기하는 비를 바라보며
이완정

서문 — 외로움의 함정을 만나기까지 · 006

Part 1   외로움은 어떻게 함정이 되는가

(01)   **외로움의 정체**   018

마냥 불안하고 고통스러운 정서? · 018
외로움은 문화에 영향을 받는다? · 022
외로움은 왜 존재하게 되었나? · 026
왜 우리는 외로움에 주목해야 하는가? · 029
외로움은 마음의 병일 뿐일까? · 033

(02)   **함정의 속성과 사건**   037

외로움도 선을 넘으면 함정이 기다린다 · 038
함정까지의 길에는 단계가 있다 · 042
함정으로 더 깊이 밀어 넣는 사건들 · 045
부정적 상황과 인식의 지속적 유지 · 052

(03)   **외로움의 함정 단계별 특징**   055

1st Phase : 일상적 단계 · 055
2nd Phase : 심화적 단계 · 060
3rd Phase : 고립적 단계 · 064

(04)   **외로움의 요인**   071

1) 상황 : 가장 근본적 조건이자 요인 · 072
2) 상황 인식 : 상황을 외로움으로 판단하는 인식 · 078
3) 자기 인식 : 자신이 누구인지를 규정하는 인식 · 084
4) 개인 기질과 특성 : 태생적이거나 바꾸기 어려운 요인 · 090

CONTENTS

Part 2   사회구조적으로 고립은 어떻게 발생하는가

01. 사회적 고립의 발생 배경은 무엇인가   096

전통적인 공동체의 붕괴 ·096
가족이라는 환상 ·102
경쟁 격화로 인한 사회적 배제 ·106
디지털 기술 발전으로부터의 소외 ·109
AI 시대의 도래와 인간관계 ·112

02. 사회적 고립의 실상은 어떠한가   116

고립이 초래하는 심리적 위기들 ·117
고립과 일상생활의 붕괴 ·127
외로움의 마지막 함정인 자기방임 ·130

03. 고립은 왜 문제인가?   138

외로움은 만병의 근원 ·138
중독에 빠지다 ·142
사기 피해의 대상이 되다 ·149

Part 3   우리 사회에서 고립은 어떤 모습을 하고 있나

(01) 혼자가 기반이 되는 사회의 도래 156

비사교적인 시대 · 157
우리나라의 사회적 고립은 어느 정도일까 · 161

(02) 사회적 약자로 전락해 버린 청년들 166

왜 고립·은둔에 빠지는가 · 166
청년 고립에 어떻게 대응해야 하는가 · 173
자립을 위한 청년기의 과업 · 182

(03) 사회 변화의 직격탄을 맞은 중년층 188

중년층의 위기 · 188
중년층의 정서적 고립 · 196

(04) 오래 사는 것이 리스크가 된 노년층 204

초고령사회가 된 대한민국 · 204
노인과 사회적 관계망 · 210
AI 시대의 노인의 고립 · 216

Part 4   고립에 사회는 어떻게 대응해야 하나

(01) 고립은 삶의 질에 어떤 영향을 미치는가? 224

(02) 생활을 지원한다는 것은 무엇인가 228

(03)　지원 거부에 대한 이해와 대응　　　　　　　　　　232

　　　왜 지원을 거부하는 것일까? ・233
　　　지원 거부의 유형 ・238
　　　지원 거부자에 대한 정보 파악 ・240
　　　지원 거부자에 대한 대응 ・243

(04)　사회적 연결 만들기　　　　　　　　　　　　　　251

　　　사회적 처방 ・252
　　　영국과 일본의 사회적 처방 사례 ・260
　　　우리에게 주는 시사점 ・270

Part 5　　　　　　　　　고 립 에 빠 지 지 않 기 위 해
　　　　　　　　　　　　　개 인 은 어 떻 게 해 야 하 나

(01)　관계의 밀도, 행복의 유일한 지표　　　　　　　278

(02)　새로운 세상과 관계 맺기　　　　　　　　　　　285

(03)　외로울 수 있는 능력　　　　　　　　　　　　　290

(04)　건강한 방식으로 퇴행하기　　　　　　　　　　296

이 글을 마치면서 ・304　　참고 문헌 ・307

외로움은

어떻게
함정이 되는가

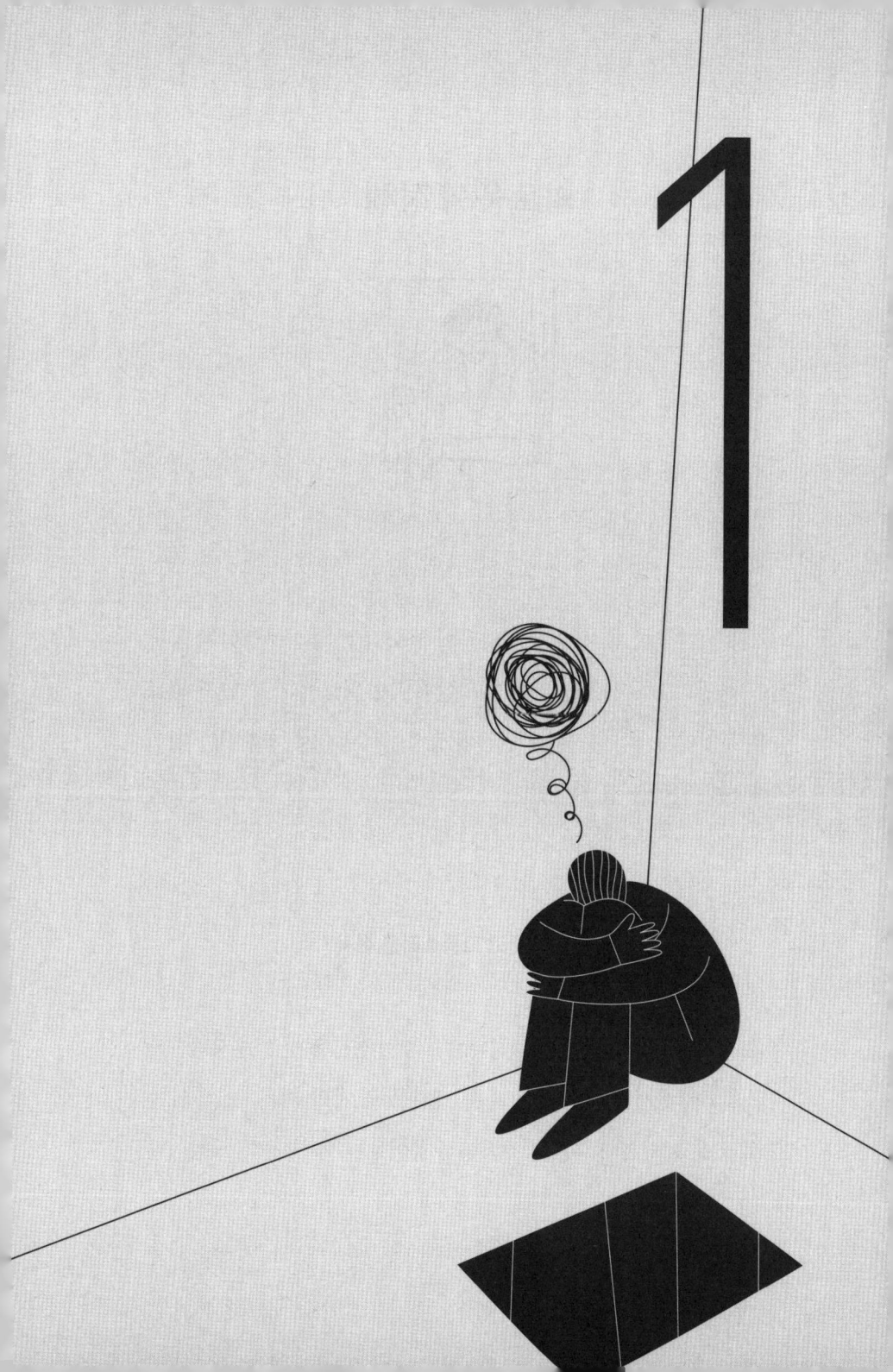

01
외로움의 정체

외로움은 어떻게 함정이 되어 인간이 사회적 존재를 부정하고 극단적인 선택으로까지 몰고 가는지를 살펴보기 위해서 가장 먼저 외로움은 무엇인지, 외로움은 왜 인간에게 붙어서 우리를 괴롭히는 것인지에 대해 알아볼 필요가 있다.

마냥 불안하고 고통스러운 정서?

"외로움이란 무엇이라고 생각하나요?"라는 질문을 받으면 사람들은 어떻게 대답할까? 가장 많이 하는 대답은 '혼자일 때의 느낌' 또는 '홀로 있을 때의 감정'이다. 그럼 다시 물어보자. "외로움의 느낌이나 감정은 좋은 것인가?"라고. 대부분 사람은 그렇지 않다고 대답한다.

"외롭다는 건 불안하고, 약간 불쾌하기도 하고, 위축되는 기분이 들기도 하고, 뭐, 결코 좋은 느낌이나 감정이라고 할 수 없지 않을까요?"

대학원에 다니는 20대 후반의 남성은 '외로움은 긍정적인 느낌이 아닌 부정적인 느낌'이라고 대답했다.

정말 그럴까? 한 연구논문에서 국어사전의 단어를 분석하여 '외로움'의 1차 유의어를 추출한 결과를 보자.

고독하다, 고단하다, 고달프다, 고되다, 고요하다, 고적하다, 곤궁하다, 괴롭다, 나른하다, 노곤하다, 덩그렇다, 되다, 삭막하다, 써늘하다, 스산하다, 쓸쓸하다, 외롭다, 을씨년스럽다, 음산하다, 적막하다, 적요하다, 적적하다, 조용하다, 피곤하다, 피로하다, 힘들다, 황량하다, 호젓하다.

모든 단어가 부정적인 느낌은 아니다. '조용하다'와 '호젓하다'는 긍정적인 느낌을 주는 단어이기도 하니까 말이다. 하지만 분명 외로움은 부정적인 느낌을 연상시키는 단어로, 차례로 읽다 보면 왠지 어두운 그림자가 드리우는 기분까지 든다. 앞의 대학원생 대답에서 나왔던 '불안', '불쾌', '위축'이라는 단어는 나오지 않았지만, 분명 유의어만으로도 왠지 불안하고, 불쾌하고, 위축되는 기분이 드는 건 어쩔 수 없다.

외로움은 국어사전에도 '홀로 되어 쓸쓸한 마음이나 느낌'이라고 되어 있다. 위의 많은 유의어 중 외로움을 대표하는 형용사로 '쓸쓸하다'가 선택되었을 뿐, 결코 긍정적인 마음이나 느낌은 아니란 걸 사전에서도 전달해 주고 있는 셈이다.

그런데 생각해 보면 외로움은 '자유'를 뜻하기도 한다. 혼자 있을 때 우리는 외로움을 느낄 수도 있지만 자유로움을 느끼기도 하기 때문이다. 사람들 사이에서의 일상생활이 피곤하고 지쳤을 때나 다른 사람의 간섭에서 벗어나고 싶을 때, 혼자만의 시간과 공간을 가지려고 한다. 그래서 혼자서 여행을 가거나, 혼자서 조용히 독서를 하거나, 생각에 잠기기도 한다. 이런 경우는 외로움의 조건인 '홀로 되는' 상황이 반드시 부정적인 정서로만 연결되지는 않는다.

영어에서 외로움을 표현하는 단어를 살펴보면 '홀로 되는' 또는 '혼자 있는' 상황이 주는 부정적 정서와 긍정적 정서로 구분되는 것을 알 수 있다. 외로움을 표현하는 가장 대표적인 단어는 'loneliness'로, 우리말 뜻과 동일하게 '홀로 되어 쓸쓸한 마음이나 느낌'을 말한다. 그런데 영어에는 외로움이나 고독을 뜻하는 또 하나의 단어로 'solitude'가 있다. 사전을 찾아 보면 '(특히 즐거운) 외로움, 고독'이라고 뜻풀이가 되어 있다. solitude는 외로움이나 고독의 쓸쓸함, 불편함이라는 부정적인 의미가 아니라, 혼자 있어 자유롭고 편하다와 같은 긍정적인 의미로 쓰이고 있다.

우리 사회에서 외로움을 이야기할 때 긍정적인 면을 이야기하기 힘들지만, 최근 1인 가구가 증가하고 자발적으로 '혼자 사는 생활(혼생)'을 선택하는 젊은 세대가 증가하면서 외로움이 주는 긍정적 측면을 강조하는 비즈니스가 활성화되고 있다. 어떻게 하면 소비자가 혼자인 상황을 더 편안하고 유쾌하고 자유롭게 즐길 수 있을까를 고민하여 개발된 상품과 서비스가 속속 시장에 등장하고 있다.*

일부에서 외로움의 긍정성을 이야기하고 있지만, 세계적인 흐름을 보면 외로움은 해소해야 하는 부정적 정서이며, 궁극적으로는 사회의 존립을 위협할 수 있는 불안 요소로 인식되고 있다. 영국과 일본이 국가 차원에서 외로움을 전담하는 정부 부처를 만들고 국민들의 외로움을 관리하려는 것도 외로움이 주는 사회적 악영향을 우려하고 있기 때문이다. 특히 개인에게는 외로움이 미치는 부정적인 영향이 크기 때문이다.

외로움 연구의 대가인 미국의 심리학자 존 카치오포John T. Cacioppo는 인간의 외로움을 '고통'이라고 해석했다. 그는 사람이 외로움을 느끼면 왜 고통을 경험하는가를 설명하기 위해 기능자기공명영상fMRI 장치를 이용한 뇌 연구를 실시했다. 뇌를 촬영해 보니, 다른 사

---

* 이 책에는 이 부분과 관련된 내용을 다루지 않지만 궁금한 독자들은 졸저 『외로움을 소비하는 사회』를 참조해 주길 바란다.

람으로부터 거부당할 때 활성화되는 감정 영역의 뇌 부위가 육체적 고통에 대해 반응하는 뇌 부위와 일치했다. 다시 말해 우리가 외로움을 불쾌한 정서라고만 생각하고 있을 때, 그는 외로움이라는 느낌이 육체적 통증을 유발하는 뇌의 동일한 해부학적 기반을 갖고 있다는 것을 발견하여, 사람은 육체적 고통과 마찬가지로 사회 정서적 고통을 느낀다는 사실을 밝혀냈다. 이는 육체적 통증이 사라진 후에도 몸에 상처가 남아 있는 것처럼, 외로움에서 일시적으로 벗어난다고 해도 고통으로 인한 영향력은 인간 유기체에 상흔을 남긴다는 것을 의미한다.

외로움은 문화에 영향을 받는다?

우리말의 '외로움'은 부정적 정서만 담고 있는데, 왜 영어에서는 부정과 긍정의 정서를 표현하는 단어가 각각 있는 것일까? 아마도 동서양의 문화 차이라고 볼 수 있을 것이다. 많은 연구자가 동서양의 문화적 차이를 설명할 때, 대표적인 차이로 동양은 집단주의적 문화를 지닌 사회, 서양은 개인주의적 문화를 지닌 사회라는 특징을 이야기한다. 우리나라를 포함한 동양권 문화는 개인보다는 집단을 중시하는 성향을 보인다는 것이고, 이에 반해 서양은 집단보다는 개인을 중시하는 문화적 특징이 있다고 보는 것이다. 물론 시간이 지나면서 점차 동양의 문화도 개인주의화 되어 가는 모습을 보이고는 있지만, 동양과 서양의 차이를 말할 때 자주 언급되는 내용이기도 하다.

　우리나라에서는 '나'보다는 '우리'라는 말을 많이 사용한다. '내 집', '내 가족', '내 남편'이 아니라 '우리집', '우리 가족', '우리 남편'이라는 말을 듣고 외국인이 고개를 갸웃거렸다는 에피소드도 많다. 극히 사적인 영역에서도 '우리'라는 집단성을 중시하는 문화적 배경 때문이다. 특히 다른 사람들의 시선을 매우 신경 쓰는 편인 집단주의 문화에서는, 집단을 벗어나 혼자 되는 상황에 대해 사회 적응력이 떨어지거나 대인관계 능력이 부족하다는 부정적 인식이 있는 것도 사실이다.

　따라서 당연히 집단을 중시하는 문화에서는 집단에서 떨어져 나와 홀로 되는 상황에 대해서 긍정적으로 받아들이지 않는다. 혼자 만끽하면서 살아가는 자유의 가치가 여럿이 함께 하면서 얻을 수 있는 편익보다 클 수 없다고 생각하는 경향 때문이다.

　반대로 개인을 중시하는 문화에서는 집단도 결국은 개인이 목적을 가지고 선택하여 이루어진 집합이므로, 만일 집단 속에서 개인이 추구하려는 목적 달성이 어렵다고 생각될 때 개인의 목적과 편익을 우선하려는 경향을 보인다. 물론 개인주의 문화에서도 목적을 지닌 자발적인 선택이 아니라 비자발적인, 그러니까 할 수 없이 집단에서 떨어져 나와 혼자 되는 상황은 바람직하지 못하다는 인식이 있다. 영어에서 외로움이 별개의 두 단어로 표현되는 이유는 바로 이것이다.

문화에 따라 외로움의 개념이나 인식이 다르다는 것을 연구한 캐나다 심리학자 아미 로카흐Ami Rokach는 지역의 문화와 전통이 사회적 기대를 형성함으로써 외로움과 유대감의 질에 영향을 미친다는 사실을 알아냈다. 로카흐는 외로움은 사회적 경험이 사회적 기대를 충족하지 못할 때 생긴다고 생각했다. 그에 따르면 가족과 공동체의 유대가 강하며 상대적으로 혼자 사는 사람이 적은 집단주의적 문화권과 그렇지 않은 개인주의적 문화권에서는 같은 사회적 환경조건이라도 외로움을 느끼는 정도에 차이가 있다고 했다. 즉 집단주의 문화에서는 주위 사람에게 더 많이 기댈수록 그들이 없을 때 외로움을 더 많이 느낀다. 그럼 집단주의 문화를 지닌 동양권에서는 모두 같은 외로움의 모습을 보이는 것일까?

일본 고베대학교 국제문화학지에 실린 린 핑핑LIN Pingping의 '외로움 비교연구'는 한중일 3국 간의 비교를 통해 같은 집단주의 문화를 지녔지만 약간의 차이가 있다는 것을 말해준다. 이 연구에서는 같은 집단주의 문화권이라고 해도 중국이 가장 집단주의적 문화권이고, 우리나라는 중간이며, 일본은 개인주의 문화권에 가깝다는 것이다. 연구에 따르면, 집단주의적 문화에 가까운 사회일수록 가족의 기대와 요구에 민감해서 가족과의 교류가 적은 것이 외로움과 밀접하게 관련되지만, 개인주의적 문화에 가까운 사회일수록 친구와의 교류가 없거나 상담 상대가 없는 것이 외로움과 밀접하게 관련되어 있다고 한다. 따라서 집단주의 문화에 가장 가까운 중국인들은 혼자 사는 것 자체가 외로움에 큰 영향을 미치지만, 상대적으로 개인주의 문화를 지닌 일본인들은 혼자 사는 것과 외로움 간에는 상관관계가 없는 것으로 나타났다. 또한, 중국인들은 가족 간 상호의존성과 정서적 유대감이 강해 혼자 지내게 되면 외로움을 많이 느끼지만, 이에 반해 일본인들은 상대적으로 가족 간이라도 별로 간섭하지 않으며 가족 응집력도 약해 1인 가구라도 혼자만의 시간을 즐기며 크게 외로움을 느끼지 않는다고 보았다. 따라서 일본은 혼자서 즐기는 문화가 긍정적으로 인식되고 있고, 혼자서도 편하게 체험할 수 있는 여가나 유흥 프로그램이 늘어나고 있는 것도 크게 외로움을 느끼지 않는 사회 분위기와 관련이 있다.

  이처럼 문화권의 차이는 물론, 같은 사회적 환경조건이라도 사람들이 느끼는 외로움의 정도가 어떻게 다른지를 설명하는 개념을 '외로움 역치loneliness threshold'라고 한다. 역치는 '어떤 반응이 일어나기 위한 최소한의 자극값'을 말하는데, 외로움을 유발하는 요인들을 계산해서 수치로 환산해 보면, 각 문화권이나 국가, 사회별로 외로움을 느끼는 수치가 각각 다르다는 것을 알 수 있다. 보통 개인주의 문화보다는 집단주의 문화의 사회에서 외로움의 역치가 낮게 나온다.

외로움은 왜 존재하게 되었나?

이런 아주 미미한 긍정성과 엄청나게 거대한 부정성을 지닌 '외로움' 또는 '외롭다'라는 느낌이나 감정은 도대체 왜 우리 내면에 자리하게 되었을까? 이다지도 고통스럽고 불편하다면 아예 우리 뇌가 처음부터 이런 경험을 하지 못하도록 차단했다면 좋았을 텐데 말이다.

외로움은 두려움, 슬픔, 즐거움처럼 감정이나 정서를 나타내는 하나의 표현이다. 인간의 내면 반응인 감정이나 정서들은 모두 나름의 목적이 있어 생겨났을 것이다. 특히 인간은 육체적 고통과 생리적으로 느꼈던 배고픔, 목마름과 같은 불안과 공포 등의 부정적인 느낌이나 감정을 회피하거나 벗어나려고 노력한 결과로 오늘날까지 살아남을 수 있었다. 어떤 사람이 목표를 이룰 수 없는 상황에 빠졌거나 자신의 힘으로는 문제가 해결되지 않을 때 경험하는 슬픔을 예로 들어보자.

슬픔은 부정적인 정서인 만큼 슬픔에 빠지게 되면 사람은 '다시는 이런 슬픔을 겪지 말아야지'라고 다짐하게 된다. 사람은 왜 슬픔을 느끼는지를 분석하고 반복되지 않도록 노력한다. 하지만 슬픔의 가장 중요한 기능은 커뮤니케이션과 유대감 형성이다. 슬픔은 '난 어려움을 겪고 있어요! 도와주세요.'라고 다른 사람에게 자신의 상황을 알려주며, 눈물이나 흐느낌이라는 표현 수단 등을 통해 주변인에게 도와달라는 메시지를 강렬하게 제시한다. 그리고 만약 주변 사람도 같은 어려움으로 슬픔을 경험하고 있다면 감정적인 유대감을 형성하게 되어 사회구성원의 결속력을 강화하기도 한다. 다시 말해 감정이나 정서는 우리가 생존하는 데에 도움이 되기 때문에 진화의 과정에서 우리의 마음과 몸에서 배제되지 않고 여전히 남아 있는 것이다. 두려움은 이 진화론적 의미를 가장 잘 설명해 주는 사례일 것이다.

'두려움'이나 '무서움'은 무언가에 대한 경고, 불안, 무질서 등에 대한 고통스러운 감정이며, 불쾌한 상황에 대한 정서적 반응에 해당한다. 깊은 밤에 어두운 길을 걷다가 발아래 뭔가 희미하게 보이면 순간 두려움을 느낀다. 불을 비추어 자세히 살펴 보니 끊어진 새끼줄이었지만 말이다. 이때 우리는 왜 두려움을 느꼈을까? 그건 혹시 이 길고 가는 것이 뱀일 수도 있다고 인식했기 때문이다. 만약 두려움을 느끼지 못하고 아무 생각없이 길고 가느다란 것을 그냥 밟고 지나갔는데 새끼줄이 아니라 진짜 뱀이었다면 그 사람은 다음날 뱀독에 중독되어 사망한 채로 발견될 가능성이 높았을 것이다. 두려움은 결국 인간이 생존에 위협이 될 모든 요소에 대한 경고등을 작동시켜 미리 대비하기 위한 심리적, 신체적 안전장치인 셈이다.

외로움도 마찬가지이다. 인간은 지구상에 존재하기 시작했을 때부터 육체적인 능력이 다른 동물들에 비해 뛰어나지 않았다. 힘이 강하지도 않았고, 빨리 뛰지도 못했으며, 하늘을 날지도 못했고, 포식자로부터 몸을 숨기기 위해 땅을 파고 들어갈 수밖에 없었다. 이빨이나 손톱은 야생동물의 목에 치명상을 입힐 만큼 강력하지도 않았다. 인간 개개인을 따로 떼어 놓고 본다면 다른 동물보다 생존에 유리하지 않았기 때문에 인간이 생존을 위해 선택한 것은 혼자 생활이 아닌 집단 생활이었다.

초기 인류는 혼자 있으면 먹잇감(?)이 될 확률이 높았지만 무리 안으로 들어가면서 위험으로부터 안전해질 수 있었다. 이렇게 집단생활이 시작되자 인간이 집단에서 혼자 떨어져 나온다는 것은 생존의 위협은 물론 집단 내에서 누리던 풍요를 더 이상 누릴 수 없음을 의미한다. 또한, 사랑하는 사람들과 함께 수확물을 나눠 먹고 서로 대화하는 행복감을 알게 되면서 집단에서 떨어져 홀로 되는 상황을 피하고자 하는 부정적인 감정이나 정서가 진화적으로 발달하게 되었다. 즉 신체적인 위협을 당했을 때처럼 홀로 남게 되면 불안감을 느끼도록 진화했다. 본의 아니게 외톨이가 되었을 때는 불안감을 느끼도록 하는 유전자가 진화를 통해 살아남으면서 인간은 강한 유대감을 선호하는 성향을 지니게 되었다.

사회적 유대감은 인간의 정상적인 욕구이기 때문에 사회적으로 고립되면 고통스러운 감정인 외로움을 느낀다. 인간이 하나의 종으로 살아남을 수 있었던 것은 사회집단 안에서 관계를 맺는 능력 때문이며, 소통하고 협력하는 능력은 인간의 강점이 되었다. 우리가 지닌 외로움을 포함한 다양한 감정은 이렇게 인류의 생존을 위한 진화 과정의 산물인 셈이다.

외로움을 육체적 고통으로 간주했던 카치오포는 '외로움이라는 감정은 사회적 동물로서의 인간이 사회적 유대를 이루며 생존과 번식을 해오는 과정에서 사회적 유대가 부족할 때 발생한다'고 보았다. 그에 따르면 외로움은 굶주림, 갈증, 신체적인 통증의 불쾌함과 맞먹을 정도로 불쾌한 감정이며, 인간이 육체적 고통을 겪지 않기 위해 위험한 일을 피하는 것과 같이, 사회 정서적 고통을 겪지 않기 위해서 사회적인 관계를 추구한다는 것이다. 이처럼 외로움은 사회적 관계가 부족할 때, 우리에게 관계를 회복하라고 촉구하는 경고로 사람들이 이 신호를 받아들여 다시 사회적 유대감을 갖도록 하기 위한 진화적 메커니즘이라고 할 수 있다.

왜 우리는 외로움에 주목해야 하는가?

사회적 유대감의 결여로 생기는 외로움은 어떻게 생존과 관련된 다른 정서보다도 중요한 의미를 지니게 된 것일까? 이는 인간의 태생과 깊은 관련이 있다. 인간의 아기는 다른 동물에 비해 미숙한 채로 이 세상에 태어나 오랜 시간 부모로부터 보살핌을 받아야만 생존이 가능하다. 다른 동물들은 태어날 때부터 두꺼운 가죽이나 날카로운 뿔, 이빨, 날 수 있는 날개, 순발력 있는 다리 등을 가지고 있어 스스로를 지킬 수 있다. 하지만 인간의 아기는 스스로를 지킬 수 있는 힘이 없다 보니, 인간은 아기를 집단 속에서 보호하며 살아 갔다.

그렇다면 왜 인간의 아기는 미숙아(?)로 태어나게 된 것일까? 영장류 학자들의 주장에 따르면, 직립보행으로 인해 산모의 산도는 좁아진 반면, 생존의 필요로 뇌는 계속 커져야 했지만 산도를 통과할 수 있는 머리 크기가 한정되어 아기는 성체를 이루지 못한 채 태어났기 때문이라고 한다.

아기는 어머니의 뱃속에서 세상으로 나와도 오랜 기간 동안 상당한 보살핌을 받아야 했기 때문에 이러한 아기와 어머니의 상호 관계는 아기의 생존에 절대적이다. 인간의 아기는 언어적인 소통이 가능해지는 데에도 생후 몇 년의 시간이 더 걸린다. 그동안 어머니 또는 양육자와의 소통은 눈빛 교환이나 스킨십 등의 비언어적인 동물적 감각으로 이루어진다.

자력으로 생존 불가능한 무력한 존재인 인간의 아기는 양육자의 관심과 양육 방침에 따라 사회와의 신뢰 관계를 형성하기 시작한다. 배고프거나 춥고 덥다는 불쾌의 표현을 양육자가 얼마나 빨리 알아보고 신속하고 세심하게 케어해 주느냐에 따라 성격도 다르게 형성된다. 예를 들어, 세심한 돌봄을 받은 아이는 부모와의 신뢰가 쌓이고, 감정적인 유대를 바탕으로 한 안정적인 애착 관계가 형성되어 잠시 혼자 있어도 외롭다고 느끼지 않는다.

이와 반대로 영유아기의 방치와 냉대, 애정 결핍, 폭력이나 트라우마 등 좋지 않은 경험은 생애 전반에 걸쳐 사람들 또는 사회와 좋은 관계를 맺고 발전시킬 수 있는 능력을 떨어뜨린다. 양육자가 우울증에 빠져 양육 과정에서 무반응으로 일관하거나 알코올 중독 등 부정적인 환경을 조성했을 때, 그 속에서 자란 아기들은 사회성 발달 과정에서 치명적인 손상을 입는다. 유아기에 감정적인 유대관계가 제대로 형성되지 못하면 불안정한 애착 관계가 형성되어 평생 다른 사람과의 관계에서도 지나치게 소속되기를 원하거나 인정받기를 원하는 등의 채워지지 않는 사랑을 찾아 헤매게 된다.

　게다가 인간은 언어적 소통이 가능하다고 해도 채집이나 사냥을 통해 스스로 생존 기술을 익힐 때까지는 육체적으로 더 강해져야 하고, 무리 안에서 양육과 보호가 필요하다. 즉 인간이 생존하기 위해서는 반드시 사회적 연대라는 토대가 필요하며, 이에 대한 욕구는 성장하는 동안 충족 경험의 학습을 통해 사회관계 기술로 자리 잡게 되었다.

　또한, 어느 정도 성장할 때까지 모체 내에서 자라지 못하고 모체에서 분리되어 나오는 바람에 생기는 분리 불안은 인간이 스스로 생각할 수 있는 나이가 되면 외로움을 인식하기 시작하는 데에 영향을 미친다. 이때부터 인간은 육체적, 정서적, 지적으로 다른 사람의 존재를 필요로 한다. 이는 인간이 가족이나 친족을 기반으로 집단을 형성하면서 살아가야 하는 사회적 동물이라는 특징으로 연결된다.

　외로움을 느끼는 능력은 다른 인간과의 연결고리를 구축하도록 하는 인류의 기본적인 생존 기능이지만, 이를 충족하기 위한 사회적 유대를 어떻게 만들어 갈 것인가는 사람마다 다르다. 그 사람이 속해 있는 집단, 즉 사회환경의 영향을 받는다. 그리고 이 사회적 유대에 대한 욕구가 바로 소속 욕구로 이어진다.

그러다 보니 어딘가의 집단에 소속되고 싶다는 욕구는 처음에는 생존의 필요성에서 시작되었으나 점차 생존의 차원을 넘어서 인간이 인간답게 생활하기 위한 기본 욕구가 되었고, 이 욕구를 통해 자신이 원하는 이상적인 관계를 맺게 되면 즐거움을 느끼지만 반대로 원하는 관계가 성립되지 않게 되면 타인과의 사회적 유대를 갈망하는 '사회적 기아' 상태에 빠지게 된다. 사회적 기아는 다른 인간의 존재와 관계를 통해 채워져야 하는 소속 욕구와 사회적 유대감이 채워지지 못하면서 생기는 결핍 상태를 말하며, 이 사회적 기아의 감정과 정서가 바로 외로움이다.

우리가 살아남기 위해서는 생물학적 생존을 위해 굶주림을 해결해야 하듯, 사회적으로 생존하기 위해서도 관계의 굶주림인 사회적 기아 상태를 벗어나야 한다. 어떻게 하든 타인과 함께 존재하는 시간과 공간을 찾아내고 그 시공간에서 어떤 형식이든 관계를 맺어야 하는 것이다. 사회적 기아가 바로 외로움이다.

만일 사회적 기아 상태를 관리하지 않고 그대로 내버려두면, 굶주림이나 질병을 방치하는 것과 마찬가지로 우리 몸에 이상 증세가 나타나는데, 특히 오랜 기간의 사회적 기아는 인간의 뇌 구조도 바꿀 정도로 큰 영향을 미친다.

외로움은 마음의 병일 뿐일까?

사람은 영장류 중에서도 큰 뇌를 갖고 있다. 신경과학자들은 인간 뇌의 대뇌피질이 확장되고 그 속에서 신경회로의 상호 연결이 더 많아진 것은 점점 더 복잡해지는 사회적 신호를 서로 주고받고 해석하고 전달할 필요가 있기 때문이라고 보았다.

영국의 진화인류학자인 로빈 던바Robin Dunbar가 주장하는 '사회적 뇌 가설Social brain hypothesis'에 따르면, 인간이 다른 동물에 비해 크고 주름진 대용량의 뇌(특히 신피질)를 갖게 된 이유는 사회생활을 하기 위해 복잡한 인지 기능이 절실히 필요했기 때문이라고 한다. 영장류 사이에서 뇌의 크기는 그 종의 사회집단의 일반적인 크기와 상관관계가 있고, 인류는 다른 어떤 종보다 다양한 관계망을 가진 대규모 협동적 종이다. 따라서 많은 사람과 오랜 시간 관계를 형성하고, 누구를 위해 무엇을 했는지 추적하기 위해 더 큰 신경 처리 능력이 필요했기 때문에 뇌가 커졌다. 결과적으로 낯선 사람들과 교류가 증가하고, 사람들의 마음속에 숨어 있는 생각과 의도를 파악하기 위해 더 높은 지능이 필요하게 되었으므로, 인간의 뇌를 성장시킨 기폭제는 타인의 존재였다.

이와 관련된 연구로 2024년 4월 25일 과학학술지인 『네이처』에 실린 '외로움은 왜 건강에 해로운가Why loneliness is bad for your health?'라는 기사를 보면, 외로움이 뇌 용량부터 신경세포들의 연결망에 이르기까지 뇌의 여러 측면을 바꿀 수 있다고 한다.

구체적으로 전전두엽 피질과 변연계와 같은 사회인지 및 정서 조절과 관련된 뇌 영역에 영향을 미친다. 또한, 이러한 뇌 구조의 변화는 사회적 신호를 처리하고 감정을 효과적으로 관리하는 개인의 능력을 변화시킬 수 있다고 한다.

동물과 인간의 가장 큰 차이점은 동물은 본능적으로 즉각적인 행동을 하지만, 인간은 감정과 기억까지 통합하여 전두엽에서 자기조절 기능과 실행제어 기능을 거쳐 자신의 행동을 선택하도록 결정한다는 데 있다. 인간의 뇌에서 가장 발달한 부위인 전두엽은 사고, 추론, 의사결정, 계획 수립 등 고차원적인 인지 기능을 조절한다. 전두엽이 발달하지 않았다면 지능과 신체적 능력이 있다고 해도, 인간은 변덕스럽고 산만하며 고립된 존재가 될 수밖에 없었을 것이고, 이렇게 오랫동안 인류가 생존하기 힘들었을 것이다.

신경생리학을 연구하는 학자들에 의하면, 인간이 극심한 외로움에 빠지게 되면 뇌 구조에 영향을 미쳐 전두엽의 자기조절 기능과 실행제어 기능이 손상된다고 한다. 그래서 자제력과 인내력이 저하되어 충동적이고 이기적인 행동을 하게 되며, 결과적으로 사회적 인지 기능과 공감 능력이 떨어지고, 이에 따라 사회적 행동을 조절하는 다른 인지능력도 타격을 받는 악순환을 거듭하게 된다고 한다.

인간의 뇌는 다른 포유류에 비해 몸집 대비 가장 크다. 그 큰 뇌에서도 가장 큰 뇌 부위는 전두엽과 대뇌피질이다. 인간의 뇌는 집단 안에서 가족과 친구, 경쟁 상대와 같은 복잡하게 연결된 방대한 인간관계를 처리하기 위해 대뇌피질이 발달했고, 대뇌피질 중 가장 늦게 발달한 신피질이 바로 전두엽이다. 전두엽은 감성 지능을 포함하여 뇌의 다양한 인지 기능을 담당하는 주요 부위로, 특히 감정조절, 의사결정 및 사회적 행동 조절에 중요한 역할을 담당한다.

전두엽이 담당하는 인지 기능은 인간이 자신의 감정과 타인의 감정을 식별하고, 상황에 맞게 적절히 반응하도록 하며, 자신의 감정을 조절할 수 있도록 해준다. 또한, 전두엽은 인간의 의사결정 과정에 참여하여, 다양한 선택지의 장단점을 균형 있게 조정하고 행동의 결과를 고려하여 현명한 결정을 내리게 한다. 또한, 전두엽은 인간이 사회적 상호작용을 하고, 사회적 단서를 이해하며, 다른 사람을 동정할 수 있도록 도와주는 사회적 행동과 대인관계에 있어서 매우 중요한 기능을 하는 아주 중요한 뇌 영역이다.

이렇게 사회적 기술과 공감대를 강화함으로써 전두엽은 감성 수준을 높이는 것은 물론, 개인이 견고한 관계를 형성하고, 복잡한 사회환경을 효과적으로 제어할 수 있도록 해준다. 따라서 전두엽이 잘 발달된 사람들은 자신의 정서와 타인의 정서를 살펴 사려 깊고 합리적인 결정을 내릴 수 있어 더 높은 수준의 사회 지능을 가질 수 있다.

최근에는 이러한 사회 지능을 새로운 지능New IQ으로 여기며, 기존의 IQ보다 더 중요하게 고려해야 한다는 주장이 나오고 있다. 기존의 지능검사는 어휘나 단어 이해력, 간단한 계산 문제, 그림 완성, 블록 쌓기, 조립식 퍼즐과 같은 시험으로 주로 언어 이해력이나 공간 지각력을 측정했다. 그러나 인공지능의 발달로 인해 이러한 지능들은 대체될 수 있게 되면서 인간만이 지닌 사회 지능이야말로 인류의 다음 발전을 가능하게 하는 집단 지성을 만드는 필수 기능이라고 강조되고 있다.

인간만이 지닌 사회 지능이 충분히 발휘되지 않는다면 외로움은 쉽게 찾아오고 해소하기도 더욱 어려울 것이다. 반대로 충분히 사회 지능을 발휘할 수 있다면, 부정적 의미의 외로움이 아닌 '자유로움'과 '개인을 향한 몰입'이라는 긍정적 의미의 외로움이 사회에 정착할 수 있을 것으로 생각된다.

02
함정의 속성과 사건

앞에서 살펴본 바와 같이, 외로움은 인간이 생존하기 위해서 갖추어야 하는 필수적인 정서적 요소이지만, 반대로 인간을 신체적, 정신적으로 파괴할 수도 있다. 그러므로 사회 지능이 발휘되는 동안에는 외로움을 충분히 개인적 수준에서 통제하면서 일상생활을 영위할 수 있지만, 외로움의 부정적인 힘이 강력해지면서 우리의 통제를 벗어나는 순간, 외로움은 자유로움과 개인을 향한 몰입이라는 긍정성을 잃으면서 함정으로 가는 문을 활짝 열게 된다. 또한, 외로움은 조금씩 자신의 어두운 부정성을 드러내면서 내면으로 파고들어, 급기야는 사회에서 단절된 고립된 개인을 만들어낸다. 그렇다면 도대체 외로움의 함정이란 무엇이며, 함정으로 가는 길에는 어떤 괴물들이 도사리고 있는 것일까?

외로움도 선을 넘으면 함정이 기다린다

함정은 두 가지의 속성을 지녀야 한다. 우선 함정은 숨겨져 있어야 한다. 상대가 알아차려서는 함정이 될 수 없다. 함정은 알고도 빠지는 것이 아니라, 모르니까 빠지게 되는 것이다. 또 하나의 속성은 한번 빠지면 쉽게 빠져나올 수 없어야 한다. 함정에 빠진 존재가 자력으로 쉽게 함정을 벗어날 수 있다면, 함정은 잠시 시간을 보내는 휴게소와 다를 바 없다. 숨겨져 있어서 알아차리기 힘들고, 한번 빠지면 빠져나오기 어려운 장치. 이것이 함정이다. 그래서 함정은 빠진 사람에게는 치명적이다.

그런데 함정이 있는 줄 알면서 어리석게도 인간은 함정에 빠진다. 그 이유는 함정에 빠지는 과정이 너무 천천히, 점진적으로 이루어져서 저기 함정이 있다는 걸 알고 있지만 '저기는 아직 너무 멀어. 괜찮아'라고 자신을 토닥이거나, '저 함정에 도착하기 전에 나의 의지로 걸음을 멈출 수 있을 거야'라고 자신하기 때문이다. 어떤 사람은 '저 함정에 빠지면 누군가가 도우러 와줄 테니 걱정할 거 없어'라고 생각하기도 한다.

이러니 다들 '아직 괜찮아, 징조가 보이면 금연하지 뭐'라며 계속 담배를 태우고, '아직 시간이 많잖아, 내겐 기회가 올 거야'라며 젊은 시간을 헛되이 보내고, '언젠가 운동하면 싹 해결될 거야'라며 고열량의 음식으로 배부름을 즐기고, '시장 상황이 바뀌면 나에게도 기회는 올 거야'라며 투기에 열을 올린다. 함정은 '어디 즈음에 있다는 건 알지만 잘 숨겨져 있어 정확한 장소를 모르는' 존재이다. 그래서 함정에 빠지는 사람은 미끄러져 떨어지면서 비로소 '아! 여기가 함정이었구나!'라고 깨닫는다. 모두가 함정이 있다는 걸 알고는 있지만, 함정의 존재 확률을 인지적으로 왜곡하거나 함정의 위험성을 축소하기도 하고 함정까지의 길을 통제 가능하다고 여기기 때문이다. 인간은 듣고 싶은 것만 듣고, 보고 싶은 것만 보고, 믿고 싶은 것만 믿으니까.

인간의 모든 행위와 정서는 함정을 지니고 있다. 물건을 사는 쇼핑에는 과소비, 쇼핑 중독이라는 함정이 있다. 운동도 너무 열심히 하면, 관절에 무리가 가거나 근육 파열을 초래하는 운동중독이라는 함정에 빠질 수 있다. 주변 다른 것에는 눈도 두지 않고 지나칠 정도로 공부에만 빠져 있다면, 사회생활을 제대로 해내지 못하는 사회성이 결여된 사람이 되는 함정이 기다릴지도 모르고, 어쩌면 영화에 나오는 천재적 사이코패스의 함정에 빠질 가능성도 있다.

정서도 마찬가지다. 슬픔에 너무 깊게 빠지거나 통제할 수 없을 정도로 우울감에 젖어 있게 되면 일상생활이 불가능해질 뿐만 아니라 극단적 선택을 하게 되는 함정을 조심해야 한다. 기쁨에 지나치게 취하면 자신만의 세계에 빠져 다른 사람의 아픔을 보고 배려하기 어려운 성격의 사람이 되면서 주변 사람이 하나둘 떠나가는 외톨이의 함정에 빠질 수 있다. 항상 매우 충만하고 행복하다고 느끼는 생활이 24시간 365일 지속된다는 것은 아무런 결핍도 느끼지 못하고 어떤 욕구도 갖지 못하게 되면서 사실상 정상적인 상태라고 볼 수 없다.

함정은 어떤 행위든 정서든, 적절한 선을 지나쳐 버린 곳에서 도사리고 있다. 적절한 선의 결핍, 적절한 선의 행복감, 적절한 슬픔과 기쁨, 적절한 쇼핑, 적절한 운동, 적절한 공부를 넘어서는 곳에 함정이 있다. 물론 이 적절한 선은 사람마다 능력과 한계가 다르니 모든 사람에게 똑같이 적용할 수는 없다. 다만 '과유불급過猶不及'이란 옛말처럼 모자라면 적절한 선까지 채울 수 있지만, 넘어서면 함정에 빠질 가능성이 커질 뿐이다.

외로움도 예외는 아니다. 너무 오래 외로운 상황에 노출되어 있거나, 누군가 옆에 있는데도 심한 외로움을 느끼거나, 주변에 자신을 이해해 주는 사람이 없어 외롭다며 크게 원망하거나, 타인에게 버림받을 바에는 내가 먼저 너희를 버려주겠다고 생각하거나, 차라리 혼자 있는 상황이 오히려 더 편하다고 느끼는 기간이 너무 길어지면 외로움은 적절한 선을 넘은 것이다. 선을 넘은 외로움은 함정으로 향하는 걸음을 재촉한다. 하지만 그래도 희망은 있다. 우리는 자신을 되돌아볼 줄 아는 인간이기 때문이다. '내가 왜 이러지', '나는 이런 사람이 아닌데'라고 하면서 다시 적절한 선으로 돌아가려 한다. 그러나 두 눈을 가린 경주마처럼 함정을 향해 질주하도록 만드는 사건이 일어난다면 이야기가 달라진다.

우리는 인생에서 많은 사건들을 만난다. 대학 입학, 결혼, 자녀 출생, 배우자의 죽음, 자녀의 결혼 등 흔히 '라이프 이벤트life event'라고 불리는 것이다. 하지만 좋은 일만 있는 것은 아니다. 가까운 사람과의 불화, 친구와의 절교, 반려동물의 죽음, 교통사고, 수술, 실직, 파산 등등 크고 작은 사건을 경험하게 된다. 그리고 이런 사건들은 알게 모르게 외로움에 영향을 미치고, 경우에 따라서는 적절한 선으로 돌아가려는 자기 조정 능력을 상실하게 만들기도 한다.

특히 사랑하는 사람과의 이별, 부모 형제나 배우자의 죽음, 갑작스러운 사고로 인한 지인의 죽음, 친한 친구와의 헤어짐, 오랫동안 살던 정든 동네를 떠나야 하는 이사나 이민 등 기존의 인간관계가 한순간 단절되는 사건은 자기 조정 능력을 상실하게 만드는 중요한 사건이다. 하지만 깊은 함정으로 한 발 더 다가가게 하는 것은 인간관계와 관련된 사건만이 아니다.

계속되는 구직 활동에도 불구하고 취업 실패가 반복되거나, 열심히 일하고 있다고 생각하는데 회사에서 능력을 인정받지 못하고 인사고과도 좋지 못하거나, 하는 일마다 뭔가 성과를 내지 못하고 있는 느낌이 들 때에도 자기 조정 능력은 조금씩 약화되어 적절한 선의 외로움으로 돌아가기 어려워지면서 함정에 빠지게 하는 촉진제로 작용한다.

친구들의 단톡방에 내 이름만 빠져 있거나, 나중에 알고 보니 친구의 생일 파티에 나만 초대받지 못했다거나, 반려견이 무지개 다리를 건넜다거나 하는 등의 사건도 그렇다. 어떤 사람에게는 '뭐, 그럴 수 있지'라고 여길 수 있는 사건도 나에게는 '아니, 이런 슬픈 일이 생기다니!'라며 외로움의 함정으로 내달릴 수 있다.

이렇게 사소해 보이지만 몸과 마음을 괴롭히는 일련의 사건들은 우리를 함정의 끝에 도사리고 있는 '고립'이라는 괴물에게 데리고 간다. 고립이라는 괴물은 개인을 둘러싼 모든 사회적 연결성의 끈을 잘라 외부와 단절시키고, 자신감이나 자아존중감을 물어뜯어 바닥에 내동댕이치면서, 더 이상 사회적 동물로서의 생활이 불가능하도록 하여, 결국에는 생물적 욕구인 생존의 욕구마저도 희미하게 만들어 삶의 의미를 상실하게 만든다.

함정까지의 길에는 단계가 있다

오늘 아침 출근길에 불현듯 밀려오는 외로움을 느꼈다고 해서 그 순간 갑자기 외로움의 함정에 발을 들이는 것은 아니다. 외로움의 적정선을 넘어야 비로소 함정이 기다리는 영역에 들어가게 되는 것이니까.

일상생활을 하는 동안 우리는 어느 정도의 선을 넘지 않는 수준의 외로움을 경험한다. 마치 일상에 크고 작은 외로움이 공기처럼 떠돌아다니는 것처럼 말이다. 이런 가벼운 공기처럼 떠돌아다니는 외로움은 영향력이 크지 않기 때문에 아주 간단한 대응으로도 예방하거나 회피할 수 있다.

예를 들어, 저녁에 집에 돌아와 아무도 없는 혼자만의 방에 컴컴한 공간을 밝히려고 스위치를 켤 때 잠시 외로움을 느낄지는 몰라도, 냉장고에서 맥주 한 캔을 꺼내와 정주행 중인 OTT 드라마를 감상하기 시작하면 그 작은 외로움도 곧 잊힌다. 친구와 작은 말다툼을 하고 갑자기 혼자란 기분이 들 때, 또 다른 친구를 만나 이야기를 나누다 보면 '나에게는 아직도 친구가 많네'라고 깨닫고는 외로움이 사라지기도 한다. 나름대로 열심히 프로젝트를 끝마치고 건네는 '프로젝트 리포트'를 내밀며 상사로부터 칭찬을 기대했건만 성에 차지 않은 얼굴로 책상에 두고 가라는 말을 듣고서 외로움을 느낄 수도 있지만, 옆의 동료와 술 한잔 기울이면서 상사 뒷담화를 하다 보면 외로움은 조금 작아질 수 있다. 다른 친구들이 순조롭게 취업에 성공하는 와중에 혼자서만 번번이 고배를 마시다 보면 경쟁에서 뒤처지는 외로움을 느끼기도 하겠지만, 어머니가 끓여주신 된장찌개가 차려진 식탁을 마주하면 나를 걱정하고 사랑하는 사람이 있다는 위안으로 다시 힘을 낼 수 있다.

이렇게 일상에서 만나는 어떤 외로움은 30초간 반짝이기도 하고, 어떤 외로움은 이틀 정도 마음을 괴롭히기도 하겠지만, 일상생활이 불가능할 정도의 외로움을 경험하고 우울증을 진단받는 경우는 많지 않다. 오히려 외롭다는 느낌을 살아오면서 한 번도 경험하지 못했다는 사람이 있다면, 도리어 그의 심리상태를 의심해 봐야 한다.

그런 일상적인 외로움은 충분히 일상생활, 즉 쇼핑, 영화감상, 친구와의 수다 등의 일상적 행위로 완화하고 해소할 수 있어 우리가 살아가고 있는 것이기도 하다. 하지만 이러한 일상적 외로움도 어떤 계기를 통해 일상생활에 지장을 주는 외로움으로 심화된다. 일상적 행위로는 해소되지 않는 외로움으로 인해 불안장애, 우울감, 자아존중감의 저하 등의 심리적 변화가 수반되면 상담심리사나 정신과 의사 등 전문가의 도움 없이는 통제가 어려운 단계의 외로움으로 발전한다.

이렇게 심화된 외로움은 인간의 마음을 좀먹기 시작하고, 가족의 죽음이나 경제적 파탄 등의 생애 중요한 사건이나 노화 등을 계기로 급기야 사회와 단절되는 고립으로 내몬다. 고립이 '사회적 동물로서의 삶을 포기하는' 자기방임의 심리상태로 이어지면 외로움은 인간이 경험할 수 있는 외로움이라는 정서의 영역을 넘어서 생존을 위협하게 된다. 이렇게 사회와 단절되고 자기방임으로 극단적 선택까지를 끌어내는 고립이 바로 외로움의 함정에서 만나게 되는 끝판왕이다.

공기처럼 떠다니다 가끔 그리고 잠시 나를 괴롭히고 가는 유쾌하지 않은 정서인 일상적 단계의 외로움에서, 정상적 생활이 어렵게 되는 심화적 단계의 외로움으로, 나아가 사회로부터 자신을 떼어내어 가두는 고립적 단계의 외로움을 거치면서 외로움의 함정은 인간을 서서히 잠식해 들어간다. 이런 단계들의 문턱에서 우리의 지혜가 발휘되어 다음 단계로의 진전을 멈추면 다행이건만, 불행히도 단계에서 단계로 넘어가도록 우리의 등을 떠미는 것은 우리가 통제할 수 없으며, 예상하지 못한 불의의 사건이나 사고, 내가 보살필 수 없었던 무의식의 심연에서 움직이던 그림자들이라고 할 수 있다. 그럼, 다음 단계의 외로움으로 넘어가게 만드는 사건이나 사고는 어떤 것인지를 살펴보도록 하자.

함정으로 더 깊이 밀어 넣는 사건들

일상적 외로움은 개인이 충분히 감당할 수도 있고, 주변에 가볍게 손을 내미는 것만으로도 해소되거나 완화된다. 그래서 일상생활에 큰 지장을 초래하지 않는다. 조금은 외로운 정서를 어느 정도 감수하면서 생활을 하더라도 일상이 망가지지는 않는 선에서의 느낌으로 그친다. 여기까지가 외로움의 함정으로 가는 첫 출발점인 '일상적 단계'이다. 이 단계에서 외로움은 불편함이나 불쾌감 등을 느끼게 하고 회피하고 싶은 정서를 동반하지만 일상생활이 망가질 정도의 영향력은 발휘하지 못한다.

하지만 일상생활에서 마음을 크게 뒤흔드는 사건이나 사고가 발생한다면, 그 사건이나 사고로 인해서 개인이 인식하는 상황과 자

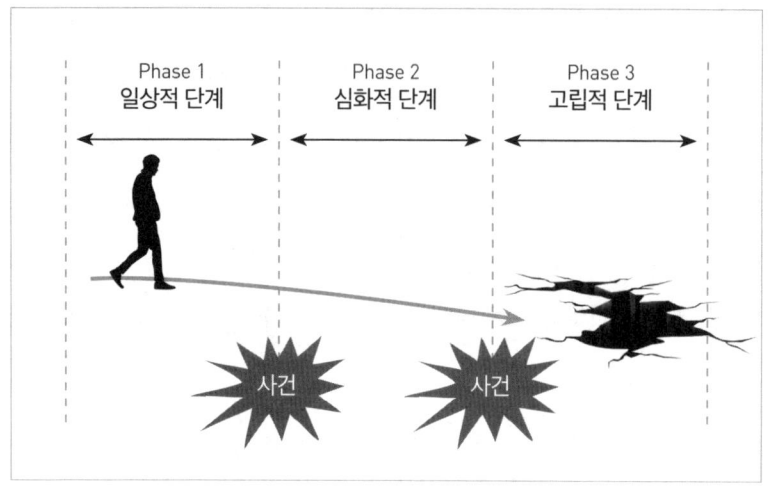

외로움의 함정 단계

신이 크게 변화한다면, 일상적 단계의 외로움은 해결하기 어려워진다. 이렇게 개인의 일상생활에 확연한 지장과 함께 정상적인 사회 활동을 영위하는 데에 어려움이 발생하면 외로움의 함정으로 한 발 더 가까이 가게 된다. '심화적 단계'로 접어드는 것이다. 이 단계에서는 개인이 혼자서 또는 지인들과 함께하는 일상생활 속에서 외로움을 완화하거나 해소하기가 어렵다. 그리고 이 심화적 단계에서 다시 개인에게 엄청난 충격을 주는 사건이나 사고 등으로 인해 최종 단계인 '고립적 단계'로 넘어가게 되고, 바로 이 고립적 단계가 최종적인 외로움의 함정이라고 할 수 있다.

　이렇게 일상적 단계에서 심화적 단계로, 심화적 단계에서 고립적 단계로 넘어가는 길목에는 외로움을 겪고 있는 개인에게 강한 스트레스를 안겨주는 사건이나 사고가 도사리고 있다. 그냥 평범한 일상생활이 지속되는 가운데 외로움의 단계가 다음 단계로 쉽게 넘어가지는 않는다.

외로움의 함정 단계를 진전시키는 것은 가족의 죽음과 같이 개인이 홀로 남겨지는 사건이 가장 핵심적인 사건이 되겠지만, 외로움은 반드시 혼자라는 상황뿐만 아니라 사회적 인정의 부족, 경쟁에서의 뒤처짐 등의 관계에서도 발생한다는 점을 고려해야 한다. 이때 일상생활에서의 변화가 주는 스트레스 연구에서 사용되는 '사회 재적응 척도SRRS, the Social Readjustment Scale'를 살펴보는 것이 도움이 된다. 이 척도는 심리학자인 토마스 홈스Thomas Holmes 와 리처드 라헤Richard Rahe가 1960년대 후반에 개발한 것으로, 개인이 받는 스트레스의 지표가 될 수 있는 여러 가지 상황을 계량화했다. 이 척도는 인생의 변화를 가져오는 스트레스 사건 43개에 대해 '배우자의 죽음'을 기준으로 스트레스 정도를 수치화했는데, 배우자의 죽음으로 받는 스트레스를 100이라고 했을 때 이혼은 73, 임신은 40 수준의 스트레스라고 했다.

이 사회 재적응 척도는 1960년대 후반에 미국인을 기준으로 만들어진 것이므로 현재 우리나라 상황에 그대로 적용하기는 어렵다. 아마도 우리나라에서 지금 다시 스트레스 수치를 계산한다면 배우자의 죽음보다는 자녀의 죽음이 제일 크리라 생각한다. 하지만 외

사건	스트레스	사건	스트레스
배우자의 사망	100	자녀의 독립	29
이혼	73	법적 분쟁	28
별거	65	커다란 개인적 성취	26
교도소 수감	63	배우자의 취업이나 실직	26
가까운 가족의 사망	63	입학이나 졸업	26
개인적 질병이나 부상	53	생활환경의 변화	25
결혼	50	개인적 습관의 변화	24
직장에서 실직	47	직장 상사와의 갈등	23
이혼 후 재결합	45	업무 시간이나 조건의 변화	20
은퇴	45	거주지 이동	20
가족 건강의 변화	44	전학	20
임신	40	여가생활 변화	19
성생활의 어려움	39	종교 활동의 변화	19
출산이나 입양	39	사회적 활동의 변화	18
근무 조건의 변화	39	10,000달러 미만의 대출	17
재정상태의 변화	38	수면 습관의 변화	16
친한 친구의 사망	37	동거 가족 수의 변화	15
다른 분야로 이직	36	식습관의 변화	15
부부 싸움 횟수의 변화	35	휴가	15
10,000달러 이상의 대출	31	크리스마스	13
대출과 관련된 압류	30	사소한 법률 위반	12
승진이나 좌천	29		

사회 재적응 척도
(출처: Holmes, TH, & Rahe, RH (1967). 심리신체연구 저널, 11 (2), 213-218.)

로움과 관련해서 사회 재적응 척도를 언급하는 이유는 앞서 말한 외로움의 단계를 넘어가는 계기가 되는 사건을 생각해 보기 위해서이므로, 스트레스 수치의 순위보다는 사건의 종류에 주목해서 살펴보도록 하자.

이 척도에서 사용된 43개의 사건을 카테고리별로 정리해 보면, 크게 경제력, 가족관계, 생활환경, 사회관계 등으로 나눌 수 있다. 우선 경제력과 관련된 스트레스 사건은 실직, 은퇴, 재정 상태의 변화, 이직, 대출, 압류, 좌천, 배우자의 실직 등이 해당된다. 개인의 경제력이 축소되는 사건은 스트레스를 유발할 뿐만 아니라 외로움에도 영향을 미친다. 시장경쟁체제에서 살아가는 현대인에게 실직이나 퇴직, 좌천 등으로 소득이 감소하거나 없어지면 경쟁에서 뒤떨어지는 기분을 줄 뿐 아니라 사회 활동을 소극적으로 만들어 인간관계의 범위도 축소되면서 외로움을 보다 심각한 수준으로 진전시키는 계기가 된다.

동거하는 가족의 수가 줄어드는 배우자의 사망, 별거, 이혼, 가족의 사망, 자녀의 독립과 같은 가족관계의 변화는 자연스럽게 외로움의 강도를 높인다. 특히 가족이 떠나가면서 1인 가구가 되는 경우에는 고립적 단계로 연결될 가능성도 있다. 여기에 가족 건강의 변화나 부부 싸움의 횟수 증가 등도 가족관계가 외로움을 진전시키는 사건이 될 수 있다.

생활환경의 변화는 대표적으로 거주지 이동이나 주변의 개발 등으로 익숙한 환경이 사라지는 것들이 해당된다. 익숙한 곳에서 익숙한 사람들과 지내던 공간의 변화는 낯선 곳에서 낯선 사람들과의 관계 정립에 시간이 걸리기도 하고 외로움을 느끼게 하는 요인이 된다.

마지막으로 실직, 은퇴, 이직, 업무 조건의 변화 등으로 인한 기존 동료 관계에 변화가 생기는 경우, 기존의 종교단체, 동호회, 동창회 등의 소속집단에 변화가 있는 경우, 그리고 친한 친구나 지인의 사망 등은 사회관계의 축소를 유발하면서 외로움의 단계를 고립적 단계로 이끌 가능성이 있다.

이와 관련하여 최근 일본에서 실시된 전국민 대상의 조사결과에 의하면, 외로움의 함정에 빠지는 단계에서 결정적 사건이 되는 계기는 연령대별로 다르지만, 일반적으로 실직이나 퇴직, 본인의 질환으로 인한 거동 불편, 가족의 간병, 가족·근친과의 사별, 이혼, 가족·친구와의 불화로 인한 절연이나 관계 단절 등의 사건으로 시작된다고 한다.

이러한 사건은 사람에 따라서는 정신적으로 회복될 수 없는 큰 상처를 남기며, 분노, 공포, 죄책감, 절망감, 우울과 불안, 자기 상실과 같은 다양한 감정들에 빠져들게 된다. 같은 문제 상황이 발생해도 사람에 따라서는 그 문제에 대해 적극적으로 해결 방안을 모색하는 유형도 있고, 반대로 문제 자체를 회피하는 유형도 있다. 고립에 대해서도 개인 기질과 특성, 즉 성격이나 가정환경과 같은 태생적인 원인에 따라 발전 양상이 달라진다. 예를 들어, 유전적 요인에 의해 내향적인 성격인 사람은 외향적인 성격인 사람에 비해 대인관계 형성에 소극적인 태도를 보임으로 고립 상태에 빠지기 쉽다. 또한, 발달 초기의 애착 경험이 부족하여 사회적 신뢰감을 갖지 못하거나 유소년기의 왕따 경험, 유소년기의 잦은 이사, 10대 때의 임신, 한부모 가정, 부모와의 절연, 부모의 이혼, 빈곤 등, 양육 환경이 불우한 경우에도 고립의 위험도를 높일 수 있다. 이러한 태생적인 위험도는 전생애에 걸쳐 영향을 미치게 된다.

고립의 직접적인 계기가 되는 것은 실업, 퇴직, 경제적 파산 등의 경제적 요인인 사건, 우울증, 정신질환, 장기간의 건강 악화 및 장애 등과 같은 심신의 변화, 배우자와의 사별, 이혼으로 혼자가 되는 라이프 이벤트, 배우자나 부모 간병 등과 같은 스트레스 상황 등이다. 하지만 사람에 따라서 선천적인 환경이 다르고, 인생의 경험이 다르며, 고립감을 느끼게 된 계기도 다 다르기 때문에 인생 경로에서 위기 상황을 맞이한다고 해서 누구나 다 심한 고립감을 느끼지는 않는다.

이렇게 살펴보면 부정적인 의미에서 스트레스를 유발하는 사건들은 대부분 일상적 단계에서 심화적 단계로, 심화적 단계에서 고립적 단계로, 외로움의 함정이 단계를 높여나가는 데에 필요한 사건으로 작용함을 알 수 있다. 물론 개인적 성향이나 성격에 따라서 다른 사람에게는 스트레스를 유발하지 않는 수준의 아주 사소한 일로도 외로움의 단계가 진전되기도 한다. 따라서 외로움의 단계별 대응, 특히 고립적 단계의 외로움에 대응하기 위해서는 외로움의 각 단계의 경계에서 개인이 경험했던 스트레스 사건을 충분히 파악해 두어야 하며, 개인의 성격, 성향, 자기인식 등의 내면을 파악하는 것도 필요하다.

부정적 상황과 인식의 지속적 유지

일상적 단계에서 심화적 단계로, 심화적 단계에서 고립적 단계로 외로움의 단계가 넘어가게 하는 계기는 비단 스트레스를 유발하는 사건뿐만이 아니다. 외로움을 겪고 있는 개인이 자신의 상황을 얼마나 부정적으로 인식하고 있으며, 이 상황과 인식이 변하지 않고 지속적으로 유지되는가도 외로움의 단계를 앞으로 나아가게 한다.

예를 들어, 상사와의 갈등으로 외로움을 겪는 A씨의 경우를 보자. 사실 A씨는 상사가 자신에게 다른 사람과는 다르게 차별적이고 엄격한 잣대를 들이대고 있다고 생각하지만, 객관적으로 볼 때 이는 A씨만의 인식일 뿐 상사는 모든 사람에게 공평한 잣대를 적용하고 있었다. 외로움은 실제 상황의 문제가 아니라 인식의 문제인 셈이다. 그런데 A씨는 자신이 퇴사하지 않는 한, 이 상황이 지속될 것으로 생각하며 큰 스트레스를 받고 있다. 이 스트레스 상황이 계속되면 일상생활이 불가능할 정도의 외로움으로 발전하게 될 것이다.

A씨의 경우처럼 실제로는 큰 갈등이 아니지만 외로움이 악화

되는 상황이라고 본인이 인식하고 지속 시간이 길어지는 것이 문제이다. 잠시의 인식이거나 부정적 인식을 바로 해소할 수 있다면 문제가 아니지만, 부정적 인식이 계속 이어지면 마음을 어지럽히고 일상생활을 어렵게 만들 수 있다.

상황이 바뀌지 않고 계속되는 것도 외로움의 단계를 진전시키는 계기가 된다. B군은 내성적인 편이라 친구를 사귀는 데에 어려움을 겪고 있고 친구도 거의 없는 편이라 학교가 끝나면 곧바로 집으로 돌아와 혼자만의 시간을 보낸다. 처음에는 책을 읽거나 동영상을 보면서 그럭저럭 시간을 보낼 수 있었지만, 혼자서 시간을 보내는 상황은 전혀 줄어들지 않았다. 시간이 흐르면서 B군은 자신은 친구를 사귈 수 없는 사람이라고 생각하게 되면서 오히려 자신을 인정해 주지 않는 사회에 반감을 갖게 되었다.

B군이 만일 방과 후 프로그램에 참여하거나, 취미를 즐길 수 있는 학원이나 동호회 활동을 했다면, 다시 말해 혼자서 지내는 기존의 상황에 변화를 주었다면 외로움의 단계는 더 악화되지 않았을 것이다. B군의 일상적 외로움이 심화적 외로움으로, 고립적 외로움으로 넘어가는 이유는 혼자라는 상황, 외로움을 느끼는 상황이 전혀 개선되지 않고 유지 또는 악화되었기 때문이다.

또 다른 사례를 보자. 혼자 사는 30대 초반의 C씨는 외로움을 느끼고 있음에도 불구하고 직장을 위해 지방에서 홀로 상경한 탓에 같이 살 가족도 없었고, 최근 만나는 이성도 없어 결혼을 통해 같이 살 배우자를 만드는 것도 당장은 불가능하다 보니 혼자 사는 현실을 개선할 여지가 없다. 1인 가구 상황이 지속된다면 시간이 지남에 따라 외로움은 심화될 수밖에 없다. C씨가 사회 활동을 통해 친구와 지인을 만들어 외로움을 완화할 수는 있지만 근본적인 외로움을 발생시키는 1인 가구의 삶에 변화를 주지 않으면 시간이 지날수록 외부 활동으로 상쇄할 수 있는 외로움보다 혼자의 삶이 주는 외로움의 크기가 상대적으로 커질 가능성이 있다.

따라서 개인을 괴롭히고 있는 외로움에 대응하기 위해서는 개인이 외로움의 어떤 단계인지, 그 단계로 진전시킨 스트레스 사건은 무엇인지, 어떤 상황이었으며 그 유지 기간은 얼마나 되는지, 마지막으로 상황을 외로움과 연결하여 인식하고 있는지 여부와 인식의 유지 기간, 인식의 전환을 위한 노력의 내용 등을 함께 살펴보아야 한다.

외로움을 유발하는 상황이나 인식에 내성이 생긴다는 것은, 외로움을 극복했기 때문이 아니라 외로움의 상황과 인식이 계속되면서 무감각해졌기 때문이다. 외로움이 만들어 내는 '벗어나고 싶어!'라는 욕구에 무감각해지면 상황과 인식을 바꾸려는 노력을 하지 않게 되고, 결국 일상적 외로움에서 초고속으로 고립적 외로움의 최종 코스인 고립이라는 함정으로 달려가는 결과를 맞이한다.

03

외로움의 함정 단계별 특징

외로움의 함정으로 이르는 길은 일상적 단계, 심화적 단계, 고립적 단계로 나누어지며, 고립은 외로움의 끝에서 만나는 최종 함정이라고 할 수 있다. 그럼 외로움의 함정의 단계별 특징을 통해 외로움이 어떻게 인간을 고립으로 등을 떠미는지 살펴보도록 하자.

1st Phase : 일상적 단계

사회를 큰 문제 없이 살아가는 평범한 사람에게 외로움은 그리 큰 유해 정서가 아니다. 가끔 외로움을 느끼기 때문에 우리는 오히려 타인의 온기에 대한 그리움을 갈망하고, 서로 사랑하고, 협력하면서 사속에서 만끽할 수 있는 관계가 주는 풍요로움을 즐길 수 있는 것이다. 인간의 만족은 항상 결핍을 채우는 과정에서 오기 때문이다. 모든 것이 채워진 완벽한 세상도 있을 리 없겠지만, 만일 그런 세상이 있다고 해도 인간은 채워진 상태를 제로 상태로 보고 다시 무언가의 자극을 추구할 테고, 그 자극이 없는 것을 '결핍'이라고 부르게 될 것이다. 일상에서 외로움을 느끼고 벗어나고 싶다고 생각하는 것은 동물로서 인간이 경험하는 지극히 자연스러운 반응일 뿐이다.

일상적 외로움은 크게 두 가지 상황에서 발생한다. 먼저 혼자만 존재하는 시간과 공간의 상황이다. 홀로됨이라는 전형적인 이 상황에는 타인이 존재하지 않으므로 해서 외로움이 찾아온다. 하지만 이때 찾아오는 외로움은 불쾌하거나 빨리 회피해야 하는 정서가 아닐 수도 있다. 누군가에게는 혼자의 시공간이 주는 자유로움을 즐기는 기회가 되기도 하기 때문이다.

하지만 혼자되기를 원하지 않는 사람에게 홀로의 시공간은 무척이나 외로울 수 있다. 그래서 사람들은 이런 홀로의 시공간에서 벗어나거나 애초에 이런 시공간에 들어가지 않기 위해 물리적인 변화를 시도한다. 예를 들어, 가까운 카페에 가서 노트북을 펴들고 다른 사람들 속에 들어가거나, 사람들이 북적이는 쇼핑몰을 가거나, 지금의 외로운 시공간이 아닌 다른 세계로 빠져들기 위해 영화를 보거나 소설을 읽기도 한다.

외로움을 유발하는 또 하나의 상황은 인간의 의식과 관련있다. 같은 출발점에서 시작한 인생의 경쟁에서 친구가 나보다 한발 앞서 나가고 있다는 생각이 들 때, 다른 사람으로부터 인정을 받지 못할 때, 나를 잘 알고 있을 거라 믿었던 가족이나 가까운 사람들로부터 자신의 생각이나 행동이 이해받지 못할 때, 심지어 오늘의 나를 되돌아보니 나조차도 내가 바보 같고 한심해서 나를 이해하기 어려울 때, 우리는 외롭다는 생각을 하게 된다. 이 외로움은 시공간의 문제가 아니라 관계의 문제이다. 타인과 자기 내면 사이의 관계에서 생긴 어긋남이 만들어 낸 외로움이다. 하지만 관계의 외로움은 시공간의 외로움보다 더 풀기 어려운 외로움으로 작용한다.

    홀로 있음의 시공간으로 인해 발생한 외로움은 잠시 일상의 시간을 벗어나서 비일상의 공간을 찾아 쇼핑이나 영화 보기 같은 작은 시도로 쉽게 외로움을 완화하고 해소할 수 있다. 게다가 홀로 되는 시간은 그다지 길지 않다. 저녁에 퇴근해서 혼자의 방에 돌아간다고 해도 내일 아침이 되면 다시 일어나 출근을 하고 사람들의 무리 속으로 들어가게 된다. 주말을 혼자 보낸다고 해도 월요일이 되면 싫든 좋든 홀로 있음의 시공간에서 벗어날 수 있다. 시공간이 주는 외로움의 문제는 쇼핑하러 나가는 것처럼 적극적으로 움직여 그 시공간을 물리적으로 벗어나거나, 영화에 빠져서 시공간에 있다는 사실을 잊어버린다든지, 아니면 외로움은 느끼겠지만 곧 물러날 홀로의 시공간을 잠시 견디면 되는 정도이다. 시공간의 외로움은 혼자서도 충분히 풀어낼 수 있는 외로움이기 때문이다.

하지만 관계로 발생하는 외로움은 이렇게 간단하고 쉽게 해결되지 않는다. 사회로부터 인정받지 못하거나 경쟁에 뒤처지고 있다는 생각에서 찾아오는 외로움은 쇼핑 한 번으로 잠시 잊을 수 있지만 결국은 다시 관계의 문제로 환원되기 때문이다. 타인의 부재로 발생하는 것이 아니라 타인의 존재 때문에 발생하는 외로움은 결국 두 가지 방법으로 풀어낼 수밖에 없다. 우선 나를 인정해 주는 새로운 사람이나 집단과 관계를 맺거나 좀 더 적극적인 의미에서 능력을 개발하여 인정받을 수 있도록 노력하는 일이다. 서울이라는 대도시의 무한경쟁에 지치고 이런 경쟁을 하면서(꼭 경쟁에서 밀려나서가 아니라 인간적인 면에서의) 인간관계의 허망함과 외로움을 느끼고 귀농 귀촌을 하는 사람들은 새로운 집단과 사회를 선택하는 방법을 택한 셈이다.

우리는 관계의 외로움을 흔히 '능력'으로 해석하곤 한다. 경쟁에서 뒤지거나 이해받지 못하고 있는 상황은 그 사람의 경쟁력, 커뮤니케이션 능력 또는 표현력의 부족으로 받아들이곤 한다. 외로운 이를 바라보는 주변 사람은 그의 외로움을 능력 부족으로 인식하고 능력을 키울 것을 요구한다. 있는 그대로의 자신을 받아주기를 바라는데도 '더 노력해야 해!'라고 채찍을 휘둘러 대는 주변을 보면서 좌절하기도 한다. 그래도 이런 외로움을 받아주는 곳은 반드시 존재한다.

서점에 가면 '그대로도 괜찮아, 잘하고 있어'라고 나를 토닥여 주는 책들이 베스트셀러 코너를 장식하고 있다. 그만큼 책으로라도 자신을 위로하고 이해받고 싶은 사람이 많은 것이다. 가족에게 실망해서 외로움을 느낀다고 해도 둘러보면 이런 나를 위로하고 마음을 나눌 친구 한 명쯤은 있다. 사람에게 지친 마음의 외로움을 풀어줄 비슷한 처지의 사람들을 만날 수 있는 동네 모임을 소개하는 직거래 어플도 있다. 인터넷으로 쉽게 연결되는 초연결 시대에는 관계로 인한 외로움을 풀어낼 방법은 무궁무진하다.

비록 시공간의 외로움보다는 관계의 외로움이 더 깊은 외로움의 함정으로 진전될 가능성은 크다 하더라도 모든 관계의 외로움이 일상적 외로움의 다음 단계인 심화적 외로움으로 쉽게 넘어가지는 않는다. 어찌 되었건 인간은 사회적 동물인만큼 그 사회가 관계의 외로움이란 아픔을 주었더라도 결국 사회 속에서 살아가는 한 아픔을 치료할 수 있는 다른 관계도 사회 속에서 찾아낼 수 있기 때문이다.

이렇게 일상생활에서 소소하게, 때로는 아프게 찾아오는 일상적 외로움은 아직 함정이라고 부르기는 어렵다. 앞서 말했듯 함정은 알고도 벗어나기 힘든 장치이지만 일상적 외로움은 쇼핑을 하고 친구와 수다를 떨고 네일 아트를 받거나 책을 읽고 위로를 받음으로써 완화시키고 해소할 수 있기 때문이다. 외로움을 본인이 인식하여 이를 완화하고 해소할 수 있다면 아직은 함정이라고 하긴 어렵다.

2nd Phase : 심화적 단계

일상적 단계의 외로움은 잠시 마음과 머리를 어지럽히고 외로움이란 문제해결을 위해 노력을 요구하지만 그렇다고 해서 일상생활을 지속하기 어렵고, 타인과의 관계에 결정적인 장애가 발생하지는 않는다. 반면에 심화적 단계의 외로움은 일상생활에 지장을 초래하여 기존의 정상적인 생활을 영위하기 어렵게 한다.

심화적 단계는 이미 가족관계의 변화, 사회관계의 축소, 소득의 감소 등 일련의 사건으로 일상적 단계보다 외로움이 깊어진 상태이지만 사건의 충격이 해소된다면 다시 이전 단계인 일상적 외로움 단계로 돌아갈 수 있다.

이전 단계로 회귀하기 위해서는 심화적 단계로 등을 떠밀었던 사건이 해결되거나 사건을 바라보는 개인의 관점에 변화가 일어나야 한다. 만일 소득이 감소되어 사회 활동이 위축된 경우, 다시 사회 활동을 활발히 할 수 있을 정도로 소득이 증가하면 자연스럽게 자신감도 붙어 심화적 단계에서 일상적 단계로 복귀할 가능성이 있다.

소득 감소로 자신감이 떨어져 사람과의 만남을 피하고 사회 활동이 위축되어 심화적 단계로 접어들었다 해도, '행복에 있어 돈이 중요한 것이 아니다. 가족이 가장 중요하다'며 경제적 상황을 바라보는 관점에 변화가 생겼다면 심화적 단계의 고통에서 벗어나 일상적 외로움으로 돌아갈 수도 있다.

하지만 외로움의 함정은 이렇게 쉽게 이전 단계로의 회귀를 허락하지 않는다. 회귀하기 위해서는 뼈를 깎는 고통을 감내해야 한다. 소득의 감소로 인해 경쟁에서 뒤진다는 생각과 자신감이 결여되고 사회생활이 위축되면 경제적 결핍을 바라보는 관점을 변화하려는 노력도 어려워진다. 가족이나 배우자의 죽음으로 심화적 단계로 접어들었다면 마음을 다스리기 위해 엄청난 노력이 필요한데, 죽은 사람이 다시 살아 돌아올 수 없기 때문에 상황을 바라보는 마음을 새롭게 하는 노력이 필요하다.

　　가족이나 친구의 죽음과 같이 심화적 외로움으로 떠밀었던 스트레스 사건을 이전으로 다시 돌리는 것은 불가능하다. 할 수 있는 것은 생각을 바꾸는 것이다. 하지만 생각을 바꾼다고 해도 상황이 좀처럼 개선되지 않는다면 문제는 지속적으로 반복될 뿐이다. 그래서 심화적 단계에서 일상적 단계로 돌아가기 위해서는 다음 두 가지 방법을 선택할 수 있다.

　　첫 번째는 상담심리사와 같은 전문가의 도움을 받아서 주어진 상황을 다르게 해석하고 마음을 안정시킬 수 있는 내면의 노력을 해야 한다. 이런 과정은 사실 상담전문가들이 나오는 TV 예능 프로그램과 같이 간단하고 흥미로운 과정이 절대 아니다. 성공의 보장은 없지만 비용, 시간, 노력을 투자할 용기와 각오가 있다면 가능할 수 있다. 이 방법은 가족의 죽음과 같이 이전 상황으로 돌릴 수 없는 사건일 경우 도움이 될 수 있다.

　　두 번째 방법은 어떻게 해서든 상황을 이전으로 또는 이전과 유사한 상황으로 돌리는 방법이다. 실직이나 은퇴라면 다시 직업을 갖거나 이사를 했다면 새로운 지역에서 이웃을 사귀고 환경에 적응하는 방법으로 이전의 상황과 비슷한 수준으로 돌리는 것이다. 하지만 이 방법도 한계는 분명 존재한다. 이전과 똑같은 상황으로 갈 수 없기 때문이다. 실직은 단순히 직업과 소득을 잃는 것뿐만 아니라 기존의 동료 관계와 소속감을 모두 잃어버린다는 것을 의미하는데, 만일 원상으로 복귀하려면 같은 직장, 같은 팀, 같은 직급으로 돌아가야 하지만 거의 불가능하다. 이사한 곳에서 새로 사귄 이웃이 이전의 이웃과 같을 수 없으며, 새로 가입한 동호회의 분위기가 이전 동호회와 같을 순 없다. 다시 말해 상황을 원상으로 돌리려는 방법은 유사한 수준까지는 가능할지 몰라도 완벽하게 성공할 수 없고, 유사한 수준으로 돌리기까지에도 많은 시간, 비용, 노력이 필요하다.

문제는 일상적 단계의 외로움은 의식적이든 무의식적이든 아주 단순하고 간단한 행위를 통해 해소되는데 심화적 단계의 외로움은 그렇지 못하다는 거다. 이 단계의 외로움을 해소하거나 완화시키기 위해서는 외로움을 경험하고 있는 개인의 자각, 특히 '나의 외로움은 일상생활을 어렵게 할 만큼 심각하다'는 자각이 있어야 한다. 이런 자각이 있어야 앞에서 얘기했던 것처럼 상황을 돌리든 마음을 돌리든 필요한 시간, 비용, 노력을 고려할 수 있다.

그런데 심화적 단계에 있는 사람 중에 이런 자각을 지닌 사람은 많지 않다. 대부분은 자신의 외로움은 이전 상황으로 돌아가면 해결되거나 시간이 해결해줄 거라고 여기고 방치한다. 그래서 외부로부터의 도움이 필요하다는 생각을 하지 않고 적극적으로 도움을 요청하지도 않는다. 그대로 외로움이 날뛰게 놔두면 절대 이전 상황으로 돌아갈 수 없으며, 시간이 지난다고 자연 치유될 수 없음에도 불구하고 말이다. 외로움의 상태는 더욱 악화되고 스트레스 사건이 다시 일어나거나 내면의 불안이 증폭되면 고립적 단계로 넘어갈 가능성이 크다.

게다가 일상적 단계의 외로움보다 심화적 단계의 외로움이 벗어나고 싶다는 욕구가 더 큰 외로움이라는 점도 중요하다. 일상적 외로움은 '가능하면 외로움을 벗어나고 싶은데'라는 가볍고 사소한 외로움이므로 욕구가 그리 크지 않아 무의식적인 행위로도 외로움을 완화하거나 해소할 수 있다. 하지만 일상생활에 지장이 생길 정도의 외로움이면 '이 외로움에서 정말 벗어나고 싶어!'라는 욕구가 커지게 마련이다. 이때 이런 욕구가 충족되지 않으면 인간은 좌절감을 맛보게 된다. 외로움에서 벗어나지 못하는 좌절감은 더욱 외로움을 키우는 불쏘시개 역할을 한다. 그래서 심화적 단계의 외로움을 지닌 사람들은 섣불리 외로움을 해소하려 노력하지 않는 경향이 있다. 만일 자신의 노력이 실패했을 때, 그때 경험하게 되는 좌절감이 너무나 뼈아프다는 걸 알고 있기 때문이다.

이렇게 심화적 단계의 외로움은 삶을 영위하기 위해 반드시 풀어내야 하지만 개인적으로 해결하기 어렵다. 늦지 않은 전문가의 개입이 바람직하지만 사회적 돌봄이 필요한 고립적 외로움의 단계는 아니기 때문에 정부나 지자체의 적극적인 개입을 기대하기도 어렵다. 따라서 전문가의 개입은 어디까지나 개인의 자발적인 의지가 필요하다.

그러므로 심화적 단계에서 외로움으로 일상생활의 어려움을 겪고 있다면 빨리 자신의 외로움 수준을 체크하고 주변 사람들이나 전문가에게 도움을 요청하는 적극성이 필요하다.

3rd Phase : 고립적 단계

고립적 단계는 일상생활의 어려움을 겪는 단계를 넘어 평범한 일상생활이 불가능해지고 사회적 연결성이 단절된다는 특징을 지닌다. 그리고 고립적 외로움이 지속되면 최종적으로 '고립'이라는 상태에 빠지게 된다.

심화적 단계에서 전문가의 도움을 통해 외로움을 컨트롤하지 못하였거나, 아주 큰 스트레스 사건을 경험했거나, 외로움을 유발하는 상황이나 인식에 변화가 없고 부정적인 자기인식이 확대되어 무기력에 빠졌을 때 외로움은 고립적 단계로 발전한다.

고립적 단계에 빠진 개인은 외로움의 악순환을 경험하게 된다. 고립적 단계에 이르기까지 외로움의 탈출을 위해 많은 노력을 했지만 실패한 경험으로 인해 더 이상의 노력을 하려는 의지가 감소하면서 상황이나 인식의 변화를 더욱 어렵게 만들고, 벗어나려는 시도를 포기하면서 자신이 처한 외로움을 받아들이며, 손에 쥐고 있던 얼마 남지 않은 사회적 연결성마저도 놓게 된다.

이런 과정에서 가장 크게 작용하는 것은 자신에 대한 생각과 인식이다. 자신은 무능력자로 사회에 아무 쓸모가 없으며, 아무도 자신을 돌보아 주지 않을 것이라는 부정적 내면 인식은 고립이 인간을 고통의 심연으로 이끄는 족쇄로 작용한다. 이런 상태에서는 외부 전문가에게 도움을 구하려는 노력이나 행위도 하지 않게 되며, 외부에서 도와주겠다는 의사를 표명하더라도 이미 닫힌 마음은 경계의 눈으로 세상을 바라본다. 고립적 단계의 외로움은 이미 세상과 연결된 끈을 놓게 하는 것이 아니라, 아예 문을 닫아버리는 자물쇠가 되어버리기 때문이다.

그렇기 때문에 고립적 단계에 머무는 시간이 어느 정도 계속되면, 부정적 자기인식은 자기 존재를 방치하기에 이른다. 이른바 자기방임 현상이다. 2장 이후에 '고립'과 '자기방임'에 대해 자세하게 다룰 예정이지만, 자기방임은 고립적 단계의 외로움을 겪는 사람이 스스로를 돌보지 않거나 돌봄을 거부하는 행위를 말한다. 자기방임에 다다른 사람은 살아가는데 필요한 식사나 위생 등에 무관심하며 노력하지도 않는다. 몸이 아파도 약을 먹거나 병원에 가려고도 하지 않는다. 집에 비가 새거나 벌레가 들끓어도 아무 생각이 없다 보니 위생상태는 엉망이 된다. 자기방임은 최소한의 자기보호 행위를 포기하는 상태를 말하며, 이렇게 되면 우리가 뉴스에서 접하는 극단적 결과가 일어나기 쉽다.

그래서 어떻게 해서든 고립적 단계에 있는 사람들이 자기방임에 빠지지 않도록 국가나 지자체가 개입할 필요가 있지만, 앞서 말했듯 자기방임은 자신의 환경 개선이나 인식 개선에 관심이 없을 뿐만 아니라 사회적 개입에 대해 거부감을 가지고 있어서 문을 열어주지 않거나 대화를 거부하는 등 개입의 첫 시도부터 불가능한 경우가 많다.

그러므로 고립적 단계는 외로움이라는 단어로 정의하기에는 무리가 있다. 이미 외로움을 넘어서 신체적, 정신적, 심리적 고통을 수반하는 일종의 병리적 단계라고 할 수 있다. 이 단계의 외로움에 대응하기 위해서는 개인의 자각을 통해 고립적 외로움을 벗어나기 위한 자발적 행위나 노력을 기대하기보다는, 고립자들이 사회의 개입을 수용하도록 유도할 수 있는 체계적이며 전문적인 대응이 필요하다.

고립적 단계에서 우리가 주의할 점이 있다. 바로 '고립'에 대한 정확한 이해이다. 최근에 고독사나 은둔형 외톨이와 같은 사회문제가 부상하면서 외로움과 함께 고립이라는 말이 매스컴에 자주 등장하고 있다. 그런데 문제는 매스컴이나 일반 대중뿐만 아니라 일부 서적이나 연구자들도 외로움과 고립을 같은 의미로 사용하기도 한다는 점이다.

외로움은 앞서 말한 대로 인간이라면 누구나, 언제, 어떤 상황에서라도 흔히 경험하게 되는 보편적 정서라고 할 수 있다. 그러므로 사회적 단절을 의미하는 고립과는 사실 의미가 다르고 외로움의 깊이와 현상도 다르다. 이렇게 고립이 외로움과 같은 의미로 사용되게 된 배경에는 국내에서 외로움 연구의 대표 참고문헌이 된 『고립의 시대』의 영향이 크다.

영국의 경제학자인 노리나 허츠Noreena Hertz가 쓴 책 『고립의 시대』의 영어판 원저의 제목은 『The Lonely Century: Coming Together in a World that's Pulling Apart』이다. 원저의 제목을 굳이 번역하자면 '외로운 세기: 멀어져 가는 세상에서 다시 연결되기'라고나 할까. 하지만 이렇게 책 제목을 정했다면 아마도 베스트셀러의 반열에 오르기는 어려웠을지도 모른다. 출판사가 과감히 '외로움'을 '고립'이라는 단어로 대체한 노력도 영향을 미쳤을 것이다. 외로움은 너무나 흔한 느낌이지만, 고립은 시급히 해결해야 하는 커다란 사회의 트렌드처럼 느껴지기 때문이다. 그런데 문제는 이 제목 덕분에 많은 사회영역에서 고립과 외로움을 구별하지 않고 같은 의미로 받아들이고 있어서 외로움을 연구하는 현장에서도 혼란을 빚고 있다는 점이다.

외로움은 '상황'이라는 의미도 포함하고 있지만 핵심은 보편적인 인간 '정서'에 초점을 맞춘 단어라고 할 수 있다. 하지만 고립은 다르다. 고립은 '상황'이나 '상태'에 초점을 맞춘 단어이다. 고립의 정의는 '다른 곳이나 사람과 교류하지 못하고 혼자 따로 떨어짐'이며, 영어로는 'isolation'으로 표현한다. 영어 isolation의 어원은 라틴어의 섬insula에 기원을 둔다. 마치 섬처럼 홀로 떨어져 있다는 의미이므로 '물리적으로 격리되어 혼자 있는 상태'가 고립이다.

그러니까 용어만 보자면 '외로움=고립'이 될 수 없다. 고립이 된다면 외로움을 느낄 수 있겠지만 외롭다고 해서 고립은 아니기 때문이다. 그럼 이런 의문이 생길 수 있다. 고립도 결국은 '혼자 있다'라는 상황이니 외로움이란 정서를 유발하는 상황을 표현하는 것에 그치지 않느냐는 의문 말이다. 하지만 고립에서 중요한 것은 '혼자'가 아니라 '다른 곳이나 사람과 교류하지 못하고'라는 점이다. 누군가와 교류나 대화를 하거나 연결되어 있다면, 또는 그럴 가능성이 있다면 사실 고립이라고 할 수 없다.

예를 들어, 어떤 사람이 외로움으로 인한 고통으로 주 2회 상담심리사에게 상담 치료를 받고 있다면 이 사람은 '고립'된 사람이라고 볼 수 있을까? 어떤 사람이 평소 외출도 하지 않고 다른 사람도 잘 만나지 않지만, 한번 외출할 때면 친구나 가족들을 두루 만나고 다닌다면 그는 '고립'된 사람일까?

고립은 말 그대로 사회적 연결성이 상실되어 사회와 단절이 전제가 되어야 하기 때문에 위에서 말한 두 사람 모두 외로운 사람일 수는 있겠지만 고립된 사람은 아니다. 이미 그는 어떤 방식으로든 사회와 연결되어 있고, 자신이 마음만 먹으면 더 많은 연결을 만들어 낼 수 있기 때문이다.

하지만 여기에서 현실과 용어의 정의에 차이가 발생한다. 용어의 정의에 따르면 고립을 '완전한 단절'로 보아야 하지만, 현실에서 사용되는 고립은 '단절되어 가는 과정' 또는 '단절의 정도'까지를 포함하여 고립으로 보고 있다. 그래서 나중에 자세히 살펴보겠지만 고립 가구에 대한 정부의 대책 등을 마련할 때, 어떤 가구를 고립 가구로 볼 것인가는 체크리스트를 통해 일정 수준 이상의 조건을 갖추었을 경우 고립 가구로 인정하는 방식을 따르고 있다.

고립을 이해했다면 다음 코스로 넘어가자. 바로 '사회적 고립'이다. 사회복지학 등에서 고립의 문제를 다룰 때 고립보다는 사회적 고립이라는 용어를 더 많이 사용하고, 정부의 고립 대책에도 사회적 고립이라는 단어가 중심이 된다.

고립은 크게 '개인적 고립'과 '사회적 고립'으로 나눌 수 있다. 개인적 고립은 자발적으로 혼자 있기를 선택한 결과의 상황으로 스스로 사회와 담을 쌓고 그 안에 자신을 가두는 고립이라 할 수 있다. 개인적 고립은 〈나는 자연인이다〉란 TV 프로그램에 나오는 출연자처럼 오지라는 격리된 공간에 사는 자발적인 고립의 모습으로 대부분 장소적 격리나 공간적 격리를 동반한다. 문을 잠그고 나오지 않는 은둔형 외톨이도 여기에 해당한다. 개인적 고립의 경우 외로움이 아니라 자유로움을 느끼는 경우도 있다. 자연인들은 이렇게 말한다.

"혼자라서 외롭지 않냐고? 뭐, 그거야 외롭기도 하고 허전하기도 하지. 그래도 아침에 일어나 시원한 산 공기 마시고 유유자적 내가 하고 싶은 걸 할 수 있으니 참 좋아."

이에 반해 사회적 고립은 본인은 사회적 상호작용을 원하고 있지만, 자신의 의사와는 달리 사회적으로 배제되거나 최소한의 사회적 접촉만을 갖는 등 사회적 관계가 부족한 상태나 상황을 의미한다. 개인적 고립이 자발적 고립이라면 사회적 고립은 비자발적 고립이라 할 수 있다. 그리고 사회적 고립은 개인적 고립과는 달리 물리적인 장소의 격리가 아니라 사람들과 공동으로 활동하는 관계나 그 기회를 빼앗겨 소통이나 소속감이 끊어진 상태를 말한다. 직장, 공적이나 사적 모임, 가족, 친구, 이웃, 지역공동체와 같은 사회적 관계가 거의 끊긴 상태이다. 일상생활의 어려움이 있을 때 도와주는 사람이 없거나 난처한 일이나 고민이 생겼을 때 논의할 사람이 없고, 긴급시에 도움을 요청할 사람이 없는 상태가 사회적 고립에 해당한다. 따라서 현재 외로움이나 고립과 관련하여 가장 사회적으로 대응이 시급한 문제는 개인적 고립이 아닌 사회적 고립이라 할 수 있다.

이렇게 외로움이 일상적 단계, 심화적 단계, 고립적 단계로 깊어지면서 최종적으로는 가장 깊은 함정인 사회적 고립으로 인간을 내몰기도 한다. 그럼, 각 단계에서 우리를 둘러싼 어떤 요인들이 외로움을 만들어 내고 또 깊게 하는지 살펴보도록 하자.

04
외로움의 요인

외롭다는 느낌이나 정서는 자극에 대한 내면 반응이라고 할 수 있다. 하지만 인간은 자극이 주어진다고 무조건 자동반사적으로 반응하지 않는다. 예를 들어, '정말 잘했어!'라는 칭찬의 자극이 주어질 때, 이 칭찬이 '정말 잘 해냈다'라는 언어적 보상인지, 아니면 '이번에는 어쩌다 잘했나 보군. 좀 더 두고 보지'라는 의미인지, '매번 실수만 하더니 웬일이야. 굼벵이도 구르는 재주는 있다더니만'이라는 비꼼을 의미하는 것인지에 따라 내면의 반응은 달라진다. 그래서 기쁨의 반응이 나오기도 하고, 불쾌함의 반응이 나오기도 하고, 앞으로 실수를 하지 말아야겠다는 긴장의 반응으로 이어지기도 한다.

외로움도 단순히 혼자 있다는 상황 자극으로 나타나는 내면 반응이라고 할 수는 없다. 혼자임을 즐기는 사람에게는 똑같이 혼자라는 상황이 외로움의 상황 자극이 아니라 자유로움이나 유쾌함이라는 내면 반응을 이끄는 상황 자극이 될 수 있기 때문이다.

이렇게 같은 상황이라도 다른 느낌이나 정서를 유발하는 것은 상황을 판단하는 인식이 다르기 때문이다. 그리고 이런 인식은 자신을 어떤 사람으로 생각하고 있는가, 또는 자신의 특성이나 기질이 어떤가에 의해 영향을 받기도 한다.

그럼 외로움이라는 정서적인 내면 반응은 어떤 요인들에 의해 발생하는지 차례로 알아보기로 하자. 이들 요인을 파악해야 함정의 각 단계에서 개인의 외로움에 적절히 대응하기 위한 준비를 할 수 있다.

1) 상황 : 가장 근본적 조건이자 요인

국어사전을 보자. 외로움은 '홀로 되어 쓸쓸한 마음이나 느낌'이란다. 참 애매한 표현이다. 홀로 된다는 것이 객관적으로 '특정 공간에서 혼자' 있다는 건지, 아니면 다른 사람이 곁에 있지만 '혼자라는 생각이 들어' 그런 건지 정확히 표현되어 있지 않다. 만일 두 가지를 모두 상정한 것이라면 '혼자 있다'라는 상황과 관계없이 '다른 사람과 떨어져 홀로라는 생각에 생기는 마음이나 느낌'이 더 정확한 정의가 아닐까?

외로움을 이야기할 때, 우리는 우선 '상황'에 방점을 찍고 이야기할 것인지 내면적 반응에 해당되는 '느낌'이나 '인식'에 방점을 찍을 것인지를 구별할 수 있어야 한다. 각국 정부의 외로움 대책을 살펴보면 외로움을 바라보는 관점이 둘로 나뉘어 있다는 것을 잘 알 수 있다.

예를 들어, 다른 나라보다 앞서서 외로움을 국가 차원에서 관리하고 있는 영국의 사례를 보자. 영국은 2018년 1월, 당시 메이 총리가 세계 최초로 외로움 담당 장관을 임명하면서 주목을 받았다. 영국은 외로움이 현대의 공중보건상 중요한 과제 중 하나이며, 외로움과 고립 문제를 그대로 내버려둔다면 이로 인한 질병이 늘어나고 의료비 증가로 이어져 대책이 시급하다고 인식하였다. 이어서 같은 해 10월, 외로움 대책 전략A Connected Society: A Strategy for Tackling Loneliness을 발표하여 외로움은 '인간관계가 없거나 부족하다고 느끼는 주관적이고 바람직하지 않은 감정이며, 사회적 관계의 질이나 양이 자신의 욕구와 일치하지 않을 때 느끼는 것'으로 정의하고 이에 대한 대책을 발표했다.

영국 정부가 마련한 외로움 대책 전략의 세 가지 주요 내용은, ①지역사회에서 사람들을 연결해 상호작용할 수 있는 커뮤니티 공간 마련과 지역 활동을 지원하고 ②의사와 기타 건강 전문가들이 환자를 지역사회 활동이나 자원봉사 프로그램 등으로 연결해 외로움을 완화하도록 돕는 사회적 처방Social Prescribing을 실시하며, ③외로움의 위험성과 해결 방법에 대한 인식을 높이기 위한 전국적인 캠페인을 전개하는 것이었다.

영국의 대책은 사회적 처방에 중점을 둔 것으로, 지역에서 초진을 담당하는 주치의GP, General Practitioner를 찾아오는 환자들 가운데 자신의 외로움을 토로하는 환자가 많았다는 점에 착목했다.

영국의 대책은 '상황'과 '느낌이나 인식' 중 어느 쪽에 방점이 찍혔느냐를 보면, '느낌과 인식', 외로움으로 고통받는 인간의 내면을 보살피는 것에 방점이 찍혀있다고 할 수 있다. 그래서 의사를 중심으로 바람직하지 않은 감정인 외로움에 대처해 나갔는데, 이는 궁극적으로 외로움이 불러올 국가적 의료 문제를 예방하는 차원의 성격이 강했다.

영국이 '느낌이나 인식'의 내면에 방점을 찍었다면, 일본은 '혼자인 상황'에 방점을 찍은 사례라 할 수 있다. 영국보다 3년 늦은 2021년, 당시 일본 스가 총리는 고독·고립에 대한 범부처적이고 종합적이며 효율적인 대책을 추진하기 위해 내각부에 '고독·고립 대책 담당실'을 설치하고 영국에 이어 두 번째로 담당 장관을 임명하였다.

일본 정부가 서둘러 담당 장관을 임명한 데에 영향을 미친 건 바로 코로나 팬데믹이었다. 사실 일본은 코로나 팬데믹 이전부터 저출산 고령화로 사회인구 구조가 급속히 변화하였고 전통적인 직장·가정·지역에서의 교류가 개인화로 인해 와해되어 가는 문제에 직면해 있었다. 이런 상황에서 코로나 팬데믹의 쓰나미로 사람들 간의 교류, 유대감을 형성할 수 있는 장소, 상담 지원을 받을 수 있는 기회가 사라지면서 사회에 내재되어 있던 외로움과 고립의 문제가 표면으로 떠올랐고 국가적 차원에서 해결해야 할 문제라는 인식이 확산되었다.

일본 정부는 가장 시급히 개입해야 할 대상이 사회와 단절된 상태에 있는 고립된 사람들이라고 보았는데, 이런 정부의 생각은 고립된 사람들의 수도 늘어났고 형태도 다양해졌기 때문이다.

1990년 이전부터 자신의 방에서 나오지 않고 사회와의 연결을 끊고 사는 젊은 세대를 '히키코모리(은둔형 외톨이)'라고 부르는 이슈가 있었다. 이들은 대부분 10대 후반에서 20대까지의 청년층으로 일부에서는 우려의 시선으로 바라봤지만 '히키코모리=오타쿠'라는 등식으로 간주하여 사회적 문제라기보다는 개인적인 문제로 여기는 경향이 강했다. 여기에 1980년대 일본 거품경제가 완전히 붕괴하면서 1992년부터 2011년까지 햇수로 20년 동안 이어진 '잃어버린 20년'이라는 장기 경제 불황을 거치면서 중장년층을 중심으로 고립의 삶을 사는 사람도 늘어났다. 그리고 2000년대에 들어서면서 학교 등교를 거부한 학생들이 가정 내에서 고립·은둔의 시간을 보내고 있는 문제가 불거졌다. 이미 저출생과 고령화를 심각한 사회문제로 인식하고 있던 일본 정부는 미래 사회의 주역인 아동과 청소년이 바람직한 사회성을 지니고 성장해 주기를 바라는 마음이 있었고, 등교 거부 학생으로 인해 가정이 파탄 나는 경우가 많았으므로 저출산 고령사회를 극복하기 위해 기반이 되어야 하는 가족과 가정의 유지에도 대책이 필요했다.

그래서 일본 정부는 외로움으로 인한 정신적, 심리적, 신체적인 문제, 즉 '느낌이나 인식' 또는 '내면의 반응'과 연관된 대책보다는 우선 이들 고립된 사람들을 사회로 끌어내고 사회와 연결시킬 수 있는 실제적 방법을 대책으로 전면에 내세웠다.

영국과 일본이 외로움을 보는 관점을 '상황'이냐, 느낌이나 인식 등의 '내면 반응'이냐로 보느냐는 약간의 차이가 있지만, 중요한 점은 두 나라 모두 국가와 사회가 국민의 건강을 책임지는 의료보장제도를 갖추고 있다는 점이다. 영국은 국민의 의료 문제는 국가가 모두 책임져야 한다는 관점에서 정부가 일반 조세로 재원을 마련하고 모든 국민에게 무상으로 의료를 제공하여 국가가 직접 의료를 관장하는 방식인 '국민보건서비스NHS, National Health Service'를 제공하고 있다. 일본은 우리나라의 국민건강보험공단과 같은 공적기관이 보험자가 되어 국가 전체의 건강보험을 관리, 운영하는 '국민건강보험NHI, National Health Insurance'을 제공하고 있다. 그러니까 영국과 일본은 사회적 의료보장체제 속에서 외로움으로 인해 국가와 사회의 부담이 커지는 것을 사전에 방지하고자 했다. 미국과 같이 자신의 질병에 대해 상당 부분 스스로 책임을 지는 민간의료보험 중심의 의료보장체제를 갖춘 국가는 이런 면에서 외로움에 대응하는 움직임에 소극적이다.

사회적 의료보장체제를 갖추고 있는 우리나라 역시 외로움으로 유발되는 우울증 등의 심리적, 정신적 질병에 투입되는 재정적 부담을 줄이기 위해 빠른 대응이 필요한 시점에서, '상황'과 '인식', 어느 쪽에 방점을 두고 대응해야 할 것인지 고민이 필요하다.

혼자됨이나 홀로 있음이라는 상황은 외로움의 가장 근본적이고 기초적인 상황으로 내면 반응을 유발하는 자극이 되기 때문에, 우선은 상황을 통제하는 것이 외로움을 방지하는 가장 손쉬운 방법이 될 수 있다. 하지만 자유롭게 생활하는 일상에서 이렇게 혼자 되는 상황을 개개인별로 완벽히 통제하기는 불가능하기에 외로움에 대한 대응으로 인식을 변화시키려 노력한다.

상황은 앞에서 사회 재적응 척도에서 살펴본 거주 상황, 경제 상황, 가족 상황, 사회관계 상황으로 나누어 살펴보아야 하며, 이런 상황들이 어느 정도 지속되었는지의 기간에도 주의를 기울여야 한다.

①**거주 상황** : 혼자 살고 있는지의 여부를 말한다. 가족과 함께 살고 있다고 해도 집에서 혼자 보내는 시간이 많다면 거주 상황은 외로움에 영향이 크다고 할 수 있다.

②**경제 상황** : 개인이 경제적으로 좋지 않은 상황에 놓여 있는지의 여부를 말한다. 이런 상황에 놓여진 이유도 함께 고려한다.

③**가족 상황** : 함께 거주하거나 따로 떨어져 살고 있는 가족의 유무와 가족 간의 관계가 어떤지에 대한 상황을 말한다. 스트레스를 유발하는 가족의 죽음이나 질병, 사고 등의 여부와 영향 정도도 포함된다.

④**사회관계 상황** : 직장 동료나 지인과의 적절한 사회관계가 유지되고 있는지의 여부를 말한다. 직장 동료나 지인과 단절된 경험의 유무를 포함하여 사회관계의 깊이도 고려한다.

⑤**상황의 지속 기간** : 위의 상황들이 어느 정도 지속되고 있는지, 이 상황에 변화 가능성이 존재하는지와 관련이 있다. 외로움 요인의 상황이 오랫동안 지속되면 심화적 단계, 고립적 단계로 진행될 가능성이 높아진다.

2) 상황 인식 : 상황을 외로움으로 판단하는 인식

이런 장면을 떠올려 보자. 오늘 하루 회사에서 힘들게 일을 했거나 대학원에서 교수님의 프로젝트로 지칠 만큼 지친 상태로 버스를 50분이나 타고 혼자 지내는 방으로 돌아왔다. 컴컴한 방에 불을 켜고 소파에 털썩 몸을 던진 뒤 무의식적으로 손에 든 TV 리모콘의 전원 버튼을 누른다. 그는 외로운 사람일까?

상황만 보면 외로울 가능성이 크다. 힘든 하루였다면 친구라도 만나 술잔을 기울이며 신세 한탄이라도 하면 조금은 기분이 풀어질 수 있겠지만 혼자 힘든 하루를 보내고 그냥 집으로 들어온 걸 보면 말이다. 하지만 지금 상황에서 그가 외롭다고 단정할 수는 없다. 그는 회사에서 힘들게 일한 만큼 상사로부터 수고했다는 말도 듣고 인사고과에서도 좋은 평가를 받았을지도 모른다. 대학원에서 교수로부터 학문적 성과도 인정받고 후배나 동료들로부터 부러움의 말도 들었을지도 모른다.

혼자 있는 상황이라고 모두 외로움과 연결되는 것은 아니다. 오히려 그에게는 혼자의 시간과 공간이야말로 편안히 쉬는, 업무와 프로젝트에서 벗어난 자유로운 시간과 공간일 수도 있다.

이런 장면도 떠올려 보자. 1년에 두 번 정도는 항상 만나는 고등학교 동창회. 대학을 졸업하고 사회생활을 한 지도 10여 년이 되어가지만 그녀가 꾸준히 참석하는 모임이다. 옛이야기도 하고 세상 돌아가는 정보도 공유하며 수다 떠는 자리. 그런데 말을 걸어 주는 친구는 별로 없다. 대부분 그녀가 말을 먼저 거는 편이다. 모임은 시끌벅적하지만 그녀와 얼굴을 보며 이야기를 나누는 친구는 많지 않아 보인다. 그녀는 외로운 사람일까?

그녀는 분명 사람으로 둘러싸인 시간과 공간에 있으니 상황적으로는 외로움과 거리가 있지만 외로움을 느끼고 있는 것처럼 보인다. 그녀에게 동창은 비교적 가까운 타인이고 타인 여럿과 대화를 나누고는 있으니 객관적으로는 절대 외로운 상황이라 보기 힘들다. 그녀가 평소에도 상당히 내성적이고 말수가 적은 사람이고 대인관계에서 수동적이라서 오히려 동창회에 나와 그나마 이야기를 주고받는 것이 그녀에게는 활발한 인간관계에 속한다는 사실을 알고 있는 사람이라면 그녀가 지금 외로움을 느낀다고는 말하지 않을 것이다.

이렇듯 외로움은 상황과 인식의 조합으로 촉발된다. 혼자 있는 상황이라고 해서 외롭다는 인식이나 느낌을 갖지 않을 수도 있고, 여럿이 함께 있는 상황이라도 외롭다고 인식할 수 있다. 반대로 혼자라서 자연스럽게 외롭다는 느낌이 들기도 하고, 여럿이 있으니 자연스럽게 외롭다는 인식을 하지 않을 수도 있다. 상황과 인식의 조합을 자세히 보면 외로움은 상황보다는 인식이 더 중요한 조건임을 알 수 있다. 홀로이든 여럿이든 상황과는 관계없이 '지금 외롭다'라는 인식에서 비롯된 정서가 외로움의 정체라고 할 수 있기 때문이다. 하지만 분명한 것은 외로움의 인식에 상황도 영향을 미친다는 점이다.

외로움을 이야기할 때 중요한 것은 특정 상황뿐만 아니라, 심리적, 인식적 반응으로서의 정서까지를 잘 살펴보아야 한다는 점이다. 특히 상황과는 상관없이 외로움을 느끼는 사람의 인식적 경향, 성격적 특징, 심리적 성향 등의 내면을 고려해야 한다. 외로움은 인식적인 정서이기 때문이다. 그래서 분석심리학자 칼 융Carl Gustav Jung은 다음과 같이 말한다.

"외로움은 주변에 아무도 없기 때문에 생기는 것이 아니다. 자신이 중요하다고 생각하는 것을 남과 공유할 수 없는 것, 남과 공유할 수 없다고 느끼는 것이다."

칼 융이 말하는 이야기는 외로움을 분석하는 데에 두고두고 음미해 볼 필요가 있다. 융은 일단 '아무도 없기 때문'이라는 '홀로 있는 특정 상황'은 외로움에서 중요한 요건이 아니며, 상황과는 상관없이 자기 생각을 공유하지 못하거나 할 수 없다는 인식이 외로움을 만들어낸다고 말하고 있다. 상황도 외로움에 영향을 미치기는 하지만 외로움을 이해하기 위해서 가장 중요한 것은 당사자가 느끼는 인식이라는 점을 강조하는 말이다.

그런데도 여전히 우리는 외로움을 이야기할 때 1인 가구, 미혼자, 독거노인, 이혼자 등 혼자 살고 있는 사람을 떠올린다. 분명히 혼자 생활하는 상황은 외로움과 쉽게 연결될 수 있고, 이런 사람들은 모두 '외로울 것이다'라고 예단하기 때문이다. 그래서 외로움과 관련된 뉴스를 보면 가장 자주 등장하는 통계치가 바로 1인 가구의 수이다. 1인 가구가 증가하는 통계를 보면서 '아, 우리 사회가 점점 더 외로워지고 있구나'라고 평가하게 된다.

융이 말한 대로 외로움은 무언가를 타인과 공유하고자 하는 욕구가 생겼을 때 공유가 불가능하다는 것을 깨닫는 데에서 발생한다고 본다면, 1인 가구는 생활 범위에서 공유 가능성 여부를 떠나 타인 자체가 존재하지 않으니 외로움은 항시적으로 존재할 가능성이 크긴 하다. 사실 융은 1인 가구와 같이 '공유할 수 없는' 상황을 두 번에 걸쳐 언급한다. 처음 줄에는 '아무도 없기 때문에'라고 표현하고, 두 번째 줄에서는 다시 한 번 '공유할 수 없는' 상황을 말한다. 두 경우 모두 공유할 타인이 존재하지 않는다는 뜻이므로 결국은 같은 의미가 된다.

　이렇게 생각하면 융은 외로움을 발생시키는 혼자라는 상황을 가볍게 본 것이 아니라고 볼 수 있다. 단지 사회에서 너무 상황 중심으로 외로움을 이야기할 때, "그게 아니야. 외로움을 다룰 때는 인식의 중요성을 잊어서는 안 된다고! 분석심리학자로서 나는 인식이 더 중요하다고 생각해!"를 주장하고 싶었던 것이라고 해석하는 것이 더 적절하다.

　그러니 상황과 인식 중 외로움을 이해하는 데에 어느 것이 중요하며, 효과적이냐를 논의하는 것은 큰 의미는 없다. 혼자 있는 상황이 외롭다는 인식에 영향을 미치기도 하겠지만 외롭다고 인식하니 사람들을 만나고 싶지 않은 상황을 스스로 만드는 경향도 있다.

　뒤에서 다시 살펴보겠지만 상황과 인식은 외로움이 고립으로 가는 과정에서 각각 역할이 다르다. 예를 들어, 일상적인 가벼운 외로움의 인식에는 상황이 그다지 큰 역할을 하지 못하지만, 사회와 단절된 상태인 고립에서는 상황 자체가 인식보다 더 크게 함정에서 빠져서 나오지 못하게 만들기도 하기 때문이다. 앞서 일본의 고립 대책 목적이 우선 혼자의 상황에 빠진 사람을 밖으로, 사회로 끄집어내서 사회와의 연결성을 맺게 하여 상황을 해결하고 인식을 변화시키려고 하는 것이다.

　누구든지 인생을 살면서 여러 가지 안 좋은 사건들을 경험한다. 같은 상황에서도 특정 사건을 계기로 심하게 외로움에 빠져드는 사람과 그렇지 않은 사람이 있다. 그것은 상황을 어떻게 인식하느냐의 개인차에 의해 달라진다. 이렇게 상황이 외로움이라는 정서로 연결될지 말지의 여부는 개인의 상황 인식이 좌우한다. 상황 인식은 현재 상황을 판단하는 인식이므로 당연히 과거 상황에서의 경험이 영향을 미친다. 예를 들어, 과거부터 계속 혼자인 상황임을 경험하면서 외로움을 느꼈다면 아주 즉각적으로 '지금은 외로운 상황'이라는 인식으로 연결된다. 하지만 혼자 있으면서도 전화로 친구들과 이야기를 나누거나 하고 싶었던 취미활동을 혼자서 자유롭게 했던 경험이 있다면 '지금은 외로운 상황'이라고 인식하지 않을 수 있다.

상황 인식에는 타인의 행위나 반응도 영향을 미친다. 과거에 여럿이 있는 상황에서 따돌림을 당한 경험이 있거나 모임에서 다른 사람으로부터 그다지 유쾌하지 않은 경험을 했다면, 함께 있어도 '외로운 상황'이라고 인식할 수 있다. 반대로 자주 주변에서 잔소리나 지적을 받는 경우가 많거나 자신이 하고자 하는 일을 방해하는 행동이나 발언이 있었다면 혼자가 더 편하고 자유로운 상황이란 인식을 하게 될 것이다.

상황 인식은 이렇듯 유사한 상황에 대한 과거의 경험과 타인의 반응이나 행위에 영향을 받는 역사적 유물이기도 하다.

상황의 인식도 앞에서 말한 5가지 상황 요인, 즉 거주 상황, 경제 상황, 가족 상황, 사회관계 상황, 그리고 상황의 지속 기간에 대한 인식으로 나눌 수 있다. 거주 상황 인식은 혼자 살거나 가족, 지인과 함께 살 때 느낄 수 있는 외로움의 인식을 말한다. 경제 상황 인식은 자신의 객관적 경제적 상태에 대해 주관적으로 어떻게 생각하는지의 인식을 말한다. 객관적으로는 곤궁한 상태가 아니지만 주관적으로는 그렇지 않다고 인식할 수도 있다. 가족 상황 인식은 주관적으로 인식하는 가족의 관계나 가족에 대한 책임감 등이 해당한다. 사회관계 상황 인식은 주변의 사람들에 대한 이해와 관계의 깊이, 그리고 사회관계를 충분히 하고 있는지에 대한 주관적 인식을 말한다.

위에서 말한 상황 인식은 객관적 상황을 바라보는 주관적 인식이므로 외로움과 관련하여 부정적으로 인식을 하게 되면 함정의 단계에서 심화적, 고립적 단계로 나아가는 경향이 있다.

3) 자기인식 : 자신이 누구인지를 규정하는 인식

똑같은 상황인데 어떤 사람은 외로움을 느끼고 어떤 사람은 그렇지 않다면 상황 인식이 다르기 때문이라고 할 수 있는데, 이는 개인이 자신을 어떤 사람이라고 인식하고 있는지에 대한 자기인식에 따라서도 다를 수 있다. 사람은 자신을 어떻게 인식하고 이해하는지, 그리고 자신이 사회적 환경에서 어떤 역할을 수행하는지를 바탕으로 '나는 누구인가?'라는 정체성을 만들어 간다. 사람에게 사회성은 정체성의 근간이 되며 사회적으로 고립되어 사회적 상호작용을 하지 않게 되면 자기 인지를 적절히 할 수 없게 된다. 즉 내가 누구인지를 알려면 반드시 다른 사람이 필요하다.

예를 들어, 평소 '나는 혼자의 여유를 즐기고 자유분방함을 추구하는 사람'이라고 생각하는 사람은 혼자인 상황도 외로움과 연결 짓지 않을 것이다. 반대로 '나는 사람들과 어울리는 것이 좋고 혼자가 되는 것을 별로 좋아하지 않는 사람'이라고 자신을 규정하는 사람이라면 외로움을 느끼기 쉬우며, 혼자인 상황을 벗어나려고 노력한다.

자기인식은 모든 인간이 평소 자신을 이러이러한 사람이라고 인식하는 틀을 지니고 있다는 것에서 출발한다. 우리 모두는 자신을 규정하는 일종의 틀을 지니고 있다. 심리학이나 사회학 등 인문사회과학에서는 이를 정체성identity이라고 부른다. 정체성은 '나는 누구인가?', '나는 어떤 사람인가?'를 물었을 때 할 수 있는 답으로 자신의 정체가 무엇인지에 대한 판단, 다시 말해 자신이 누구인지에 대한 자기규정을 의미한다. 하지만 말로는 간단해 보이지만 정체성은 조금만 깊게 들어가면 개념이나 종류를 설명하는 것만으로도 한 권의 책이 될 정도라서 자세한 내용은 전문서적에게 양보하기로 하고, 여기에서는 외로움에 초점을 맞춘 내용만을 살펴보자.

정체성은 크게 '개인적 정체성personal identity'과 '사회적 정체성social identity'으로 나눌 수 있다. 개인적 정체성은 시간이 지나거나 상황이 바뀌어도 자기 자신을 동일한 존재로 인식하는 자각을 말하는

데, 예를 들어, 나이가 들고 직장에서 퇴직하고 불의의 사고로 장애를 가지게 되도 우리는 여전히 자신을 '나는 사람들과 대화를 좋아한다', '나는 분석적인 일을 잘한다', '나는 조용히 혼자 커피를 마시는 시간이 가장 행복하다'라는 인식은 변하지 않는다. 개인적 정체성은 '나는 이러이러한 사람이다'라고 스스로가 느끼고 자신을 규정하는 내용으로, 주로 성격이나 취향 등이 이에 해당한다.

만일 어떤 사람이 '나는 혼자가 편하고 행복하다'라고 자신을 규정하고 있다면 혼자인 상황에서도 외로움을 느끼지 않을 가능성이 크다. 하지만 '나는 혼자 있는 것을 싫어한다'라고 규정하고 있다면 같은 상황에서 외로움을 느낄 가능성이 크다.

미국의 심리학자인 마릴린 브루어Marilyn Brewer와 웬디 가드너Wendy Gardner는 개인이 자아 개념Self Concept을 이해하고 형성하는 과정에서 다양한 사회적 요인들이 어떻게 작용하는지와 사람들이 '당신은 누구입니까?'라는 질문을 받았을 때, 자신을 어떻게 묘사하는지를 조사하여 자아 개념을 구체화하는 과정을 연구했다. 연구결과, 사람들은 다음과 같은 세 가지 차원으로 자신을 바라본다고 한다.

첫 번째는 '개인적 자아Individual Self'로 키와 몸무게, 지능, 체육이나 예술적 능력, 음악과 문학 취향, 개인적 취향 등으로 자신을 묘사한다. 예를 들어, '쇼팽의 피아노 협주곡을 즐겨 듣는 ○○○입니다'와 같이 자신을 소개한다. 두 번째는 '관계적 자아Interpersonal Self'로 가까운 사람이 바라보는 자신, 누구 엄마, 누구 아내와 같이 다른 사람을 개입시켜야 존재하는 것으로 자신을 묘사한다. 세 번째는 '집단적 자아Group Self'로 민족, 국가, 직장, 단체, 팬클럽 등, 더 큰 사회집단과 연결 지어 자신을 묘사한다.

개인적 정체성과 달리 사회적 정체성은 자신을 규정하는 데에 집단을 필요로 한다. '나는 어느어느 집단에 속해 있다'라는 인식이기 때문이다. 예를 들어, '나는 대한민국 사람이다. 나는 서울시민이다. 나는 강서구민이다. 나는 ○○기업 사원이다' 등과 같이 자신을 규정할 때 집단을 기준으로 하는 인식을 말한다. 개인적 정체성이 비교적 지속적이고 인생에서 일관성을 지니는 반면, 사회적 정체성은 학교나 회사 같은 소속 집단이 바뀌면 정체성도 변화하는 특징이 있다. 서울특별시 강서구에서 경기도 김포로 이사 가거나, A고등학교에 다니다 B고등학교로 전학 가면 사회적 정체성도 자연스럽게 바뀌는 것이다. 그럼 이런 개인적 정체성이나 사회적 정체성과 외로움은 어떻게 연결되어 있을까?

학연을 중시하며 동창회와 관련된 일에 열심인 사람에게 '너는 어떤 사람이냐?, 너는 누구냐?'라고 물으면 졸업한 학교 관련 이야기를 하며 학교 동창회를 자신의 핵심적 규정 요소로 대답할 가능성이 크다. 자신이 무엇을 좋아하는지보다는 내가 어떤 학교를 졸업했는지가 그에게는 더 중요하기 때문이다. 이렇게 사회적 정체성을 중시하는 사람에게는 타인과의 관계로 만들어지는 집단의 소속감이 중요하다. 사회적 정체성을 중시하는 사람은 집단에서 벗어났을 때 개인적 정체성을 중시하는 사람에 비해 더 외로움을 느낄 수 있다. 하지만 반대로 집단을 중시하는 사람은 집단에 속해 있는 동안에는 외로움을 느끼지 않을 가능성이 크다.

이처럼 '나는 누구인가?'라는 자아 개념에는 개인적 정체성과 사회적 정체성이라는 하위 차원이 동시에 존재하며, 사회적 맥락 속에서 형성되고 강화된다. 하지만 실직이나 이혼·사별 등으로 사회적 정체성의 요소들이 부족하거나 결여되면 자기인식이 왜곡되어 부정적인 방향으로 정체성을 재구조화하게 된다. 따라서 명확한 자기 인지를 하려면 타인의 존재가 필요하다. 이렇게 자신이 어떤 사람인가에 대해 규정하는 정체성에 따라 같은 상황에서도 외로움을 느끼느냐 마느냐의 여부는 물론 외로움의 정도도 달라진다.

외로움과 관련된 자기인식에는 정체성 이외에도 자아존중감이나 자아효능감과 같은 자신의 능력이나 존재 가치에 대한 인식도 포함된다. 자아존중감은 '자신이 사랑받을 만한 가치가 있는 소중한 존재이고 어떤 성과를 이루어낼 만한 유능한 사람이라고 믿는 마음'을 뜻하는 용어로 가치와 능력의 인식이라고 할 수 있다. 따라서 자신의 능력과 존재 가치를 높게 인식하는 사람, 즉 자아존중감이 높은 사람은 자신감이 있고, 문제를 건강하게 대처하며, 주변과의 관계에서 안정감을 느끼는 경향이 있다. 그러므로 자아존중감이 낮은 사람에 비해 사람들보다 뒤떨어진다고 생각될 때의 외로움이나 홀로 되었을 때의 불안정한 관계에 대한 걱정으로 발생하는 외로움 등을 느낄 가능성은 낮을 수 있다.

    자아효능감은 '어떤 상황에서 적절한 행동을 할 수 있다는 기대와 신념'을 뜻하는 심리학 용어이다. 자신감과 비슷하지만 특정 과제나 부분에 대한 자신감이 아니라, 개인이 지닌 전반적인 능력에 대한 믿음을 말한다. 자아효능감이 높은 사람은 자신이 어떤 행동을 하면 이러한 결과를 얻을 수 있다는 능력에 대한 확신이 큰 사람으로 외로움이라는 불쾌한 상황을 통제하는 능력에 대해서도 확신을 가질 가능성이 크다. 외로움을 잠시 경험하더라도 본인은 외로움에서 쉽게 벗어날 수 있는 능력을 가진 사람이라고 인식하고 있기 때문에 외로움이 문제 상황으로 발전할 가능성이 적다.

    자아정체성, 자아존중감, 자아효능감과 같은 자기인식이 잘 형성된 사람은 '혼자 있을 때'라는 물리적 상황보다는 사람들과의 경쟁에서 뒤처질 때, 집단에서 인정받지 못할 때, 사람들과 갈등을 빚을 때, 이사나 퇴사 등의 급격한 생활환경의 변화로 인해 생기는 외로움에 더 큰 영향을 받는다. 따라서 개인의 외로움이 어떤 단계이며, 어느 수준이고, 어떻게 대응해야 하는지를 정립하기 위해서는 해당 개인의 자기인식에 대해 충분히 살펴보아야 한다.

4) 개인 기질과 특성 : 태생적이거나 바꾸기 어려운 요인

누군가의 외로움을 이해하고 필요한 대응을 하려면 상황, 상황 인식, 자기인식을 파악하는 것이 중요하지만 세 가지가 불변은 아니다. 상황은 그때그때 다르고, 상황 인식도 많은 경험을 통해 조금씩 인식이 바뀌며, 자기인식 역시 시간이 지나면서 취향이 바뀌듯 변화할 수 있다. 하지만 유전적 특성이나 신체적 특성, 또는 개인의 기질 등의 개인적 특성은 변하지 않는다.

흔히 성격과 기질을 혼동해서 "그 사람은 기질적으로 나빠"라거나 "성격이 참 못됐어" 같은 표현을 하기도 하지만 성격과 기질은 다르다. 기질은 주로 유전적 요인으로 타고 태어나는 것을 의미하기 때문에 변하지 않지만, 성격은 환경에 따라 변화하는 사고, 감정, 행동의 습관 등을 말한다. 성향이란 말도 쓰이는데 이건 친구, 선생님, 직장 동료 등 사회환경과의 상호작용을 통해 형성되는 행동 유형이라고 할 수 있다. 대표적인 기질로는 내향성과 외향성이 있는데 설명을 위해서 나의 경험을 이야기 하고 싶다.

나는 형제가 7명이고 친척들도 워낙 많아 1년내내 가족 행사가 줄을 잇고, 평상시에도 친척들과의 교류도 많은 편이어서 외로움과는 전혀 관계가 없는 건 물론이고 가끔은 벗어나고도 싶었던, 늘 북적대고 시끄러운 인간관계 속에서 살았다. 그러다 결혼하고 남편 따라 일본으로 건너가니 당시에는 메일이나 카톡은 생각도 못했고,

국제전화도 비싸서 가족이나 친구들과 자주 연락할 수 없었다. 게다가 아직 일본말이 서툴러서 일본인 친구 사귀기도 어려웠다. 그렇게 처음 일본에 건너간 1년은 날마다 살고 있던 아파트 창문 밖 길거리를 하염없이 바라보며 고독한 시간을 보내곤 했다.

그 당시 자주 꾸던 꿈이 있다. 친구와 전화를 하다가 "우리 만나서 얘기하자. 내가 지금 택시 타고 그쪽으로 갈게"라고 하며 전화를 끊고 달려 나가지만, '아, 여기 일본이지!' 하고 절망하면서 깨어나는 꿈이었다. 복작거리던 형제와 친척들에게서 벗어나 그토록 원하던 자신만의 시간과 공간을 갖게 되었지만 일종의 향수병에 걸리고 만 것이다.

그 시절이 나의 인생에서 처음으로 외롭고 문화적인 고립감을 느꼈던 때였다. 차라리 귀찮아도 좋으니 사람들의 어수선함과 소란스러움이 그리웠다. 그런데 상대적으로 나와는 다르게 단출한 가정에서 성장했고, 내향적이던 남편은 그다지 외로움을 느끼지 않았다고 한다. 똑같은 낯선 이국의 땅이라는 환경조건인데도 외향성을 지닌 나와 내향성인 남편이 느낀 외로움은 전혀 달랐다.

일본 생활을 시작한 지 1년이 지나고 나는 외로움이라는 결핍 상태를 해결하고자 외향성을 발휘해 친구들을 사귀기 시작했고, 미숙한 일본어로 일본인 지인들과도 적극적으로 의사소통을 시도하면서 이국땅에서의 새로운 만남을 통해 낯선 사회에 연착륙할 수 있었다. 한편, 남편은 유학 생활에 필요한 소수의 한정된 사람만을 만나고, 사람보다는 책이나 만화, 애니메이션 등의 각종 콘텐츠를 통해 새로운 사회에 적응해 나갔다. 이렇게 같은 환경에서 생활하는 부부라고 해도 외로움을 느끼는 정도에도 차이가 있었고, 외로움을 풀어나가는 방법도 전혀 달랐다. 기질과 성격, 그리고 과거의 경험이 달랐기 때문이다.

　　태생적이고 유전적인 기질뿐만 아니라 개인만이 가지고 있는 특성도 외로움에 영향을 미친다. 예를 들어, 사람의 키가 평균보다 눈에 띄게 작거나 클 때 사회생활에 제약을 받을 가능성이 있으며, 본인 스스로 키를 의식하면서 대인관계에 영향을 줄 수 있다. 신체적 특성에는 장애도 포함된다. 지금은 장애를 지닌 사회구성원을 바라보는 시각이 많이 바뀌긴 하였지만, 여전히 장애인과 비장애인을 대하는 태도에 차이가 있다는 것을 부정할 수는 없다. 또한, 장애가 있으면 비장애인에 비해 사회 활동이 위축되는 경향이 있어서 외로움과 연결될 가능성이 있다.

　　1장에서는 외로움을 어떻게 바라보아야 하고, 외로움은 어떤 단계를 거쳐 우리를 고립이라는 깊은 함정으로 밀어 넣고 있으며, 어떤 요인들이 우리의 등을 떠밀고 있는지를 살펴보았다. 중요한 것은 외로움은 상황과 인식의 상호작용으로 만들어지는 정서라는 점이다. 그리고 예기치 못한 스트레스 사건이 발생하거나 개인마다 독특한 기질이나 특성에 의해 우리는 외로움의 함정에 자신도 모르게 다가가게 된다는 점이다. 함정의 단계가 깊어질수록 개인의 자각에만 의존하면 사회적 문제로 부각되고 있는 외로움의 사회에 대응하기 힘들다. 결국은 정부, 지자체 그리고 전문가의 개입이 필요하다. 특히 고립적 단계의 최종 상태인 사회적 고립 상태에 놓인 사람들을 어떻게 대응하여 다시 사회적 연결성을 회복시킬지가 가장 시급히 해결할 사회문제라고 할 수 있다. 2장 이후에는 고립에 초점을 맞춰 현재 사회적 고립의 모습은 어떠한지를 살펴보고, 사회적 고립에 대한 대응 방법을 생각해 보고자 한다.

사회구조적으로

고립은
어떻게
발생하는가

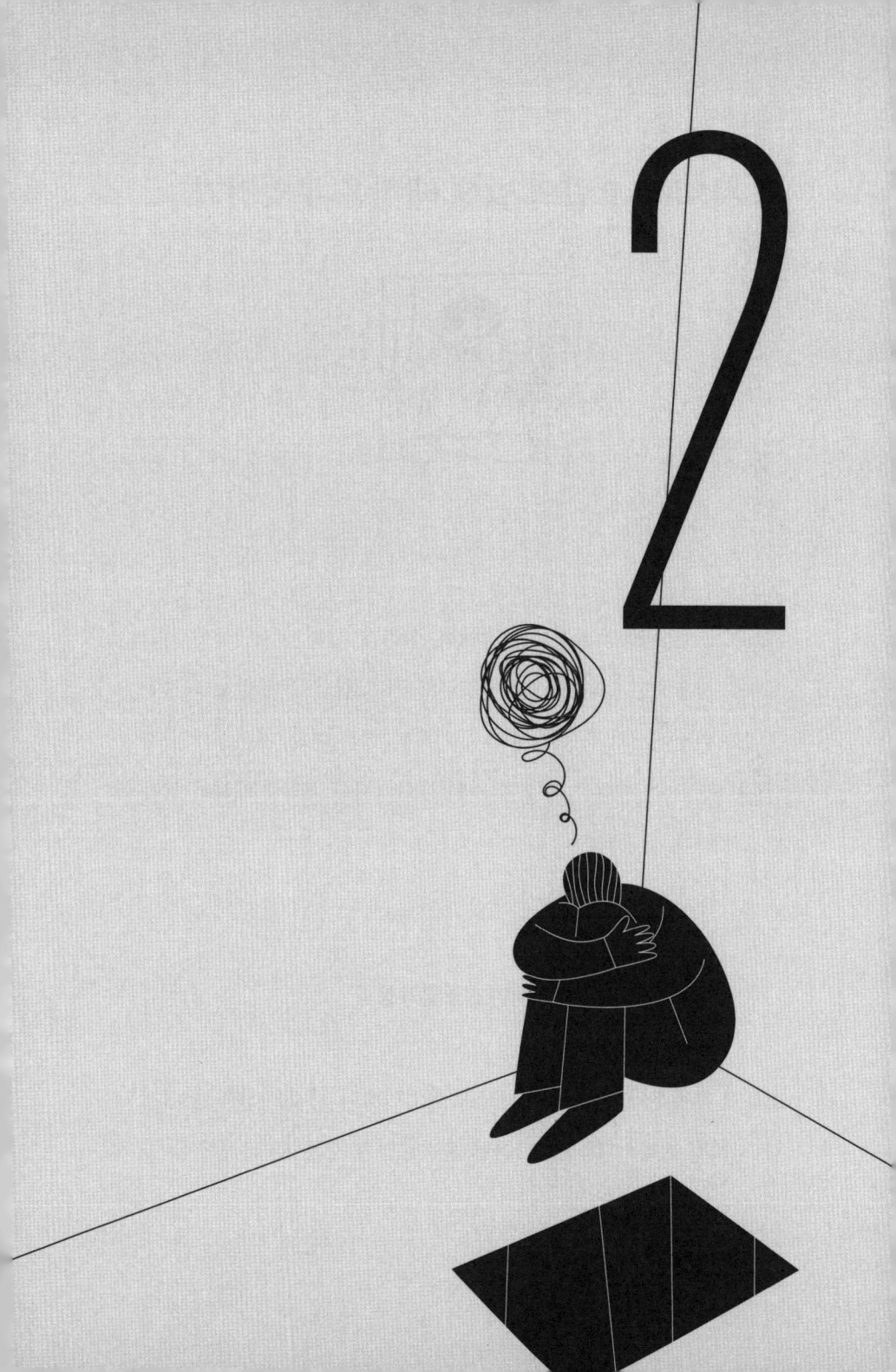

01
사회적 고립의 발생 배경은 무엇인가

사회적 고립의 발생 배경에는 경제적, 심리적, 사회적 요인들이 복합적으로 작용하고 있다. 그중에서도 사회적 고립의 주요 발생 배경인 근대화 과정에서의 공동체 붕괴와 가족의 질적 변화, 자본주의의 경쟁 격화로 인한 사회적 배제, 디지털 사회에서의 소외에 대해서 알아보고자 한다.

전통적인 공동체의 붕괴

18세기 후반부터 영국에서 시작된 산업혁명이 가져온 급격한 경제적, 사회적 변화의 결과로 나타난 물질문명과 자본주의의 발달은 농촌 인구가 도시로 이동하게 되는 대규모의 도시화를 촉진했다. 사람들은 일자리를 찾아 자신의 고향을 떠나 도시로 몰려 들었으며, 도시는 빠르게 확장되었다. 너무 많은 사람이 도시로 몰리다 보니 일자리의 증가 속도보다 구직자가 더 많아져 실업자가 양산되었다. 도시에서 자리를 잡지 못한 사람들은 다시 고향으로 돌아가는 대신 저렴한 주거지를 찾아 도시 주변에 머물렀다. 전반적으로 소득은 증가했으나 그 안에서 양극화가 생겼고 중산층과 그 아래 계층의 상대적 박탈감은 커졌다. 그러는 사이 어디인가 소속되어 서로 어울려 지내야 하는 인간의 기본적인 욕구는 경제 논리에 밀려 부차적인 요소로 격하되었다.

한국도 지난 50년 동안, 눈부신 경제성장을 이루며 산업화된 선진 국가와 같은 모습의 사회적 변화를 겪었다. 1960년대부터 시작된 고도경제 성장기에 농촌에서 새로운 일자리가 있는 도시로 인구가 집중되면서 현재는 인구의 절반 이상이 수도권에 거주하며, 수도권과 먼 지방의 경우 소멸 위기에 놓이게 되었다. 그 결과 농촌에서는 인구 감소 문제가 심각해지고 혼자 남겨진 노인 1인 가구가 많이 생겨난 반면에 도시에서는 인구 과밀 및 주택 부족의 문제가 발생하였다. 전국 각지에서 몰려든 사람으로 인해 도시는 지역 공동체적인 특성이 희미해지면서 사람들은 혈연이나 지연을 통한 연결보다는 직장을 통한 새로운 사회적 연결고리를 찾게 되었다.

일자리를 찾아 여러 지역에서 도시로 모여든 사람들은 결혼을 계기로 도시 주변의 신흥 주거지로 옮겨 살게 되면서 교외에 신도시가 생겨났다. 도시에서는 부부와 자녀로 구성된 핵가족이 주류를 이루었고 새롭게 정착한 도시에서도 빈번하게 이동하며 살아가게 되었다. 자본주의 사회에서 집은 더 이상 편안한 안식처, 보금자리가 아니라 재테크 수단이 되어 버렸다. 농촌공동체에 기반을 둔 사회에서는 공간 이동도 거의 없고 예측 가능한 삶이었지만 조상 대대로 땅을 지키며 한 곳에 사는 것은 이제는 옛날이야기가 되어 버렸다. 자본주의가 발달하면서 삶의 판도는 완전히 달라졌다. 물질적인 성패로 인한 개인의 상대적 박탈감은 커지고 사회의 불안지수는 높아졌다. 목적에 맞추어 '집=부동산'을 사고팔며 이사를 다니는 것은 현명한 행동으로 인식되었다.

　이처럼 학업, 취업, 결혼, 이직, 전학 등을 이유로 자주 이동하게 되면서 지역을 기반으로 한 인간관계는 생기지 않게 되었다. 과거에는 '먼 친척보다 가까운 이웃이 낫다'라는 말이 있었지만, 지금은 그런 가까운 이웃이 생기기 어렵다. 시골 마을 어귀에 정자가 있어 마을 사람들이 오가다가 쉬어 가고 이야기를 나누는 그런 풍경이 있었듯이 도시에서도 불과 20~30년 전만 해도 주택가 골목의 평상에 동네 사람들이 모여 앉아서 여름이면 수박도 잘라먹고 옥수수도 쪄서 나눠 먹는 그런 풍경이 있었다. 학교 앞 문방구에는 아이들이 옹기종기 모여 놀기도 하고 작은 오락기 앞에 앉아 있는 모습을 볼 수 있었다. 그런데 이제는 자연스럽게 이웃을 만날 수 있는 장소나 쉼터들이 없어지고 있다. 평상, 정자, 문방구 같은 개방된 장소들이 담당했던 뒷골목의 사회 안전망, 느슨한 유대관계를 형성하는 만남의 장이 거의 다 사라졌다. 이를 대신한 비대면 무인점포나 배달 등이 많아지면서 효율성과 가성비는 높아졌지만 익명성과 고립감을 증가시키고 있다.

한곳에 정착하여 이웃과 친해지고 지역공동체를 통해 소속감을 확인하는 그런 사회는 더 이상 기대할 수 없게 되었다. 뿌리 깊었던 지연地緣이 사라지고 있다. 애쓰지 않아도 자연스럽게 연결되었던 가족과 지역공동체는 더 이상 안정적인 연결고리의 역할을 하지 못하게 되었다. 과거에 단단한 사회적 유대를 형성했던 지연, 혈연은 점차 축소되어 이제는 스스로가 애써서 관계를 만들고 찾아다니지 않으면 고립되어 버리는 시대가 되었다.

또한, 혈연血緣도 사라지고 있다. 사람들이 만드는 가장 강력한 사회적 유대는 가족이었다. 가족은 공동체의 가장 작고 기본적인 단위이다. 가족 공동체 결성의 필수 요소는 결혼이지만 결혼하기를 원하지 않거나 실제 하지 않는 사람들이 많아졌다.

2020년 통계청에 따르면 청년층(만 19세~34세)의 81.5%가 미혼이다. 특히 30~34세 연령층의 미혼 비율은 2000년 18.7%에서 2020년에는 56.3%로 무려 3배나 늘었다. 25~29세 미혼 비율은 87.4%에 달한다. 통계상 청년으로 분류되진 않지만 30대 후반(35~39세)의 미혼 비율도 7.2%에서 30.7%로 20년 사이 4배로 뛰었다. 50세까지 한

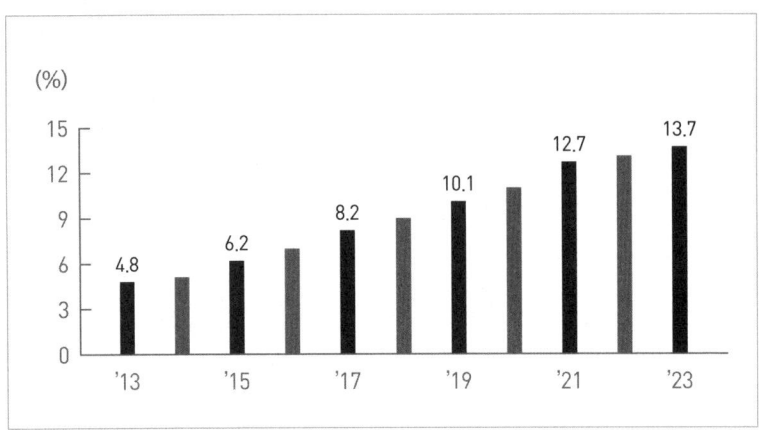

생애미혼율
(출처: 한국은행, 미혼 인구 증가와 노동공급 장기추세 보고서, 2024)

번도 결혼하지 않은 사람의 비율을 '생애미혼율'이라고 하는데, 단 한 번도 결혼하지 않은 경우를 의미한다. 이 생애미혼율이 2013년에는 4.8%였는데 2023년에는 13.7%로 높아져 10년 새 약 3배가량 증가했다.

이와 동시에 증가한 것이 1인 가구이다. 예전에는 가구 기준으로 부부와 자녀로 구성된 3~4인 가구의 비율이 가장 높았지만, 2014년부터는 1인 가구의 비율이 가장 높아졌다. 결혼하는 사람이 줄고 혼자 사는 것이 대세가 된 사회가 된 것이다.

사람들은 왜 결혼과 출산을 기피하게 된 것일까? 아마도 생물학적인 이유 이외에도 사회적, 문화적 이유가 있을 것이다. 종래의 학설대로라면 인간은 생물학적으로 생존과 번식을 목적으로 살아가

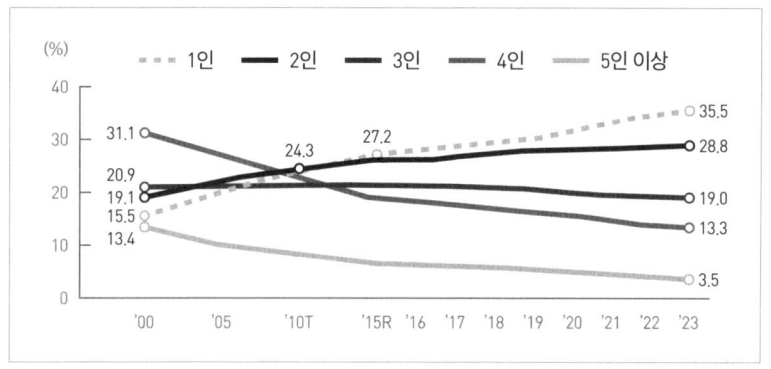

가구원수별 가구 구성비
(출처: 통계청, 2023년 인구주택총조사)

는 동물이므로 적극적인 짝짓기와 출산을 해야 하는 것이 당연한데, 왜 최근에는 결혼도 하지 않고 아이도 적게 낳거나 안 낳으려고 하는 걸까?

청년층에서 결혼을 하지 않으려는 이유에 대해서는 더 심도 있는 원인 규명이 필요하겠지만, 그동안의 조사결과들을 보면 남녀 간에 결혼관에 대한 의식 차이가 큰 것으로 나타났다. 한마디로 요약하자면, '여성은 결혼을 하지 않는 것이고, 남자는 결혼을 못하는 것이다.' 여성들이 결혼을 회피하는 이유는 결혼을 하면 자신의 개인적인 권리와 자유가 침해당할 위험이 크다고 생각하기 때문이며, 남성들은 경제적인 부담이 크기 때문이라고 한다. 개인으로 보면 결혼으로 얻는 메리트보다 결혼을 회피함으로써 개인의 생존 리스크를 감소시키는 게 더 이익이라고 생각하는 것이 아닐까. 하지만 단기적으로 개인의 리스크는 감소하지만, 인류가 지금까지 가정이라는 1차 집단의 토대 위에 유지해 왔던 사회와 국가는 장기적으로 소멸해 가는 결과로 이어진다.

지난 2020년 저출산고령사회위원회의 인구 전략 정책포럼에서는 저출산의 원인으로 고용 불안, 주거 부담, 출산·육아 부담, 일·가정 양립의 어려움, 가치관 변화(여성의 삶의 우선순위 : 결혼·자녀 → 일) 등 5대 사회경제적 요인을 지적했다. 이러한 요인으로 미혼 청년이 다음 생애주기(결혼, 출산)로의 이행을 지연하면서 저출산 기조가 심화되고 있다는 것이다. 즉 저출산은 단일문제가 아니라 경제·사회적 이슈가 복합된 문제이자 구조적 문제로써 해결하기가 그만큼 쉽지 않다는 의미이기도 하다. 한국의 저출산 추세는 세계 1위로 미국의 기업인인 일론 머스크는 2022년부터 세 차례에 걸쳐 유독 한국의 인구 감소가 매우 심각하다고 지적할 정도이다. 이러한 추세는 앞으로도 그 흐름을 되돌리기는 힘들어 보인다.

가족이라는 환상

결혼도 하지 않고 결혼을 해도 출산을 기피하는 흐름의 저변에는 가족에 대한 질적인 변화가 존재한다. 가족을 한마디로 정의하는 것은 어렵지만 사람들은 각각의 경험과 살아온 시대 상황에 따라 다양한 가족의 이미지를 그릴 수 있을 것이다. 우리나라는 '가족끼리 서로 도와야 한다'는 가족 상부상조의 개념이 암묵적으로 존재하고 있다. 사람들은 여차하면 '가족이 어떻게든 도와주겠지'라며 막연하게 가족에게 기댈 수 있었다. 가족 간에 서로를 돕는 행위는 당연하게 이어져 왔다. 하지만 근대화 과정에서 가부장적인 가족공동체의 관계는 무너지고 고도경제 성장 하에 핵가족이라는 가족 형태가 생겨났다.

가부장적 문화의 붕괴는 남성과 여성 모두에게 다양한 영향을 미쳤다. 동시에 그동안 가족 간의 유대의 미덕을 지나치게 강조한 나머지 인간관계의 번잡함에 대한 기피와 혐오감도 생겨났다. 여성들은 더 많은 자유와 기회를 얻게 되는 긍정적 변화가 많았던 반면, 남성들은 자신의 역할과 정체성에 대한 혼란의 과도기를 겪었다. 중장년층 남성들에게 인기가 많은 TV 프로그램 〈나는 자연인이다〉는 남성들의 이런 상황을 잘 반영하고 있다. 출연자마다 자발적 고립을 선택하여 자연인으로 살게 된 이유는 다르고 살아가는 방식도 다르지만, 몇 가지 공통점을 찾아볼 수 있다. 첫 번째는 자기주도적 의사결정이다. 평생을 집단주의적 문화인 가정, 학교, 회사에서 자기주장 한 번 못해 보고 자신이 무엇을 원하는지도 모르고 살아온 나에게 있어 자연인의 모습은 나 역시 원하는 대로 살아보고 싶다는 욕망을 건드린다. 두 번째는 무에서 유를 창조하는 생존 기술이다. 남성의 본능 중 하나인 야생성을 잊고 서류 더미와 컴퓨터 앞에서 살고 있는 남성에게 자연을 정복하고 신천지를 개척하며, 직접 사냥하고 오두막을 짓는 자연인의 강인한 모습은 잊고 살았던 야생성을 자극한다. 세 번째는 고립감을 견뎌내는 강인한 정신력이다. 가정에서도, 직장에서도 편히 쉴 자리가 없는 남성들은 나만의 동굴을 찾아 끝없이 헤매지만 TV 속에 비춰지는 자연인의 모습에서 보여지는 신체적인 강인함과 더불어 자아를 찾아가는 독립성은 영웅적인 남성상을 연상시킨다. 네 번째는 속세의 탐욕과 집착에서 벗어난 해탈의 철학이다. 부와 계층에 대한 상대적 박탈감, 돈이면 다 된다는 천박한 물질주의와의 결별을 선언하고 세상을 초월한 듯 살아가는 도인 같은 모습 또한 남성들이 추구하는 또 하나의 남성성의 표상이다.

　　이 프로그램을 즐겨 보는 중장년층 남성들은 자신의 처지와 꼭 같다고는 할 수 없지만 차마 현실을 저버리고 떠나지 못하는 자신을 안타까워하면서 자연인을 통해 대리만족을 한다. 잠시만이라도 자연인을 보면서 육체적 피로와 정신적 스트레스, 사회적 관계에서의 실망과 불신, 사회적 기대와 규범이라는 압박감, 디지털 연결의 피로감에서 벗어나 본다. 대리만족을 통해 다시 현실이라는 전쟁터에서 싸우기 위해 재충전하고 있는 것이다.

　　한편, 가부장적 문화의 붕괴 과정에서 변화해 가는 여성의 이야기도 있다. 좀 오래된 이야기지만 2008년 시청률 40%대를 기록한 〈엄마가 뿔났다〉라는 주말 드라마가 있다. 대가족 집안의 엄마로 배우 김혜자 씨가 나오는데, 온 가족이 모인 자신의 62세 생일 잔치 자리에서 1년만 나가서 혼자 살겠다고 폭탄 선언을 한다. 그리고 치밀하게 준비한 독립생활을 실행에 옮기는 내용이었다. 가족 안에서의 순기능이 작동하기 위해서는 가족구성원 중 누군가의 희생을 필요로 한다. 그 희생자는 주로 엄마인 경우가 많았고, 이 드라마의 설정처럼 '제발 나 좀 내버려 둬! 혼자 있고 싶어!'와 같은 강한 반발로 나타난 것이다. 이 드라마의 엄마처럼 가족 간의 지나친 유대감의 번잡스러움에 함몰되어 버린 자신을 찾기 위해 혼자인 것을 선택하는 생활 방식도 있을 수 있다. 그건 그것대로 좋을 수도 있다. 그러나 만약 본인의 선택이 아니었다면 어땠을까? 가족에게 힘들다고 이야기하고 도움을 요청했지만, 이해 받지 못하고 가족으로부터 쫓겨난 결과였다면 어땠을까?

요즘의 세상을 보면 가족 내의 갈등 이슈도 점점 옛날이야기가 되어가고 있다. 가족 자체를 만들지 않는 경향이 심화되고 있기 때문이다. 최근 뚜렷하게 나타나고 있는 맞벌이 세대의 증가, 출생률 저하, 이혼율 상승, 1인 가구의 증가, 생애미혼율 증가 등의 가족 구조의 변화는 가족 간 유대의 미덕을 지나치게 강조해 왔던 우리나라의 가족 문화에 대한 반발과 무관하지 않을 것이다. 지금까지 가정 내에서 해결하던 노인 부양, 육아와 교육, 가족의 정서적인 유대감 충족과 같은 기능들은 예전처럼 가족 내에서 기대할 수 없게 되었다. 가족, 지역, 국가라는 세 가지의 사회 지지 기반 중에 가족은 환상으로만 존재하는 사회가 되어 가고 있다. 이제는 가족이 아니라 '개인'이

기본 단위가 되어 서로를 지지하는 사회 시스템을 만들어 가야 하는 시대가 온 것이다. 사회적 고립의 문제는 이런 현상의 반영이라고 할 수 있다.

경쟁 격화로 인한 사회적 배제

자본주의는 본질적으로 경쟁을 중심으로 작동하는 경제 체제이다. 자본주의의 이윤극대화 논리에 길들여진 현대인들은 모든 용도와 쓸모를 경제적인 관점과 결부시킨다. 그 밖의 가치들, 즉 가족과 함께하는 시간, 휴식을 취할 시간, 내적 욕구를 키울 시간, 축적된 부를 즐길 시간, 우리가 하고 있는 일에 대한 성취감을 발견할 기회, 삶의 근본적인 목적 의식을 발견하는 시간을 더 많은 이익과 더 큰 돈을 벌기 위해 희생시켰다.

돈은 사람에게 자기충만감을 느끼게 만든다고 한다. 즉 돈이 있으면 주변에 사람이 없어도 혼자 잘 살아갈 수 있을 것 같은 느낌을 갖게 한다고 한다. 최근의 몇몇 국제 비교 조사에서 한국은 다른 나라에 비해 유독 물질주의에 대해 지나치게 가치를 두고 있는 것으로 나타났다. 하지만 돈에 집착할수록 사람과의 관계에 대해서는 소홀하게 생각하여 궁극적으로 행복감이 떨어지는 것으로 나타났다.

오늘날의 자본주의 논리는 단기적인 문제를 해결하고, 이윤을

극대화하려는 정신 상태에 갇혀 있다. 자본주의 경제 체제에서 움직이는 인간들은 자신의 뇌의 전체를 사용하지 않고 지능 전체를 사용하지 않는다. 마음이 돈에 초점이 맞추어져 있으면 인간의 시각은 좁아지고 제한된다. 인간의 능력은 합리적 문제해결 능력을 통해 걸림돌이 되는 문제들을 즉각적으로 해결하는데 최적화되어 있다. 장기적인 안전 기능이나 미래의 성장과 같은 큰 그림을 찬찬히 들여다 보려 하지 않는다. 지구의 장기 생존 가능성, 자신이 속한 사회나 회사의 생존 가능성, 그리고 자신과 가족이 원하는 삶의 방식과 같은 보다 광범위한 문제에 대해 잘 보지 못한다.

현대 자본주의 사회에서는 모두가 같은 기회를 누릴 수 없어 경쟁에서 뒤처진 사람은 사회에서 쓸모 없어진 잉여적 존재가 될 수밖에 없다. 치열한 경쟁은 사람들 간의 연대감을 약화시키고 공동체 의식을 약하게 만든다. 사람들은 자신만의 성공에 집중하게 되고 다른 사람들과의 협력보다는 경쟁을 우선시하게 된다. 한국 사회는 풍요로워졌고 개개인의 살림살이도 나아졌으나 공동체의 기반 위에서 사회적 유대를 통해 마음의 안정과 평화, 행복을 추구하던 가치는 희박해지고 있다.

이러한 자본주의 체제에서 성공과 실패를 개인의 책임으로 보는 능력주의가 팽배하고 있다. 능력주의가 지배적인 사회에서는 경쟁에서 뒤처진 사람들은 실패자로 간주되고 동시에 사회적으로 낙오된다는 느낌이 강해서 고립으로 이어지기도 한다. 사회적 관계가 성공과 성취에 의해 정의되다 보니, 경쟁에서 패배한 사람들은 관계에서 배제되거나 스스로 관계를 단절하게 된다. 능력주의는 사회적 불평등을 개인의 능력 차이로 설명하기 때문에, 이로 인해 사회적 약자나 소외된 집단이 겪는 어려움이 개인의 무능력으로 간주되면서 이들 집단은 더욱 고립된다. 과도한 경쟁으로 신뢰가 부족한 사회가 되면 사람들 간에 갈등과 공동체의 분열이 초래된다. 심한 경우, 실업과 조기 퇴직으로 사회에서 배제되는 순간, 다시 사회에 참여할 수 있는 기회를 갖기가 어려워지고 사회적으로 불안정한 상태로 밀려난다. 경쟁 격화로 인한 사회적 배제는 개인의 삶을 위협할 뿐만 아니라 사회 전체의 안정성과 연대감을 약화시킨다.

한편, 기업에서는 소수 정예의 고급 인재만을 선호하는 경향이 뚜렷해지면서 교육에 대한 막대한 투자가 필요하게 된다. 소득의 양극화는 교육 격차로 이어져 사회에 진출할 때부터 불공정한 출발을 하게 되어 계층 이동의 사다리는 사라지고 경제활동을 하는 집단에서 소외되면서 경제적 양극화를 더욱 심화시키게 된다. 몇 년 전부터 회자되는 금수저, 흙수저와 같은 '수저론'에 의하면, 최고의 스펙은 '호적'이라는 말까지 등장했다. 아무리 노력해도 부자 부모의 자식으로 다시 태어나지 않으면 상류층으로의 이동이 어려워지는 경제적 격차의 상황을 상징적으로 이야기하고 있다.

디지털 기술 발전으로부터의 소외

산업사회에 이어 IT 기술과 인터넷이 발달한 정보화사회가 본격화되었다. 디지털 기술의 발달로 사람들은 컴퓨터와 인터넷이 만들어 낸 새로운 사이버 공간에서 만나고 생활을 영위한다. 이 사회에서는 컴퓨터와 인터넷 사용 지식이 상식화되었다. 특히 코로나 시기에 세계적으로 비대면 접촉 관련 기술들이 비약적으로 발전하여 사람들 간의 직접적인 접촉은 줄어들고 그로 인한 사회적 고립은 더욱 심화되었다.

또한, 지식정보화사회에서의 지식과 정보의 평균수명이 현저히 단축되었다. 산업사회에서의 지식과 정보의 평균수명은 10년 내지 15년이었지만 지금은 2~3년으로 대폭 단축되었다. 이로 인해, 디지털 기술에 접근할 수 있는 사람들과 그렇지 않은 사람들 간의 격차가 커졌다. 인터넷이나 스마트폰에 익숙하지 않은 사람들은 최신 정보나 서비스에 접근하기 어려워 사회의 주요 흐름에서 소외되고 중요한 정보에서 배제됐다.

현대사회에서는 많은 소통이 온라인에서 이루어지고 있다. 디지털 기술에 익숙하지 않은 사람들은 이러한 소통에서 배제되기 쉬워 사회적 네트워크의 축소와 고립을 초래할 수 있다. 청년층들은 다른 연령대에 비해 SNS 이용률이 높아 남과 자신을 '비교'하는 경우가 많다. 특히 SNS에서 다른 사람의 사는 모습을 보고 외로움을 해소하기보다는 소외감이나 열등감을 느끼면서 더 깊은 외로움에 빠지게 된다. 청년층을 대상으로 한 연구결과를 보면, 평균 수준으로 인터넷을 사용한 사람들에 비해 훨씬 많은 시간을 사용한 사람들이 세 배 이상 자주 외로움을 느낀다고 한다. 아직 결론을 내기는 이르지만 인터넷이 사회적 유대에 도움이 되기보다는 인간들의 공존에 오히려 방해가 되고, 특히 아동이나 청소년들에게는 정상적인 사회관계를 배울 수 있는 학습의 기회를 빼앗고 있다.

또한, 경제적 여유가 없거나 디지털 기술 교육을 받지 못한 사람들은 최신 디지털 기기나 인터넷 서비스에 접근하기 어려워 기술 발전에서 소외되며, 디지털 격차가 경제적 격차로 이어지는 악순환이 발생할 수 있다. 특히 디지털 기기나 기술에 익숙하지 못한 고령자들은 디지털 기술이 주는 다양한 혜택에서 소외될 수밖에 없다. 혼자 사는 고령자가 증가하고 있는 현 상황에서 디지털 기술을 사용하지 못하고 사회와의 연결고리를 잃어버린 고령자는 그대로 고립될 우려가 있다.

얼마 전 94세이신 친정어머니를 모시고 건강검진을 받으러 갔다. 문진표를 작성하려고 보니 종이 양식은 없어지고 컴퓨터나 스마트폰으로만 작성하게 되어 있었다. 병원의 문진표라는 것이 민감한 개인정보나 의료정보 때문에 본인이 직접 작성해야 하지만, 디지털 기기 사용이 익숙하지 않은 고령자들은 전자 문진표 작성을 타인에게 부탁해야만 한다. 보호자가 없으면 본인은 작성할 수 없는 매우 불친절한 상황이었다. 우리나라의 급속한 디지털화는 사회 전반에서 환영을 받고 있지만, 디지털 약자에 대한 배려도 동시에 진행되어야 한다고 본다.

노인들이 매우 불편하게 여기는 것 중 하나가 택시를 타는 것이다. 요즘은 카카오택시 같은 택시 호출 앱을 사용하지 못하면 택시 타기가 무척 힘들다. 택시를 잡기 위해 몸이 불편한 노인들이 길 한가운데까지 나와 손을 흔드는 모습과 예약한 택시를 타려는 사람들과 그걸 모르고 먼저 잡았다고 주장하는 노인들 사이의 실랑이를 종종 목격한다. 택시 호출 앱을 이용하려면 신용카드 등록 같은 여러 절차가 필요한데 노인들에게는 힘든 미션이다. 또한, 많은 노인들이 보이스 피싱 같은 사기 범죄 때문에 신용카드 사용을 불안해 하기도 한다. 사람의 기본적인 권리인 이동에 대한 권리는 하루빨리 해결되어야 할 문제이다.

이외에도 최근에 급속하게 늘어난 키오스크 주문기 앞에서 당황하는 노인들의 모습도 흔한 일이 되었다. 아직도 현금 결제가 익숙한 노인들에게 기술의 변화는 생활의 장벽이 되고 있다. 이처럼 인간을 배려하지 않은 기술, 누군가에게는 좌절과 절망감, 소외감마저 느끼게 하는 기술은 각 계층에 동의도 구하지 않은 채, 디지털 지상주의를 외치며 우리 생활 속에 침투하고 있다.

정부, 금융, 의료 등의 많은 서비스가 점점 더 디지털화되고 있다. 이러한 변화는 디지털 기술에 익숙하지 않은 사람들의 서비스 접근성을 떨어뜨리며, 필수적인 사회적 자원에서 배제시킬 위험이 있다. 디지털 기술의 발전에서 밀려난 사람들의 사회적 고립은 개인의 문제를 넘어 사회적 연대와 포용성에 큰 영향을 미친다.

AI 시대의 도래와 인간관계

챗GPT 같은 AI 기술이 발달하면서 요즘 뉴스를 보면 AI 기술이 얼마나 혁신적이고 빠르게 발전하고 있으며, 우리 사회에 미칠 영향이 얼마나 큰지에 대해 연일 보도하고 있다. 노년층이나 전업주부처럼 실생활 속에서 AI 기술을 쉽게 접하기 힘든 계층들은 이런 뉴스를 볼 때마다 자신들이 AI 시대에 뒤처지고 있다는 생각을 하지 않을 수 없다. 최근에는 AI 관련 기술 자격증도 생겨나 중장년층을 중심으로 자격증을 취득하는 사람들이 늘어나고 있다. 한 TV 뉴스에서 기자가 AI 자격증을 취득한 은퇴자에게 AI의 활용에 대해 질문을 하니, "예전에는 여행 계획을 짜려면 몇 날 며칠이 걸렸는데, AI 기술을 사용하니 단 5분도 안돼서 완벽한 여행 계획이 나왔다"라고 대답했다. 그 뉴스를 보면서 한편으로는 씁쓸한 생각이 들었다. 친구들끼리 모여 논의하고 의견을 맞춰가며 서로의 취향을 존중한 일정을 잡는 것이 여행이 주는 또 하나의 재미인데, 친구들의 의견이나 성향은 무시하고 AI가 짜준 여행 계획을 절대적으로 신봉하는 모습이 무척 안타까웠다.

이처럼 기술의 발전은 사람들을 소외시킨다.

금년 3월 미국의 OpenAI와 MIT 미디어랩의 합동 연구팀이 챗GPT 이용과 외로움의 연관성을 분석한 결과를 발표했다. 그 분석에 의하면, 챗GPT를 자주 이용하는 사람일수록 대인 교류의 시간이 감소하여 외로움을 더 많이 느끼는 경향을 볼 수 있었다고 한다. 특히 감정적 상담 상대로 생성형 AI에 깊이 의존하는 사용자일수록 오프라인에서의 인간관계가 부족해 외로움을 느끼기 쉽다는 지적이다.

실제로 이 연구에서는 챗GPT를 장시간 이용하면서 '마음의 친구'처럼 느끼고 있는 층으로 좁히면 다른 이용자보다 외로움을 더 느끼고 AI에 대한 정서적 의존도가 높은 경향이 있다고 한다. 챗GPT 개발사인 OpenAI 스스로가 "생성형 AI의 과다 사용은 외로움을 심화시킬 수 있다"고 보고한 점은 주목할 만하다.

요즘은 생성형 AI를 업무적인 용도 이외에도 개인적인 고민을 상담하는 상대로 사용하는 경우도 많아지고 있다. 인터넷 이용 실태조사에 따르면, 챗GPT와 같은 생성형 AI 서비스 이용률이 2023년 17.6%에서 2024년 33.3%로 약 2배가량 증가했다고 한다. 이는 챗GPT, Gemini, 클로바X 등 생성형 AI 서비스가 빠르게 대중화되고 있음을 보여준다. 특히 대학생을 대상으로 한 조사결과를 보면, 생성형 AI를 사용하고 있는 학생들의 20~30%가 사소한 상담을 하는 상대로 활용하고 있는 것으로 나타났다.

확실히 생성형 AI는 상담 상대로서 우수하다. 뭐든지 바로 대

생성형 AI 서비스

답해 주고 비밀을 타인에게 발설하는 일도 없기 때문에 부담 없이 이야기할 수 있다. 그러나 생성형 AI에만 너무 의존하면 어떻게 될까?

최근 미국 템플대학교 연구팀이 발표한 「모든 길은 챗GPT로 통한다 : 생성형 AI가 사회적 교류와 학생의 학습 공동체를 갉아먹는다」라는 논문에 따르면, 학습 공동체라는 교육의 사회적 기반이 위기에 처해 있다며 생성형 AI 시대에 있어 교육자가 의도적으로 대면이나 학생들 간의 교류 기회를 마련해 학습 공동체 만들기를 지원할 필요가 있다고 강조하고 있다. 요즘에는 과제물을 작성할 때 학교 친구나 선배에게 물어보지 않고 챗GPT 등의 생성형 AI에 의지하는 경향을 보이면서, 과제 관련 질문을 채팅으로 하던 이전에 비해 학생들끼리의 직접적인 교류가 감소하고 있는 것이 확인되었으며, 생성형 AI 이용으로 인한 인간관계의 약화가 학습 의욕이나 소속 의식 감소로 이어질 수 있다는 것이다. 학교라는 기반 위에 같이 모여 머리를 맞대고 공부했지만 챗GPT로 단일화되면서 학습 공동체가 서서히 침식되고 있고, 구성원인 학생들은 점점 더 외로워지고 있다는 것을 보여주는 셈이다.

02
사회적 고립의 실상은 어떠한가

앞 장에서 사회구조적 변화로 인해 사회적 고립이 발생하게 된 배경에 대해서 설명했다. 이번 장에서는 한 사람의 내면에서 일어나는 개인적인 차원에서 고립이 시작되는 계기와 그 이후 어떤 심리적 프로세스가 진행되는지에 대해 알아보고자 한다.

    우리는 인생을 살아가면서 입학, 졸업, 취직, 결혼과 같이 예상할 수 있는 일들도 겪지만 실직, 질병, 죽음, 재해, 교통사고처럼 인생의 위기라고 할 수 있는 돌발적인 사건을 만나게 된다. 예상하지 못한 부정적인 일들이 생기면 자신을 둘러싼 환경이 급변하게 되고, 그 영향으로 인해 심리적으로 변화를 겪게 된다. 외로움의 함정에 빠지게 되는 심리적 프로세스는 어떠한 변화를 거치며 생활상에 어떠한 변화가 생겨나는지를 살펴보자.

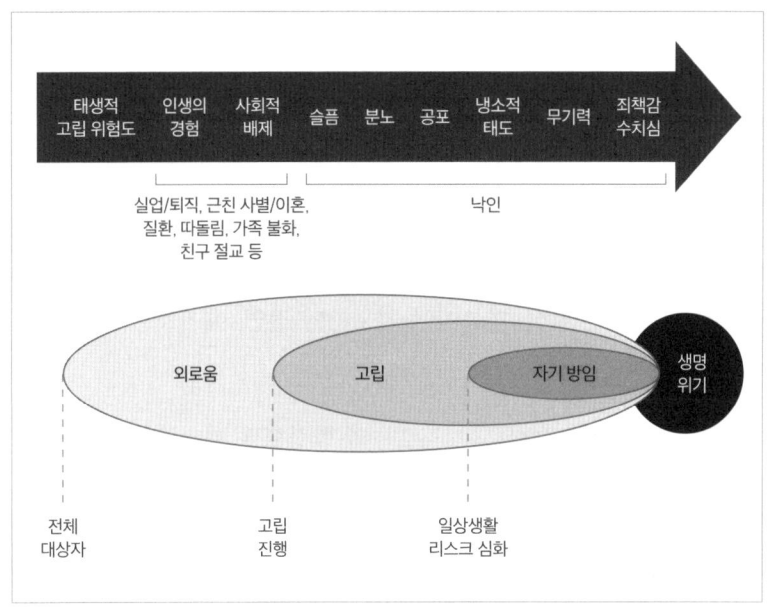

심리적 위기를 수반하는 외로움의 함정

고립이 초래하는 심리적 위기들

사람마다 외로움을 인식하는 방식은 다르지만 외로움의 함정에 빠지게 되는 요인은 무엇이며, 고립이 심화되어 자기방임, 고독사로 빠지게 되는 심리적 상태는 무엇일까? 이에 대해서는 아직까지 명확하게 규명되지는 않았지만 대략적으로 위의 그림과 같은 심리적 프로세스가 진행될 것으로 예상된다.

사람들은 누구나 외로움을 느끼는데, 이때 느끼는 외로움은 일상적 단계의 외로움이다. 이러한 일상적 단계의 외로움에 대해 태생적으로 더 민감하게 인식하지만 그 상황을 빠져나오려는 노력을 하지 않으려는 사람은 태생적 고립 위험도가 높다고 할 수 있다. 또한, 인생 경로에서 부정적인 라이프 이벤트, 즉 삶에서 고난과 역경에 해당하는 사건을 만날 때 외로움의 함정의 심화적 단계에 들어가는 계기가 된다. 실직, 가족이나 친구와의 절연, 예기치 못한 질병의 진단 등의 여러 가지 원인으로 사회적으로 배제되고 단절되는 경험은 심리적 위기를 수반하는 외로움의 함정으로 빠지는 계기가 되기도 한다.

슬픔

이때 느끼는 첫 번째 감정은 슬픔이다. 슬픔은 가장 일반적인 부정적 감정이며, 실패나 상실, 좌절 등을 겪었을 때 동반하는 초기 감정이다. 우리는 슬픔과 같은 카테고리의 느낌을 우울함, 기분이 처지고 가라앉음, 절망감, 실망함, 미안함, 불행함, 비통함, 후회스러움 등으로 표현한다.

슬픔의 원인은 삶의 상실과 변화, 살아가면서 계획했던 일의 실패로 인한 좌절 등 다양하다. 무엇보다 슬픔을 느끼는 경우는 자신의 인생에서 가장 중요한 사람과의 관계를 상실했을 때이다. 대부분의 사람들은 소중한 사람의 죽음이나 사랑하는 사람과 헤어졌을 때, 소중한 사람과의 관계를 지속해 나가는 것이 자신의 의지나 힘으로는 어떻게 할 수 없는 한계에 부딪혔을 때 큰 슬픔에 빠진다. 만일 어린 시절 부모로부터 방치되거나 거부당한 기억이 있다면, 최근의 고립감에 더해져 좀처럼 슬픔에서 헤어나오지 못하게 된다.

한편, 슬픔을 느끼는 것은 마음의 건강을 회복하는 데에 중요한 과정이며, 감정을 정리하고 다음 단계로 나아가기 위한 힘을 얻는 데 도움이 되기도 한다. 마땅히 슬퍼해야 할 사건임에도 불구하고 슬퍼하지 않는다면 그것 또한 마음 건강에 좋지 않다. 슬픔은 일시적인 것에서부터 장기적인 것까지 다양한 양상으로 나타나며, 개인마다 차이가 있다. 슬픔은 개개인의 가치관이나 경험에 의존하기 때문에 같은 사건이라도 사람마다 느끼는 방식이 다르지만, 분명한 것은 누구라도 슬픔에 오래 빠져 있으면 안된다는 것이다.

분노

외로움의 함정의 심화적 단계에서 외로움이라는 정서는 '슬프고도 화나는' 것으로 나타난다.

직장이나 업무에서 자신이 배제되었을 때, 가족이나 친구와 같이 가까운 사람들과 불화가 생겨 관계를 단절하는 지경까지 이르렀을 때, 공통으로 느끼는 심리적 상태는 슬픔 어린 '분노'이다. 사회에 의해 무시당하거나 배제되는 과정에서 상대방이 자신의 결점이나 약점을 건드리는 경우 분노라는 감정이 올라온다. 사람들은 각자 절대 침범당하고 싶지 않은 자신만의 영역이 있고 그것이 침범당할 때 사람들은 분노한다.

분노는 주로 '옳다', '그르다'라는 논리와 관계가 있다. '나는 맞고 너는 틀리다'라며 나의 생각이 부정당했을 때 생긴다. 작은 분노는 신경질이나 짜증 정도로 시작되지만, 통제할 수 없는 큰 분노는 화나 격노로 표출되어 폭력성을 띠게 된다. 또한, 분노는 증오로 전환되기 쉽고, 증오는 한 개인의 삶 전체를 암울하게 만든다. 분노에 사로잡혀 언제나 화를 내고 있는 것처럼 보이는 사람은 과거로부터 현재에 이르기까지 자신의 삶 속에서 해결되지 않은 문제들을 안고 있다.

외부와의 관계를 끊고 고립 생활을 하는 사람 중에는 겉보기에 조용하지만 기이한 행동을 하는 것으로 잠재된 분노를 표시하기도 한다. 예를 들어, 썩은 음식을 먹고 거의 나체로 지내거나 곰팡이가 잔뜩 낀 방에서 생활하는 것 등이다. 외부 사람들이 보면 기이하기 짝이 없는 이런 행태는 그 사람 안에 해소되지 않은 분노의 감정들이 쌓여 있다는 표시로 이 감정은 사소한 자극에 의해 과잉 반응으로 폭발하기도 한다.

사실 우리는 내면의 감정을 제대로 표출하고 조절하는 법을 배운 적이 없다. 특히 분노를 통제하는 법에 대해서는 더더욱 배운 적이 없다. 분노는 자신이 지닌 무엇인가를 방어하는 과정에서 상대방을 공격하기 위해 나오는 경우가 많다. 대부분의 사람들은 인생에서 중요한 사람에게 분노를 잘못 표출하여 관계의 파탄으로 이어진 경험을 가지고 있다. 또한, 분노를 잘 표출할 자신이 없고 그 결과가 두려워 쌓인 분노를 적절하게 표출하지 못해 분노의 방향이 자신 자신을 향하면서 내적으로 전환된 분노는 일상적인 우울증으로 나타나기도 한다.

공포

고립으로 발생하는 또 다른 심리적 상태는 공포, 즉 두려움이다. 공포는 위협이나 위험을 인지할 때 느끼는 강한 불안감이다. 세상으로부터 위협을 받고 있다는 느낌, 혹은 자신이 너무 연약하다는 느낌, 상황이 안 좋게 돌아간다는 느낌과 관련이 있다. 공포의 또 다른 이름은 겁이 남, 걱정스러움, 혼란스러움, 경악, 예민함, 무서움, 소심함, 불편함, 두려움이다. 세상과 미래에 대한 불확실성과 타인과의 연결 부족은 상황을 왜곡시켜 인지하게 만들고, 이는 더 큰 불안과 공포를 유발시킨다. 왕따를 당하거나 직장 내 따돌림을 경험한 사람들은 처절하게 혼자라는 고립감을 느낀다. 그리고 이런 고립감이 일시적인 것이 아니라 앞으로도 계속될지 모르고 안 좋은 상황이 개선되기 어렵다는 부정적인 생각이 들면 두려움에 사로 잡히게 된다. 친구들이 모여 있는 저곳은 따뜻한 햇살이 비추고 있는데, 내가 서 있는 이 자리는 춥고 음산한 바람이 불어와 아무리 옷깃을 여미어도 너무 추워 견딜 수 없어 몸이 부르르 떨릴 정도로 사무치는 소외감은 두려움으로 바뀐다.

공포를 느끼게 되면 나 자신을 보호하거나 방어하려고 하기 때문에 다른 사람들을 위협적인 적으로 본다. 또한, 자신의 능력을 스스로 의심하면서 도전하는 것을 두려워하며, 방어적이고 소심해져서 어떤 일에 주도권을 잡거나 사람들의 주목을 받는 일을 피하게 된다. 그러므로 고립으로 인해 관계의 범위가 더욱 축소되고 발전적인 변화가 일어나지 않는다. '공포로 얼어붙은'이란 표현이 있듯이 두려움은 세상으로부터 자신을 더욱 고립시키고 자발성을 없앤다.

냉소적 태도

고립감은 모든 것이 가치 없어 보이는 냉소적 태도를 갖게 한다. 부당함이 없는 세상을 꿈꾸며 아무리 권위자라 할지라도 실력으로 맞서 싸울 수 있다고 생각했는데, 이제는 사회로부터 소외되어 더 이상 삶의 희망이 보이지 않고 힘이 빠진다. 앞으로의 세상에서는 따뜻한 대화나 마음이 통하는 대화는 기대하기 어려워 사회에 대한 신뢰가 줄어들고 부정적인 감정을 품게 된다. 이처럼 부정적인 경험이 쌓이면 남을 의심하거나 믿지 않는 회의적인 모습을 보이고, 누구를 깔보거나 비웃으며, 비판적이면서 경멸하는 태도를 가지게 된다. 고립은 냉소적인 태도를 촉발하거나 강화시킬 수 있어 더 깊은 고립적 단계로 빠져들게 한다.

자신이 느끼고 있는 슬픔과 두려움, 분노를 감추기 위해, 또는 무시당하거나 비난 받을까 두려워 더욱 냉소적인 태도를 갖게 된다.

자기방어적인 메커니즘으로 냉소적인 태도가 작동하게 되면, '인간이 하는 모든 일은 쓸데없는 열정의 행위'로 여기며, 자기 자신에 대해서도 아무것도 아니라는 생각에 사로잡혀 삶의 가치와 목적의식을 잃게 된다. 어떤 것에도 관심을 보이지 않고 자신의 문제조차도 무시한다. 어떤 것도 가치 있어 보이지 않기 때문에 문제해결을 위한 어떤 전략도 무의미하다. 냉소적인 사람들은 간신히 살아갈 수 있을 만큼의 에너지만 가지고 있다. 이것은 매우 깊은 우울증의 한 형태이기도 하다.

무기력

고립이 지속되면 더 이상 자신의 상황을 바꾸려는 시도를 포기하게 되는 무기력한 상태가 된다. '어차피 바뀌지 않는다'는 체념이 자리 잡게 되고, 이를 통해 심리적으로 무기력 상태에 빠지게 된다. 무기력의 구조는 절망과 자포자기이다. 현재 자신의 처지가 황폐해 보이고 미래에 대해 아무런 희망이 없어 보인다. 살려는 의욕 없이 허공을 응시하고 자극에 무감각해지는 상태에 빠진다. 자신의 건강, 위생, 생활환경 등에 무관심해지고 자포자기 상태가 되어 타인에게 도움을 요청하거나 외부의 지원을 거부하게 된다. 또한, 자신의 건강도 외면하면서 영양실조에 걸리거나 병이 생겨도 도움을 요청하려고도 하지 않고 종국에는 외부로부터 장기간 단절되어 홀로 생명의 위기를 맞이하게 된다.

죄책감

외로움의 함정의 고립적 단계에서는 자신은 이 세상에 존재할 권리가 없다고 부정적으로 인식하여 자기 파괴적인 행동을 하게 된다. 또한, 친구나 가족과의 관계를 유지하지 못한 이유를 자신의 잘못으로 돌려 강한 죄책감을 느끼기도 한다. 이런 감정을 느끼면 자신을 학대하고 자신을 용서하지 않으려고 하여, 때로는 자신에게 벌을 주기 위한 방편으로 자신에게 고통이 되는 행동을 하기도 한다. 사회적 지위나 경제적 성취가 타고난 재능이나 각자의 노력에 따라 결정된다고 보는 능력주의는 사회적 고립과 같은 문제에 대해 사회구조적 요인보다 개인의 책임을 강조한다. 이런 문화에서는 소외된 사람의 죄책감은 더 커진다. 이러한 감정을 견디다 못해 자살과 같이 직접적이거나 약물, 알코올 중독, 무모한 행동을 통한 간접적인 자기 파괴적 시도를 하기도 한다.

수치심

죄책감에 수반되는 정서는 수치심이다. 인간은 누구나 불완전한 존재로 사회적 유대를 통해 얼마나 외로웠는지, 얼마나 의지하고 싶었는지를 토로하며 서로의 상처를 어루만지며 살고 싶어 한다. 하지만 결혼의 파탄, 사랑하는 사람의 죽음, 실직을 겪은 뒤, 자신이 타인에게 받아들여지지 못했다고 느끼거나, 사회적 실패로 인식하게 되면 깊은 수치심을 느낄 수 있다. 이런 상실감으로 주변에 심정을 교류

할 상대가 없어 자신의 불완전함을 받아들이지 못하며 수치심을 느끼게 된다. 수치심으로 인해 사회의 요구에 민감하게 반응하며 다른 사람에게 비난받지 않기 위해 남보다 몇 배 더 노력하게 된다. 다른 사람의 지지와 인정을 받기 위한 이런 경쟁적 태도는 생산성과 효율성을 강조하는 경제 원리 우선의 사회에 잘 맞을 수 있지만, 인간관계는 정서적 교류가 결여된 피상적인 관계가 되어 원하는 유대감을 형성하기가 어렵다. 수치심은 위험할 정도로 죽음과 가까운 상태로서 더 이상 살고 싶지 않지만 자살할 수도 없으니 마지못해 살아간다는 식의 자세를 갖게 한다. 수치심은 신경증을 초래하고 정서적, 심리적 건강에 파괴적으로 작용하여 매사에 열등감에 사로잡혀 지내게 된다.

인간관계로 인한 소외와 차별 등의 경험은 체내에서 독이 뿜어져 나오는 것만큼 유해하다. 주위 사람들에게 의도적인 무시를 당하고 그 집단에 끼지도 못하며 끼리끼리의 대화에서 겉도는 경험은 고통이다. 가족 안에서나 각종 모임, 일터에서 마치 없는 사람 취급을 당하고 환영받지 못하는 무시와 배제의 경험은 인간을 깊은 슬픔과 고통으로 밀어넣는다. 사회적 소외로 인한 부정적 감정은 인간의 몸에 생물학적 상흔을 남긴다. 의도적인 무시나 소외의 경험은 추상적인 개념이 아니라, 신체적 고통을 느낄 때 활성화되는 우리 몸의 동일한 신경망을 자극한다. 실질적으로 신체에 체벌이나 폭력을 행사하는 것과 마찬가지의 신체적 고통을 느낀다. 고통을 느낄 때 우리 몸은 더 이상 고통을 느끼지 않기 위해 반응하게 되는데, 이러한 고통은 분노로 전환되고 공격성을 낳는다. 이 공격성이 자신을 향하면 불안이나 우울로 이어진다.

과거 왕이나 가문에서 내리는 추방이라는 형벌은 고문이나 처형 다음으로 가장 심한 처벌이었다. 집단에서 쫓겨난다는 것은 모든 생존권을 박탈당한 것과 같아서 다시 살아 돌아오는 것은 불가능했기 때문이다. 사회적 유대감을 갈망하는 인간의 욕구는 그 뿌리가 너무도 깊기 때문에 고립은 인간에게 가장 고통스러운 절망감을 갖게 한다. 사실, 다른 사람들과 함께 사는 것이 아무리 어렵더라도 그것보다 더 어렵고 불가능한 것은 사회로부터 완전히 배제당하여 혼자 살게 되는 것이다.

그러나 우리가 살고 있는 지금은 평생을 같은 무리의 사람들과 한곳에서 살지 않아도 되고, 태어난 공동체에 적응하지 못한다고 해서 영원히 홀로 황야를 떠도는 형벌도 받지 않는다. 이동의 자유와 익명성이 보장되면서 자신의 거처를 스스로 결정할 수 있는 시대가 되었다. 하지만 우리의 진화 유전자는 추방에 대한 절망감을 기억하고 있어 고립을 벗어나려고 노력하기보다는 무기력하게 굴복하고 만다.

이상과 같이 외로움의 함정에 빠져 삶의 의욕을 상실해 가는 심리적 진행 과정을 살펴보았다. 이와 함께 외로움의 함정에 빠지면 매일의 생활은 어떻게 무너져 내리는지 알아보자.

고립과 일상생활의 붕괴

외로움의 함정의 고립적 단계가 되면, 삶의 의욕을 상실하고 일상이 황폐해진다. 외출도 하지 않고 사람도 만나지 않는 생활이 계속되면 운동 부족, 영양불균형 식사, 불규칙한 수면, 알코올 남용 등의 건강에 해로운 생활 패턴을 갖게 된다. 심각한 상태에 직면하기 전까지는 생활의 질이 낮아지고 있다는 것을 자각하지 못하는 경우가 많다. 활동적으로 일을 하던 사람이라고 해도 생활의 큰 중심을 차지하던 직업·일이 없어지거나 배우자나 친구의 사망 등으로 삶의 의욕을 상실하게 되면 식사나 운동을 소홀히 한다는 것을 자각하지 못하는 경우가 많다. 고립이 장기화되면 삶의 의욕은 더욱 떨어져 집에만 있게 되고, 그 결과 일상생활 능력도 낮아지는 악순환으로 이어져 사회적 관계망과의 연결도 약화된다.

우리는 평상시에 특별히 의식하지는 않지만 대체로 규칙적인 일상생활을 수행하고 있다. 아침에 일정한 시간에 일어나 세수를 하고, 밥을 먹고, 출근하고, 동료들과 만나고, 슈퍼에서 장을 보고, 집에 돌아와 음식을 만들고, 설거지를 하고, 청소를 하는 그런 일상적인 패턴이다. 물론 매일매일이 마냥 똑같이 돌아가지는 않지만 하루나 일주일, 한 달 단위로 비슷한 일상생활의 루틴을 반복하며 살아간다. 하지만 갑자기 수술을 하게 되거나 출장을 가거나, 집안의 대소사로 집을 며칠 비울 일이 생기면 그 사이에 집안일들이 쌓인다. 정신을

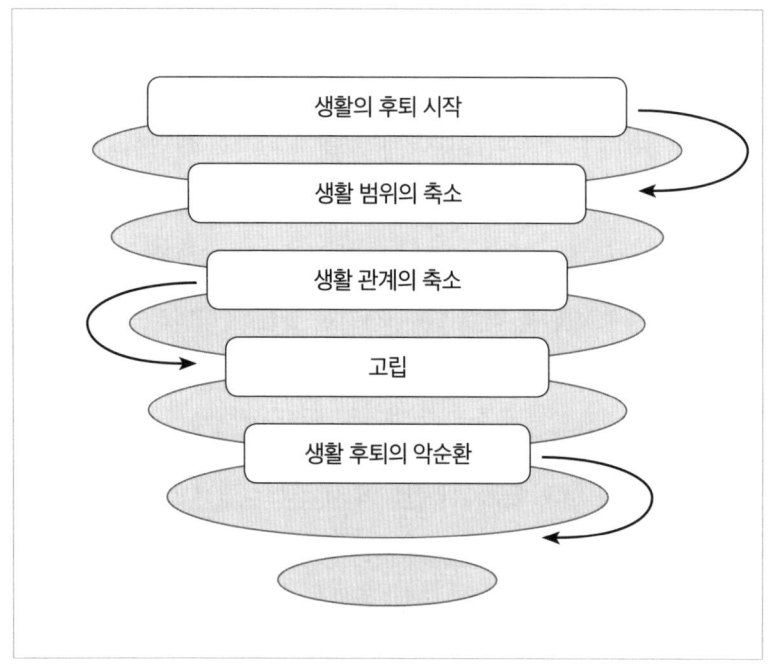

생활이 후퇴하는 프로세스
(출처: 牧田満知子·立花直樹, "ソーシャル·キャピタルを活かした社会的孤立への支援", 2017)

차리고 밀린 집안일들을 해내고 나면 다시 일상으로 돌아왔다는 개운함, 일상의 소중함을 깨닫게 되고 그 평안함에 고마움마저 느끼게 된다.

　　한편, 고령자의 경우는 체력이 떨어지고 쇠약해지면서 집에만 머무르게 되는 경우가 많다. 질환으로 인해 외출이 줄어들면서 사회참가와 교류의 기회가 적어지는 가운데 가까운 친지나 친구 등이 하나둘 내 곁을 떠나면서 인간관계도 좁아져 고립되어 간다. 혼자 사는 노인은 하루 종일 누구와도 이야기하지 않고 TV 시청만이 유일한 오락거리인 생활을 계속하면서 인지 기능이 저하되고 치매로 이어지는 심각한 상황에 빠지기도 한다. 함께 사는 사람이 있거나 그 집에 정기적으로 출입하는 사람이 있으면 일상생활의 패턴을 유지하게 되지만, 혼자 사는 경우에는 생활 패턴이 무너지기 쉽다.

다음은 서서히 일상생활의 범위가 축소되면서 일상생활기능이 저하되는 혼자 사는 남성 노인의 사례이다.

> H씨(78세, 남성)는 현재 혼자 살고 있다. 정년퇴직하기 전까지는 중소기업에서 기술자로 일했다. 성격도 사교적이어서 정년퇴직 후에도 많은 친구와 교류하면서 여행도 다니다 보니 외출할 기회도 많았다. 그러나 체력이 떨어지고 무릎 통증이 심해져 바깥 출입 횟수가 줄어들면서 서서히 생활 범위가 축소되기 시작했다.
>
> 평소 즐겨 했던 반신욕도 청소하기가 귀찮아 하지 않게 되고 옷도 자주 갈아입지 않아 빨래도 미뤄 두었다가 가끔씩 하다가 최근에는 청소도 거의 안 하게 되었다.
>
> 식사는 음식 만드는 것도 귀찮고, 음식물 쓰레기 처리 역시 번거롭다 보니 적당히 조리된 음식이나 간편식을 먹게 되었다.
>
> 집안 생활의 경우, 자주 사용하는 것들은 눈에 잘 띄는 테이블 위나 벽에 걸어두고 사용하면서 안방과 거실을 오가며 하루 대부분의 시간을 보내고 있다.

이러한 생활의 축소 경향은 서서히 일어나기 때문에 본인이 자각하기 어려운 속성이 있다. 주변 사람들이 생활을 원래대로 바꾸도록 제안하면 본인은 생활에 큰 불편함이 없이 지내고 있기 때문에 별 문제가 없다며 저항감을 보인다.

외로움의 마지막 함정인 자기방임

자기방임 Self-neglect이란?

인간은 개인적 관점에서는 의미 지향적인 삶을, 사회적 관점에서는 사회 친화적인 공존의 삶을 살도록 정해진 존재다. 내가 가장 좋아하는 일, 잘하는 일, 사회로부터 필요로 하는 일, 돈도 벌 수 있는 일을 하면서 사람들은 살아가는 의미를 찾고 삶의 보람을 느낀다. 하지만 고립 상태가 지속되면 마음이 위축되고 위기감을 느끼게 된다. 애써 다시 사회에 나오지만 적응하지 못하고 재고립, 재은둔이 되는 경우가 많다. 그렇게 되면 고립이 장기화되면서 외로움의 함정에 빠져 자기방임 상태가 된다. 자기방임이란, 한 사람의 인간으로 살아가면서 당연히 해야 할 행위를 하지 않거나(의도적), 할 능력이 없어서(비의도적), 자신의 안전과 건강이 위협받는 상태에 빠지는 것이다. 겉으로는 독립적으로 보이지만 정신은 의존적인 상태이다. 다른 사람이 개입하지 않으면 생명에 지장을 초래할 정도로 일상생활이 마비되어 가는 상태이다.

인간의 가장 근본적이고 절망적인 경험 중 하나는 이 세상에 자신이 속한 곳이 전혀 없다는 것이다. 자신이 어디인가에 소속되어 있고, 누군가와 관계를 맺고 있다는 것은 사람으로서 어느 정도의 생존이 보장되어 있음을 의미하지만, 어디에도 속한 곳이 없다는 것은 자신이 사회적으로 존재하지 않는다는 절망감을 갖게 한다.

외로움의 함정의 마지막 단계인 고립적 단계에 처했더라도 자기자신의 정체성을 확인해주는 나의 내면의 또 다른 나와 대화할 수 있는 상태라면 아직은 현실 속에 존재할 수 있다. 하지만 외로움의 마지막 함정인 나를 '돌보지 않는' 자기방임 상태에 빠져버리면 자기자신은 물론 세상과 접촉을 가지는 사고를 할 수 없게 된다. 자신의 내면 세계와 바깥 세상으로부터 형성되는 '나'라는 정체성을 '잃어버려' 자기 안에서 사고하는 것도, 세상을 경험하는 것도 할 수 없는 자기상실Loss of self에 빠져버린다.

이때 느끼는 감정은 외로움에 더해 인간으로서의 슬픔과 세상에 대한 분노, 강한 현실 부정과 생존에 대한 공포이다. 이 감정들의 무게에 짓눌려 결국 무력감에 빠지게 되고 자기방임이 심화되면서 죽음으로까지 이어진다. 우리는 이것을 '고독사'라고 한다.

언뜻 자기방임은 자기 학대 행위 같지만 근본적인 원인은 고립에 있다. 분명 이 세상에 생존하고 있지만 존재하지는 않는 사람, 사회로부터 죽임을 당한 사회적 행방불명자, 사회적 식물인간으로 방치되어 버린다. 사회적으로 보면 자기방임을 방치하는 것은 '사회적으로 서서히 죽이는 것'이며, 생물학적으로 죽는 것보다 훨씬 더 무서운 생명 유기이다.

자기방임에 이르는 과정

일상생활의 기본적인 원칙을 지키고, 생활의 쾌적한 감각을 느끼며 살아가는 것은 사람들에게 삶을 살아가는 에너지를 얻게 한다. 하지만 지금까지 의식하지 않고 일상생활의 루틴을 지키며 살아가던 사람들도 인생의 위기를 마주하게 되면 일상의 루틴이 깨지기도 한다. 일반적으로 일상생활을 잘 영위하고 있는지를 평가할 때 식사·배설·목욕·이동과 같은 생존과 직결되는 필수적인 행위와 청소·빨래·조리와 같은 가사, 사람과의 교류, 취미, 운동 등의 일상생활 행위를 제대로 수행하고 있는지를 체크한다.

    신체 능력이 떨어진 노인은 스스로 자기관리를 할 수 없게 되면 식사·배설·목욕·이동과 같은 필수적인 행위에 대한 신체 지원은 물론, 일상생활에 지장이 없도록 가사지원 서비스를 제공받기도 한다. 그런데 신체 능력은 충분히 자기관리를 할 수 있는데도 청소는커녕 씻기, 쓰레기 버리기, 요리나 설거지 같은 일상생활 관리는 신경도 안 쓰고 귀찮은 일들을 하지 않는 사람들이 많아지고 있다. 옷이나 물건들이 사방에 쌓여 있고 쓰레기로 뒤덮힌 집에 살면서 비위생적인 환경에 무감각해져 자연스럽게 '지금의 상황을 개선하자'고 생각하기보다는 '이대로 좋아, 그냥 내버려뒀으면 좋겠어'라는 마음이 드는 자기방임 상태에 빠져든 사람들이다.

자기방임을 일으키는 요인에는 고립과 같은 사회환경적 요인과 알코올 의존, 저장 강박과 같은 개인적 요인이 있으며 실업·퇴직, 이혼·사별, 근친·친구의 사망 등의 계기로 서서히 생활기능이 저하되면서 자기방임이 시작된다. 50대 남성의 사례를 보자.

> S씨는 오래 근무하던 회사의 도산으로 일자리를 잃은 데다가 이혼까지 하게 되었다. 재취업을 하지 못하면서 필요한 행정 서비스를 신청했으나 많은 분쟁이 발생했다. 그 과정에서 행정에 대한 불신감이 커지고 자존심이 상하는 일도 많았다. 그 후, 수년간 아무하고도 연락하지 않고 지내며 복지 서비스도 계속 거부하였다. S씨는 술에 의존하면서 제대로 먹지 않고 아파도 병원에 가지도 않으며 쓰레기로 인해 악취가 진동하는 집에서 꼼짝하지 않았다.

다양한 연령층에서 발생하고 있는 자기방임

쓰레기가 집 안팎으로 잔뜩 쌓여 있고 악취가 나는 실내, 먹다 남은 음식물들이 썩어 말라비틀어진 채 널려 있는 싱크대, 여기저기 벗어 놓은 옷가지 더미, 고장 난 변기, 깨진 유리창 등과 같은 장면은 흔히 고독사 현장에서 목격된다. 개인위생과 건강관리에 소홀하고 집안 청소나 집수리를 하지 않고 방치하는 것은 자기방임의 대표적인 현상이다. 이 외에도 재산 관리 문제, 복지·행정 서비스 거부, 지역 내 고립 등이 있다. 고립과 자기방임의 관련성은 고립으로 도움을 요청하기 어려워 자기방임으로 이어지기도 하지만, 자기방임 상태가 되었기 때문에 대인관계가 끊기면서 고립 상태가 더욱 심화되는 악순환적인 연관성을 갖고 있다.

최근에는 체력 저하로 생활이 후퇴되는 고령층만이 아니라 청년층에서도 자기방임이 문제가 되고 있다. 요즘 청년층 사이에서도 멀쩡히 학교나 직장을 다니지만, 집에 오면 아무것도 하지 않고 주기적으로 외부 청소업체에 집안 청소를 맡기는 사람들이 늘고 있다. 대중매체나 인터넷을 통한 청소업체 광고가 늘어난 것이 이에 대한 반증이기도 하다.

20대 직장인인 N씨는 서울의 명문대를 졸업하고 세계적인 제약회사에 다니는 유능한 청년이다. 하지만 N씨의 생활을 자세히 들여다보면, 거의 매일 같이 배달 음식을 시켜 먹고 남은 음식과 쓰레기를 방치한 채 게임을 하거나 스마트폰을 보며 지저분한 침대에 누워있다가 잠이 든다. 2주일에 한 번 청소업체 사람이 와서 쓰레기도 버려주고 방을 치워준다. 빨래를 세탁기에 돌리기는 하지만 세탁이 끝나고도 제때 꺼내지 않아 세탁물에서 냄새가 나고 구겨진 옷을 입는 경우도 많다. 택배상자를 개봉하는 것이 귀찮아서 미뤄두었다가 결국은 필요 없게 되는 물건도 많다. 화장실 변기가 고장이 나거나 창문이 망가져도 집주인에게 전화하는 것이 귀찮아서 방치한 채로 몇 개월을 그냥 살기도 했다.

20대 청년인 B씨는 아르바이트를 하면서 대학 생활을 하고 있었다. 2학년이 되면서 점점 여러 가지 일들이 귀찮아졌다. 먹는 것도 씻는 것도 모든 게 귀찮았다. 어느 날, 몸에서 나는 냄새 때문에 사람들로부터 조심스러운 주의를 듣게 되었다. 그때서야 주위에서 자신을 꺼리는 분위기를 깨닫고 주변의 권유로 진료를 받았는데 '우울증으로 인한 자기방임'이라는 진단을 받았다.

몸이 아프면 약을 먹거나 병원에 가고, 집이 더러우면 청소하고, 배가 고프면 밥을 먹으면 된다는 가장 단순한 해결 프로세스가 작동하지 않는 것은 왜일까? 문제는 인식하지만 스스로 해결하고자 하는 행동으로의 연결고리가 끊긴 것이다. 사람마다 다양한 원인과 계기로 시작되었겠지만 공통적으로 그들의 내면에는 우울감이나 심리적 외상, 의사결정의 어려움 같은 요인들이 포함되어 있다. 바쁜 직장에서 장시간 노동을 하는 젊은 세대에게도 고립은 일어날 수 있다. 예를 들면, 아침부터 밤까지 일을 하다 보니 친구를 만날 시간조차 없다. 게다가 직장 내에 속마음을 터놓고 부담 없이 이야기할 상대가 없는 경우에는 사람을 만나고 있기는 하지만 고립 상태라고 할 수 있을지도 모른다. 최근 몇 년간의 코로나 사태로 인해 직장 내에서도 과거와 같은 회식이나 대면 회의들이 줄어들면서 직장 내에서 외로움을 느끼는 사람이 많고, 살고 있는 지역에서의 교류나 친구와 같은 우호적 관계가 줄어들고 있는 현상이 다양한 연령대에서 나타나고 있다.

향후 우리나라에서도 고령화가 진행됨에 따라 치매 환자가 증가할 것이며, 인간관계의 희박화가 진행되고 있는 점 등을 고려할 때, 자기방임 상태의 고령자가 증가할 것이다. 또한, 자기방임의 배경으로 경제적 빈곤이나 가족 및 인근 주민 등과의 인간관계가 거론되고 있는 점, 중장년층에서도 1인 가구가 증가해 고립의 위험이 높아질 가능성이 있는 점을 고려한다면, 고령자에게만 국한된 문제는 아닐 것이다.

자기방임의 구성 요소

일본의 자기방임과 고립사에 관한 실태조사에 의하면, 자기방임은 폭넓은 구조를 가진 개념으로, 어느 범위의 행위가 어떤 상태일 때 자기방임으로 볼 것인가에 대해 고독사로 발견된 당시 해당 사례 수가 많았던 항목을 역으로 추정하여 자기방임의 여섯 가지 구성 요소를 추출하였다.

첫 번째는 악취 나는 더러운 방에 관한 항목이다. 세부 내용으로는 집안에 곰팡이가 있다, 주택이 노후되어 있다, 집안에 반려동물이 많다, 쥐나 바퀴벌레 같은 해충이 있다, 냉난방 기구가 없어 실내 온도 조절이 안 되고, 음식과 쓰레기가 방치되어 있다, 집안에서 악취가 난다 등이다. 두 번째는 생명을 위협하는 치료나 돌봄의 방치에 관한 항목이다. 세부 내용으로는 만성질환의 통제가 안 되고 있다,

복약 관리가 안 되고 있다, 필요한 의료적 처치를 거부, 의료적 관리(인공 항문 등)를 게을리한다, 권장사항을 무시하고 의료상 부적절한 식사를 하고 있다, 필요한 보건·복지 서비스 거부 등이다. 세 번째는 금전이나 재산 관리에 관한 항목이다. 세부 내용으로는 돈을 제대로 쓰지 못한다, 은행 거래가 없다, 집세나 공공요금 미납, 돈이나 통장 등이 방치되어 있다 등이다. 네 번째는 지역 안에서의 고립에 관한 항목이다. 세부 내용으로는 타인과의 관계를 거부하다, 이웃과 교류가 없다, 칩거 상태이다, 이웃과 분쟁이 있다 등이다. 다섯 번째는 기이하게 보이는 생활 모습에 관한 항목이다. 세부 내용으로는 생명과 관련된 일상생활의 주의를 게을리한다, 실금이 방치되어 있다, 배설물과 배설물로 얼룩진 옷과 물건들이 방치되어 있다, 상한 음식을 섭취하고 있다, 알몸에 가까운 상태로 있다 등이다. 여섯 번째는 불결하고 악취가 나는 신체에 관한 항목이다. 세부 내용으로는 목욕을 안한다, 더러운 옷을 입고 있다, 몸에서 악취가 난다, 머리·수염·손톱 관리를 안한다 등이다.

자기방임의 사례 중에는 여섯 가지 구성 요소 중, 한두 가지만 해당하는 유형도 있지만 여섯 가지 구성 요소가 복합적으로 나타나는 유형도 있다. 하지만 자기방임의 구성 요소 중, 한가지 항목만 해당하더라도 고독사에 이른 점을 감안하면 자기방임의 핵심인 광범위한 방임이라는 상태에 이르지는 않았다 하더라도 생명에 큰 위험을 초래한다는 점을 주의해야 한다.

03
고립은 왜 문제인가?

외로움은 만병의 근원

외롭다는 감정은 생존을 위협하는 신호

외로움은 마음의 건강뿐 아니라, 신체적 건강에도 부정적인 영향을 미친다. 심신의 건강은 무엇보다 다른 사람과의 유대감을 통해 얻어진다. 그런 보호망이 손상되거나 사라졌을 때를 빨리 알아차릴 수 있도록 해주는 것이 '외롭다'라는 감정이다. 즉 외로움은 비정상적인 상태를 나타내는 것이고, 사회적 유대감을 느끼고 있는 상태인 '외롭지 않음'이 인간에게는 정상적인 상태이다. 인간은 사회적인 생명체이며 서로를 의지하고 도와주는 친절한 행동은 사회적 유대감으로 이어지지만, 경쟁적이고 이기적인 행동은 고립을 초래해 외로움이라는 고통으로 이어진다. 사회적 유대감을 느끼면 생리적, 감정적 평형을 맞추기 쉽지만, 사회적 유대감이 없으면 심신이 지쳐버린다. 그만큼 외롭다는 감정은 생존을 위협하는 중요한 건강 결핍의 신호이다.

그렇다면 외로움이 건강에 어떤 영향을 미치는지 구체적으로 살펴보기로 하자. 첫 번째, 외로움은 비정상 상태이므로 우리 몸에 만성적인 스트레스를 유발할 수 있으며, 뇌의 해마와 같은 중요한 인지 영역에 부정적인 영향을 미친다. 해마는 기억 형성과 관련이 있으며 만성 스트레스는 해마의 기능을 저하시키고 인지 기능 손상을 초래해 고령자의 치매 발병 위험을 높인다. 두 번째, 외로운 사람은 무력함과 위협을 더 많이 느끼고 일상적인 스트레스를 훨씬 심각하게 받아들인다. 사소한 기쁨이나 즐거움을 잘 느끼지 못하며 달가워하지도 않는다. 또한, 스트레스 상황을 바꾸려는 노력을 하지 않고 그냥 버티는 식으로 소극적으로 대응하고 다른 사람에게 정서적 도움을 구하지 않는다. 이러한 비정상적인 스트레스에 노출되어 있는 상태로 인해 면역기능이 떨어져 상대적으로 각종 질병에 걸릴 확률이 높아진다. 세 번째, 외로움은 뇌 내 신경전달물질 분비와 면역 기능에 영향을 끼쳐 우울증이나 자살 충동 등 정신 건강 문제를 유발할 뿐만 아니라, 관상동맥성 심장질환, 뇌경색, 고혈압, 신체장애 등의 발병 위험을 증가시킨다. 네 번째, 외로움은 수면의 질을 저하시키고 노화를 가속하며 사망 위험을 높이는 것과 상관관계가 있다. 결국 외로움은 우리를 심리적으로 비참하게 만드는데 그치지 않고 몸마저 병들게 한다.

외로움은 생체 방어의 과잉 반응을 일으킨다

이와 관련하여 최근에 외로움이라는 주관적인 감각을 과학적으로 측정해 건강 위험요인의 조기 발견과 예방에 관한 흥미로운 연구결과가 발표되었다. 2025년 1월, 『Nature Human Behaviour』 저널에 게재된 연구결과로 영국과 중국의 대학 연구진들이 공동으로 진행했다. 이 연구에서는 영국의 바이오뱅크에 등록된 약 4만 2000명의 혈액 데이터를 분석한 결과, 사회적으로 고립되어 외로움을 느끼는 사람들은 그렇지 않은 사람들에 비해, 혈액에서 심혈관 질환, 인슐린 저항성, 암 발병과 관련 있는 다섯 가지 악성 단백질의 수치가 더 높다는 사실을 확인했다.

특히 사회적 고립이 생리적 스트레스 인자로 작용해 체내 염증 반응을 활성화시켜 심혈관 질환, 당뇨병, 알츠하이머병 등 만성질환의 위험을 높이는 요인이 되어 치매나 사망 위험을 높이는 것으로 확인되었다. 게다가 외로움 관련 단백질의 수치가 높아지면 인지나 기억을 관장하는 뇌의 용적을 축소시켜 뇌의 노화를 가속시키는 것으로 나타나 사회적 고립이 만성질환이나 조기 사망 위험과 어떻게 관련되어 있는지를 설명하는 새로운 과학적 근거를 제공하고 있다.

이번 연구는 외로움을 단순한 심리적 과제로서 파악하는 것이 아니라 염증·면역·대사라고 하는 생물학적 프로세스의 변화와 결부시켜 보다 과학적인 접근으로 대책을 강구해야 할 필요성을 보여주고 있다. 염증은 비만이나 항노화 대책에 있어서도 예방·치료의 중요한 타깃으로 다루어지는 것처럼 고령사회에서 건강 유지의 열쇠가 되는 요소이다. 만성염증이 노화에 따른 질환의 발병 위험을 높인다는 것은 널리 알려져 있지만, 이번 연구는 사회적 연결 부족이 생체 내 염증을 증가시킬 수 있음을 보여주며, 알레르기 반응과 마찬가지로 외로움도 생체 방어의 과잉 반응을 일으킨다고 파악할 수 있다.

향후 관련 연구를 통해 외로움 관련 단백질의 건강 리스크에 대한 영향이 더욱 명확해지면 정부의 공중위생 전략에서 외로움의 위험요인을 평가하거나 관리하는 새로운 지표로서 외로움 단백질 수치의 측정이 유용한 수단이 될 가능성이 있다. 예를 들어, 외로움이라는 주관적인 상태를 알아보기 위해 간단한 채혈을 통해 염증이나 면역과 관련된 혈중 단백질의 변화를 객관적으로 모니터링함으로써 사전에 외로움을 예방할 수 있는 기술이 만들어질 수도 있을 것이다. 정부의 공중위생 전략에서도 외로움이 초래하는 건강 리스크를 평가해, 조기 개입이나 예방책을 강구하기 위한 지표로 활용될지도 모른다. 현재 노화도 극복할 수 있는 하나의 질병으로 보는 것과 마찬가지로 외로움도 치료 가능한 시대가 오는 것은 아닐까 기대해 본다.

중독에 빠지다

일상에서 비일상으로, 비일상에서 다시 일상으로

외로움으로 인한 정서적 고통은 때로는 견딜 수 없을 정도로 커서 이 고통을 잊기 위해 도박, 인터넷, 게임, 쇼핑, 운동, 약물과 같은 각종 중독에 빠지기도 한다. 사람들은 현실의 괴로움을 잊기 위해 술을 마시거나 자신이 좋아하는 게임을 하고 영화도 보고, 여성이라면 쇼핑을 즐기기도 한다. 일상의 고단함을 피해 잠시 비일상의 세계로 넘어가 잠시나마 행복을 느끼지만, 한켠의 의식에서는 계속 비일상에 머물러 있으면 안 된다는 것을 알고 있다.

하지만 중독이라는 것은 비일상에 계속 있는 것이 자신에게 해로운 줄 알면서도 다시 일상으로 돌아오지 못하거나 돌아가지 않으려고 하는 현상이다. 자신은 현실이 너무 괴로워 어쩔 수 없이 비일상적 행위를 할 수밖에 없고 이런 거라도 하지 않으면 죽을 것 같다고 자기합리화를 하며 중독되었다는 사실을 받아들이려 하지 않는다. 주변 사람들이 조언을 해주면 자기도 나쁘다는 것을 알고 있고 앞으로는 그러지 않겠다고 약속하지만, 혼자 있게 되면 의지가 약해져 다시 반복하고 정신을 차렸을 때는 걷잡을 수 없는 자괴감이 몰려온다.

중독이라는 말을 들으면 어떤 이미지가 떠오르는가? 좋아하는 것에 제멋대로 빠져 있는 상태를 상상하는 사람도 적지 않을 것이다. 중독, 즉 의존증은 상대에게 제대로 의존하지 못하고 오히려 그에 휘둘리는 상태를 의미한다. 사람은 선택할 때 자신의 의지에 따라 결정하지만, 의존증이 생기면 의존 대상에 뇌가 사로잡힌 듯 통제력을 잃는다. 이때 의존증의 발생 여부는 의존으로 얻는 효과가 의존하지 않을 때보다 더 크게 느껴지는지에 달려 있다. 즉 현재 힘든 상황에 처해 있는 사람일수록 무엇인가에 의존하게 될 확률이 높다. 고립되어 외로움의 함정에 빠져 있거나 삶의 고통스러운 시간을 보내고 있는 사람, 불편한 상황이나 답답한 환경에 있는 사람의 경우, 지금이 힘들면 힘들수록 의존에 의한 안도감이나 쾌감이 크게 느껴져 손에서 놓을 수 없게 된다.

이는 알코올이나 약물 등의 '물질 의존'에만 국한되지 않는다. 도박이나 쇼핑 같은 '프로세스 의존', 연애에 집착하는 '인간관계에의 의존'에서도 마찬가지이다. 도박이나 연애에 빠져 열중하는 느낌은 아무 생각도 나지 않게 해주어 고통스러운 감정에서 벗어나는 데 도움이 된다. 실제로 중독자 중에는 폭력이나 학대, 괴롭힘이 있는 환경에서 살아온 경우가 흔해 중독 행위를 통해 쾌락을 얻는다기보다는 고통을 완화하려고 의존하고 있다고 보는 게 맞다.

중독 중에는 언뜻 보면 자신에게 실제로 상처를 주거나 상처를 주는 것처럼 비쳐지는 것이 있다. 몸이 상해도 계속 술을 마시거나 손목을 긋는 자해 행위를 반복하고 먹고 토하는 섭식장애의 경우가 그렇다. 괴롭힘과 학대, 폭력으로 인한 트라우마는 갑자기 아무런 예고도 없이 기억의 뚜껑이 열리면서 고통에 휩싸이게 된다. 통제할 수 없는 통증에 빠졌을 때 일시적으로라도 마음을 돌리려면 트라우마만큼 강렬한 자극이 필요하다.

중독 치료가 어려운 이유는 스트레스를 이겨내기 위해 술이나 담배, 약물을 찾게 되고, 일단 중독에 빠지면 뇌세포가 영구적으로 바뀐다. 뇌세포가 바뀌면 도파민 등 신경전달물질이 지나치게 많이 분비돼 약물 없이는 견딜 수 없게 된다. 중독으로 변형된 뇌를 중독 이전 상태로 되돌리기는 무척 힘들다.

중독으로 채워지지 않는 외로움의 실체

고독사 현장에서 거의 빠짐없이 발견되는 것은 잔뜩 쌓여 있는 술병이다. 외로움이라는 고통을 마취시키기 위한 사람들의 행동은 여러 가지 있지만 알코올에 의존하는 경우가 많다. 알코올 의존증이 생기는 이유는 마음의 괴로움을 잊기 위해 임시방편으로 마시던 술이 어느새 살기 위해서 떼 놓을 수 없는 것이 되어 버리는 보상회로의 부정적 강화 효과 때문이다. 모든 중독의 결과는 대부분 가족을 비롯한 주변 지인들이 떠나는 결과를 초래하여 외로움이 잊혀지기보다는 더 사무치는 외로움으로 악화된다.

내 주변에도 알코올 중독으로 보이는 친구가 있다. 이 친구는 예전부터 두뇌가 명석하고 운동도 잘하고 성격도 호탕한 모든 면에서 능력이 많은 사람이다. 그동안 인생을 살아오면서 힘든 일도 있었지만 결혼하여 자녀도 있고 지금도 전문직에 종사하고 있다. 그런데 고혈압도 있고 심장도 안 좋은데 매일 술을 마신다. 가끔 전화하면 매번 그동안 술을 안 마셨는데 어제 간만에 술을 마셔서 몸 상태가 안 좋아 병원에 다녀왔다는 말을 듣곤 했다(사실은 매일 술을 마시고 있는 듯하다). 내가 묻기도 전에 그 친구는 자기가 어제 왜 술을 마시게 되었는지 구구절절 변명을 늘어놓는다. 내 입장에서는 그 이야기가 핑계처럼 들리지만 그렇게라도 자신을 변호하고 싶은 모양이라 일단은 공감해 주며 들어준다. 그러나 내가 그런 스트레스 상황에서의 해결책이 매번 꼭 술을 마시는 것이어야 했냐고 되물으면, 종국에는 어제는 너무 외로워서 그랬다며 너는 나의 외로움을 절대 이해하지 못할 것이라고 절규하듯 말하고 철벽을 쳐버린다.

    나는 몸이 상할 정도면 술을 마시지 말아라, 마시더라도 다음 날 업무에 지장이 있으니 가볍게 한두 잔만 마시라고 충고한다. 그러면 그 친구는 잘 알겠다며 앞으로는 꼭 그렇게 하겠다고 약속을 하지만 몇 년째 그런 생활은 계속되고 있고 요즘은 중독상태가 더 심해진 듯하다. 그 친구는 본인도 이성적으로 무엇이 좋고 나쁜지를 잘 판단하고 전날의 행동을 뼈저리게 후회하며 스스로에게 다짐을 반복한다. 하지만 매번 반복되는 그런 공허한 다짐을 듣는 나는 지치기 시작한다. 이제는 그런 충고를 해주는 것조차 소용이 없다는 생각이 들기 때문이다. 그런 친구에게 실망하고 안타깝지만 더 이상 개선의 여지가 없어 보여 나 자신이 먼저 포기하게 된다.

중독자들이 외로워지는 이유는 주변 사람들이 이런 식으로 충고하는 것에 지쳐 떠나버리기 때문일 수도 있다. 외로워서 술을 마셨지만, 술에 대한 의존도가 깊어지면서 다른 어떤 것도 이를 대체하지 못하고, 결국 술로 인해 더 깊은 외로움에 빠지는 악순환에 빠지게 된다.

중독은 장기적으로 보면 자살 위험을 높이지만 단기적으로는 자살을 방지하는 데에 도움이 된다. 일시적으로는 자살 충동을 피할 수 있기 때문이다. 중독으로 인해 일단 뇌가 납치된 상태가 되면 원래대로 돌아가기는 어렵다. 하지만 같은 문제를 안고 있는 동료와 만남으로써 회복될 수 있다고 알려져 있다. 의존증 치료의 핵심은 비슷한 문제나 고민을 가진 사람들이 서로에게 의지할 수 있는 집단에 자발적으로 참여하는 것이다. 당사자들끼리 대화를 함으로써 상호 간의 유대관계가 깊어지고 치유가 되어 회복에 도움이 된다. 그러나 대다수의 중독자 주변에는 이런 대화를 나눌 사람이 없다. 중독의 문제는 고립이다. 곤란할 때 상담할 수 있는 사람이 없는 것이다.

술을 마시는 동안에는 외로움을 잠시 잊을 수 있지만 다시 제정신으로 돌아오면 외로움을 느끼게 되고, 또 그 외로움을 잊기 위해 반복적으로 술을 마시게 된다. 그래서 외롭다는 말은 어쩌면 채워지지 않는 목마름이 아닐까? 지금 우리가 겪고 있는 외로움의 진실은 사랑의 결핍, 이해의 결핍, 공감의 결핍, 그리고 결국에는 삶의 의미의 결핍이 아닐까? 다른 사람은 물론, 나도 나 자신을 충분히 사랑하지 않고 있다는 결핍의 느낌. 바로 이런 결핍의 인식으로 발생하는 것이 외로움의 실체가 아닐까?

각종 중독은 외로움의 병이다

쇼핑 중독은 특히 여성들에게 많이 나타나는 외로움의 중독 현상이다. 외로움과 공허함 등의 허전한 마음을 채우기 위해 혹은 가난에 대한 콤플렉스를 보상하려는 결핍 욕구로 인해 필요하지도 않은 물건들을 잔뜩 사들인다. 쇼핑을 통해 일시적으로 마음의 외로움을 물질적 만족감으로 채울 수 있을지 모르지만 우리 뇌는 더 강한 자극을 주어야만 다시 만족감과 쾌감을 느낄 수 있다. 자기 자신도 쇼핑 중독이라는 자각이 있음에도 계속 반복한다. 그것이 중독의 특징이기도 하다. 뜯지도 않은 수많은 택배상자와 쇼핑백들은 결코 그녀들의 외로움을 달래 주지 못한다.

  이러한 쇼핑이나 알코올 중독과 마찬가지로 남성들에게 많이 나타나는 일중독Workaholic도 그 이면에는 외로움과 연결되어 있다. 일에만 매달려 있는 사람은 감정이 메말라 있다. 외로움을 누르면서 일만 하기 때문에 감정을 느낄 여유가 없어진다. 지나치게 감정을 통제하고 살아가기 때문에 조금이라도 빈틈이 생기면 외로움 때문에 무너질 것 같아서 더 일에 매진하게 된다. 일중독인 사람들은 오로지 일만 하며 자신의 생활을 독립적으로 꾸려가고 있는 듯 보이지만, 정서적으로는 매우 의존적인 사람들이다. 특히 한국과 일본에는 '과로 사'라는 전문 용어가 있을 정도이다. 일에 중독되면 일이 가장 중요해지고 주변 사람들과의 관계 형성은 의무처럼 되어 버린다. 한국의 중년 남성들은 일을 하느라 이웃과의 교류도 없고 가족 간의 교류도 적은 경우가 많다. 남성들은 중년기 대부분의 시간을 일하면서 보내기 때문에 갑작스러운 실직이나 퇴직을 하게 되면 정신적 패닉에 직면하게 된다. 지역과 가정 내의 적응에 실패하여 외로움이 가중되는 경우도 많다.

요즘 젊은 층에서 많이 나타나는 것으로 SNS(소셜 네트워크 서비스) 중독도 있다. 한 연구결과에 따르면, 외로움을 느끼는 사람들은 공통적으로 SNS 중독에 빠진 경우가 많다고 한다. 하루 종일 스마트폰을 손에서 놓지 못하고 계속해서 소셜 미디어를 확인하며 다른 사람들의 일상을 염탐하거나 부러워하는 경우이다. '좋아요'나 댓글 등 외부의 반응에 지나치게 의존하게 되면 자연스럽게 자기 자신보다는 외부 세계에 집중하면서 현실과 이상의 괴리가 생기고 일상과 비일상의 구분이 모호해져 허상을 쫓는 생활을 반복하게 된다. 특히 SNS에서의 인간관계는 실제 대면하는 관계와는 차이가 있다. 지나치게 SNS에 의존하면 친구나 가족과의 소통이 줄어들어 스스로를 고립시키는 결과를 초래할 수 있다.

이처럼 외로움을 잊고 피하기 위해 도망쳤던 중독에서 벗어나려면, 다른 사람과의 유대를 맺어야 하지만 이들은 감정적 관계를 맺는 일에 미숙하여 자칫 상대방에게 지나치게 의존하게 될 수 있다.

모든 감정을 자기 안에서 혼자 처리하다가 의지할 상대가 생기면 독립성이 무너지면서 상대방에게 무리한 요구를 할 수도 있기 때문이다. 심한 경우는 중독에서 벗어났으나 새로운 사람에게 지나치게 의지하면서 마치 그런 감정을 사랑이나 연민으로 여겨 비정상적인 종속-지배 관계를 맺는 경우도 있다. 각종 사이비 종교나 사기 범죄는 물론 연인 사이의 데이트 폭력 등도 건강하고 독립적인 관계가 아닌 외로움을 파고든 종속-지배 관계로 볼 수 있다.

사기 피해의 대상이 되다

사기 수법에 대한 정보를 얻지 못한다

고립된 사람은 사회를 인지하는 기능과 정상적인 사고 기능이 왜곡되어 사회적 단서를 해석하는 능력이 떨어져 매우 불공평한 제안을 받아도 그대로 수용하는 경향이 있어 악덕 사기 피해를 당하는 경우가 많다. 고립된 사람들은 새로운 인간관계를 맺거나 누군가와 소통하고자 하는 강한 욕구가 있어, 사기범들은 이러한 관계의 갈망을 악용하여 피해자를 속이거나 금전적 이익을 취하려고 한다. 주변에 믿을 만한 사람도 없고 인적교류 자체가 많지 않으면, 의사결정을 내릴 때 조언을 구할 사람이 없고 일반적인 상식이나 최신 악성 범죄에 대한 정보를 얻을 기회가 별로 없어 사기 범죄의 표적이 된다.

　　최근 범죄 수법이 진화하여 사기인지를 간파하기 어려운 악덕 사기 범죄들이 판을 치고 있다. 이미 잘 알려진 사기 수법에는 당하지 않을 수 있지만, 정보가 모자라는 신종 사기 수법에 대해서는 피해를 입고 나서야 알게 되는 경우도 많다. 특히 사기 수법에 대한 지식은 단순히 알고 있는 정도가 아니라 남에게 설명할 수 있을 정도로 철저히 알고 있는지가 중요하다고 한다.

　　금년 초 일본에서 발표된 범죄심리학 연구인 '사회적 고립·외로움·일반적 신뢰는 특수 사기의 위험요인이 될 수 있는가'라는 논문에 의하면, 지역의 행사나 모임에 함께 할 수 있는 사람이 적을수록, 또 외로움이 클수록 사기 피해자가 될 확률이 높아지는 것으로 나타나, 사회적 고립과 외로움이 사기 피해의 위험요인이 되는 것으로 확인되었다. 거주하고 있는 지역의 주민과 만났을 때 인사를 나누거나 잠깐 서서 이야기하는 교류 정도가 아니라, 그보다는 더 가까운 사이로 지역의 행사나 모임에 함께 가는 사회적 연결고리가 있는지 여부가 피해자와 가해자를 분리하는 요인으로 확인되었다.

　　또한, 사회적 고립과 같은 객관적 지표뿐만 아니라 외로움과 같은 주관적 지표도 사기 피해의 위험요인이라는 것이다. 외로움은 다른 사람과의 접촉을 원하거나 다른 사람을 호의적으로 평가하는 등 사회적 연결 재구축에 대한 동기를 부여한다. 사기 피해자의 대부분은 외로운 감정이 커서 스팸 전화나 낯선 방문자를 오히려 반기며 상대방을 경계하지 않는 경향이 있어 사기 피해를 당하기 쉽다는 것이다.

따라서 이 연구에서는 사회적 고립으로 인한 사기 피해를 막기 위해서는 지역의 사회자원을 활용한 지역 연계 네트워크를 구축하여 지역 주민이 항상 모일 수 있는 카페 혹은 도서관이나 학교 등을 활용하여 사기 수법에 대한 홍보 활동을 하는 등 사회적 인프라의 중요성을 강조하고 있다.

사기 피해를 당해도 상담할 사람이 없다

고립 상태에 있는 사람 중에는 경제적으로 불안정한 상황에 있는 경우도 많아 부업 등의 돈벌이 관련 이야기에 피해를 입는 사례가 많다. 소자본을 투자하면 안정적인 수입을 얻을 수 있다는 이야기를 들었을 때, 근처에 조언해 줄 사람도 없고 유혹을 이기기도 힘들어 결국은 사기를 당하는 사례가 많이 발생하고 있다. 게다가 피해를 입어도 주변에 상담할 사람이 없어 대응이 늦어져 피해가 커지는 사례도 많다. 특히 고령자는 이러한 사기 피해를 당하기 쉽다. 고령자가 사기의 타깃이 되기 쉬운 이유가 몇 가지 있다.

첫 번째는 인지 기능 저하와 판단력 저하이다. 기억력이나 판단력의 쇠퇴로 인해 사기꾼의 능숙한 화술에 속아 버릴 위험이 크다. '아들이나 손자를 가장한 전화, 돈을 마련하면 손해를 회피할 수 있다' 등, 교묘한 수법으로 고령자의 심리적 약점을 이용한다. 일반적인 판단 기준으로는 간파하기 어려운 경우도 적지 않다.

　　두 번째는 가족이나 친구와의 교류가 줄어 사회적으로 고립되기 쉬운 고령자는 사기꾼에게 있어서 좋은 타깃이 된다. 사기꾼들은 친절한 태도나 능숙한 화술로 고령자의 외로움을 파고들기 때문에 일상적인 커뮤니케이션이 적은 고령자는 쉽게 마음을 허락해 버린다. 고립을 방지하고 주위와의 연결을 유지하는 것이 사기 대책에 필수적이다.

　　세 번째는 고령자의 정보 활용 능력 부족과 온라인 사기의 증가이다. 인터넷과 스마트폰의 보급에 따라 온라인을 통한 사기가 증가하고 있다. 보이스 피싱 등 교묘해지는 수법에 고령자는 농락당하기 쉽다. 가짜 사이트에 개인정보를 입력해 버리거나 짐작 가는 바 없는 청구인데도 고액의 돈을 지불해 버리거나 하는 등, 고령자를 노린 인터넷 사기 피해가 끊이지 않는다.

　　고령자는 평생에 걸쳐 모은 자산이 상당한 경우가 많기 때문에 사기꾼에게 매력적인 타깃이 되고 있다. '큰 수익이 보장된 투자 이야기', '알짜 땅 구입 이야기' 등 고령자의 자산을 겨냥한 교묘한 수법으로 다가오는 사기꾼들은 끊이지 않는다. '달콤한 이야기의 이면에는 반드시 꿍꿍이가 숨어 있다'라는 의식을 가지고 신중하게 판단하는 것이 중요하다.

　　이러한 사기 피해는 고령자의 삶을 송두리째 뒤흔들 수 있는 심각한 문제이다. 사기 피해는 경제적 손실뿐만 아니라 정신적인 영향도 심각하다. 사기 피해를 당한 노인 중에는 '부끄러워서 아무에게 도 상담할 수 없다', '속은 것은 자신의 책임이다'라고 느끼는 사람이 적지 않다. 이것이 가족이나 주위의 인간관계를 더욱 악화시킬 가능성도 있다. 피해를 미연에 방지하기 위해서는 고령자의 이야기에 공감해 주고 불안이나 고민에 귀를 기울여 이해하려는 자세로 다가가 신뢰 관계를 구축하는 것이 중요하다. 고령자가 상담하기 쉬운 분위기를 만드는 것이 사기 피해의 조기 발견·조기 대응으로 이어진다.

우리 사회에서 고립은

어떤 모습을 하고 있나

01
혼자가 기반이 되는 사회의 도래

사회적 고립의 양상은 갑자기 표면화된 것이 아니고 일시적인 것도 아니며 일부 계층에서만 일어나는 현상도 아니다. 아동에서부터 청년층, 중년층, 노년층 등 전 연령대와 직장, 지역사회 안에서도 발생하고 있다. 특히 기존 사회복지의 주요 대상이던 빈곤층과 사회적 약자인 소외계층에서 더 많이 발생하고 있어, 경제적 빈곤에 더해 관계적 빈곤이라는 새로운 빈곤이 만들어지고 있다. 그렇다면 우리 사회의 사회적 고립의 실태는 어느 정도일까? 더 나아가 세대별로 고립의 실태는 어떠할까?

비사교적인 시대

영국의 노리나 허츠가 『고립의 시대』라는 책을 출간한 것은 2020년이었다. 이 책이 나오고 5년이 흐른 2025년 2월, 미국의 칼럼니스트인 데릭 톰슨Derek Thompson이 『The Atlantic』지(2025/02호)에 'The Anti-Social Century'라는 특집기사를 게재하였다. 미국 사회의 고립과 외로움의 증가 추세가 개인 및 지역사회에 미치는 영향을 자세히 다루고 있는데, 이 기사의 내용은 상당히 충격적이다. 기사의 주요 내용은 다음과 같다.

- 미국인은 1965년 기록이 시작된 이래 그 어느 때보다 더 많은 시간을 혼자 보내고 있다.
- 2003년부터 2023년까지 대면 사교 활동이 20% 이상 급감하고 미혼 남성, 특히 25세 미만의 청년층에서 더욱 급격한 감소세를 보였다.
- 성인이 저녁에 친구와 식사를 하거나 술을 마시는 비율은 지난 20년 동안 30% 이상 감소했다.
- 하교 후 친구를 만난다고 답한 남학생과 여학생의 비율은 거의 50% 가까이 감소했다.
- 평균적인 미국의 어린이는 깨어 있는 시간의 30%를 스마트폰이나 TV 화면을 보면서 보낸다.

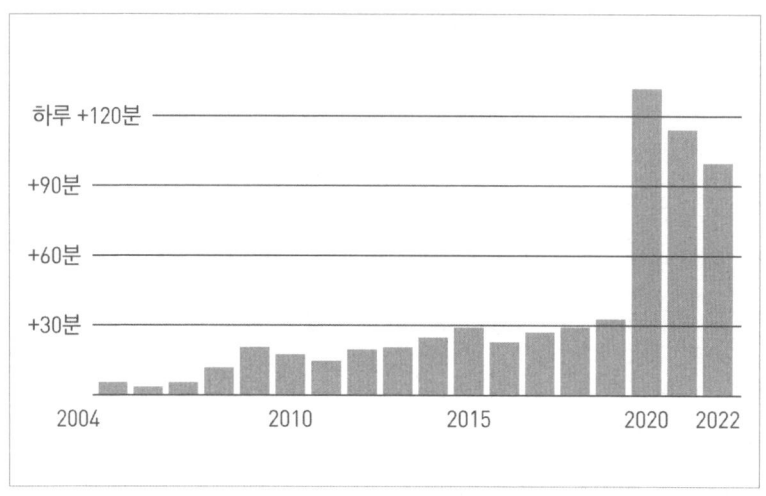

집에서 보내는 평균 시간의 변화
(출처: nytimes.com/2024/10/05/upshot/americans-homebodies-alone-census.html)

- 재택근무 트렌드는 회사 업무에만 국한된 것이 아니다. 식사부터 기도 같은 작은 모임의 비대면 활동이 증가했다.
- 혼밥 비율이 불과 2년 사이에 29% 증가했다.
- 자녀나 배우자가 없는 남성은 특히 고립 상태가 되기 쉽다.
- 2023년에는 성인들이 2003년에 비해 하루에 99분을 더 집에서 보내고 있다.

장문의 기사 중에 일부이지만 모든 데이터가 현대인이 점점 더 혼자가 되어 가고 있음을 보여주고 있다. 또한, 데릭 톰슨은 미국 사회의 기술 발전이 현대인의 고립과 외로움을 더 가중시키는 역할을 했다고 말한다.

"20세기 가장 중요한 기술 중 두 가지인 자동차와 텔레비전이 미국인의 고독사를 촉발했다면, 스마트폰은 여기에 연료를 공급했고, TV 화면이 미국 어린이와 청소년의 깨어 있는 삶의 30% 이상을 차지하는 등, 전국적인 비사교적 행보가 가속화되고 있다. 우리는 집에서 혼자 보내는 시간이 훨씬 더 많아지고 있다. 이에 따라 미국의 사회적 우울증은 광범위하게 일어나고 있다. 나는 이러한 트렌드가 단순하지 않다고 생각한다. 아마도 젊은 남성의 고립은 앞으로 전 세계 정치에 영향을 미칠 것이라고 확신하고 있다(기사 중 발췌)."

미국인의 고독사 증가에 자동차와 텔레비전이 직접적인 원인이라고 단정하기는 어렵다. 하지만 이러한 기술 발전이 사회구조와 개인의 생활 방식에 큰 변화를 가져왔고, 이는 외로움의 증가와 간접적으로 연관될 수 있다는 주장이다. 자동차의 보급으로 사람들이 도시 외곽으로 이동하면서 거주 지역이 분산되어 이웃 간의 교류가 줄어들었고, 대중교통 이용의 감소로 자연스러운 사회적 접촉 기회가 줄어들었다. 텔레비전 시청에 몰두하는 시간의 증가는 사회 활동의 참여 감소로 이어졌다. 최근에는 스마트폰과 소셜 미디어의 보급 또한 새로운 형태의 사회적 연결을 제공하는 동시에 과도한 사용이나 피상적인 관계 형성으로 인해 오히려 고립과 외로움을 심화시켰다는

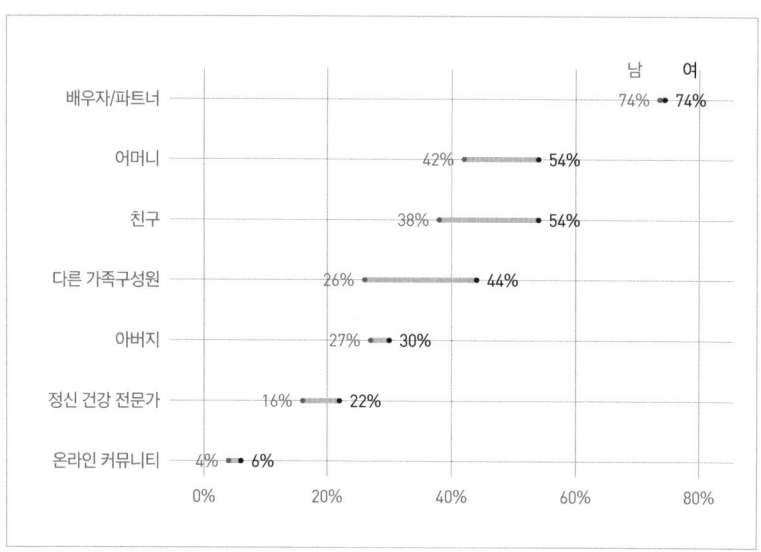

정서적 지원이 필요할 때 누구에게 연락할 것인가―남녀 비교
(출처: pewresearch.org/social-trends/2025/01/16/men-women-and-social-connections)

것이다.

데릭 톰슨의 기사에서는 인구통계학적인 측면에서 남성들의 고립 그중에서도 20, 30대 남성들의 고립이 심화되고 있다고 지적했다. 남성은 여성보다 혼자 있는 시간이 더 길고 젊은 남성은 다른 어떤 그룹보다 혼자 있는 시간이 더 길다고 한다. 특히 독신 남성은 여가 시간을 압도적으로 혼자 보낸다. 그들이 혼자하는 활동(비디오 게임이나 TV 등)에 소비하는 시간은 다른 어떤 그룹보다도 길다.

2024년 9월 미국의 퓨 리서치 센터의 조사에 의하면, 미국인 6명 중 1명은 대부분의 시간 동안 외로움이나 주변 사람들과의 고립감을 느낀다고 답했으며, 남녀 모두 거의 비슷한 비율을 보였다. 미국인들에게 정서적 지원이 필요할 경우 어디에 의지할 것인지 물었을 때, 여성은 남성보다 다양한 인맥에 의지할 가능성이 매우 높은 것으로 나타났다. 앞의 그래프는 여성이 정서적 지원이 필요할 때 남성보다 더 다양한 인맥을 활용할 가능성이 높음을 보여준다. 여러 조사결과를 통해 일부에서는 남성의 외로움에 대한 우려를 제기했다.

데릭 톰슨은 외로움이 21세기 미국의 가장 중요한 사회적 팩트이며, 미국인들이 혼자 또는 집 안에서 보내는 시간이 길어지면서 식사, 오락, 택배에 이르기까지 소비경제가 재편되고, 정치가 왜곡되며, 이웃과 마을의 현실에서 소외되면서 우리의 인격 자체가 변화하고 있다고 주장한다. 데릭 톰슨의 기사는 비단 미국의 이야기만은 아닐 것이다.

우리나라의 사회적 고립은 어느 정도일까

통계청의 '2019년도 한국의 사회동향' 자료를 보면, 독일, 미국, 일본에서는 '어려울 때 도움을 받을 사람이 없는 비율'이 2010년부터 10년간 5~12%로 나타났으나, 우리나라는 같은 기간 동안 20%를 넘는 해가 많았다. 그만큼 공식적 또는 비공식적인 사회적 안전망이 부족한 상태에서 고립되어 살고 있는 사람이 많다는 의미이다.

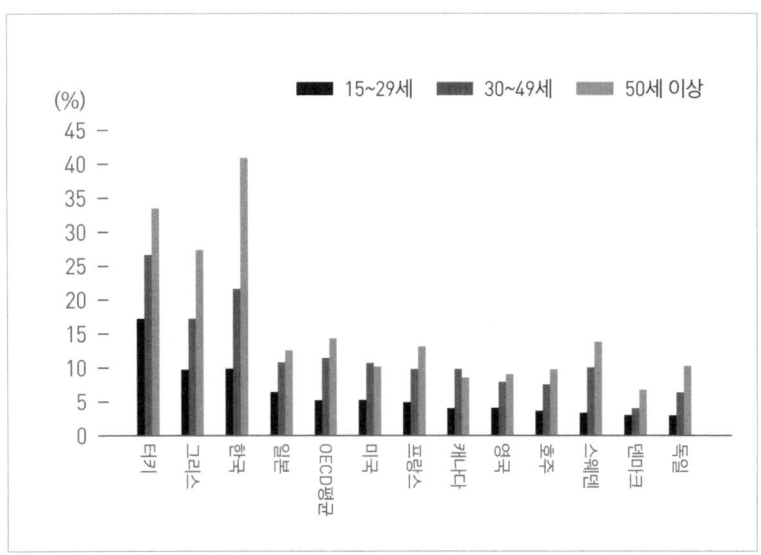

어려울 때 도움을 받을 사람이 없는 비율(OECD 주요 국가의 연령집단별, 2006~2014)
(출처: OECD, Society at a Glance, 2016)

사회적 지원 부족 정도에 대한 OECD 주요 국가의 연령집단별 비교 결과를 보면, 해외 주요국에 비해 우리나라의 사회적 지원 부족 정도는 더욱 두드러진다. 특히 50세 이상에서 '어려울 때 도움을 받을 사람이 없다'는 응답자 비율이 OECD 국가 평균인 13%의 정확히 3배인 39%로 가장 높았다.

통계청이 발표한 '2023년도 사회조사' 결과에 따르면, 우리나라의 사회적 고립도는 2021년의 34.1%보다 1.1%p 감소한 33.0%인 것으로 나타났다. 사회적 고립도란 사회적 유대가 얼마나 넓게 퍼져 있는지를 보여주는 것으로, 사회적 자본의 중요한 축을 구성하고 있는 사회적 관계망이 얼마나 촘촘하며 효율적인지를 보여주는 지표이다. 사회적 관계망 중에서도 특히 인적, 물적, 정신적 도움이 필요할 때 도움을 받을 수 있는 지원망이 있다는 것은 개인적으로 삶의 질을 높여 주는 동시에 사회적으로는 사회의 질을 높여 준다는 것을 의미한다.

이번 조사에서의 사회적 고립도는 신체적, 정신적 위기 상황에서 인적, 물적, 정신적 도움 중 하나라도 도움을 받을 곳이 없는 사람의 비율로 '집안일을 부탁하거나', '이야기 상대가 필요한 경우'의 둘 중 하나라도 도움을 받을 곳이 없는 사람의 비율이다. '아플 때 집안일을 부탁해야 할 경우'는 26.0%가 없다고 응답하였고, '힘들 때 이야기할 상대'는 20.2%가 없다고 응답하였다. 사회적 고립도는 여성보다 남성이 더 높으며 연령이 증가할수록 사회적 고립도가 증가하여 60세 이상은 40.7%로 나타나 19~29세의 24.5%에 비해 16.2% 높게 나타났다.

도움이 필요할 때 도와줄 사람이 없는 사회적 고립의 상황은 정신적 도움이 필요할 때보다 물질적 도움이 필요할 때 더 심각하게 나타났다. 우울할 때 이야기할 상대가 없는 경우는 20.2%이지만 몸이 아플 때 집안일을 부탁할 사람이 없는 경우와 급하게 돈을 빌릴 사람이 없는 경우는 각각 26.0%와 49.0%이다. 연령대별로는 사회적 고립은 40대 이후부터 나이가 들수록 심해져 60대 이상에서 가장 높은 것으로 나타난다. 2023년도 사회적 고립도의 조사결과는 위의 표

	갑자기 큰 돈을 빌려야 할 경우	몸이 아파 집안일을 부탁해야 할 경우	낙심하거나 우울해서 이야기 상대가 필요한 경우
전체	49.0	26.0	20.2
13~18세	48.6	-	16.3
19~29세	39.9	20.4	14.4
30~39세	39.2	22.4	17.2
40~49세	41.7	24.9	18.0
50~59세	50.7	28.6	20.2
60세이상	62.1	29.7	26.9

2023년도 사회적 고립도의 조사결과(단위: %)
(출처: 통계청, 2023년도)

와 같다.

조사결과에서 사회적 고립도는 '자신에게 도움을 줄 사람이 없다'고 답한 사람의 비율을 말한다. 이들이 고립에 이르게 된 원인을 자기 책임으로 볼 것인지, 질환이나 사회적 차별의 관점으로 발생한 것인지에 따라 자발적 고립과 비자발적 고립으로 구분한다. 아동 청소년기의 사회적 고립은 관계 맺기를 시도했으나 실패했기 때문에 고립 상태가 된 비자발적 고립인 경우가 대부분이다. 하지만 은둔형 외톨이의 경우는 관계 자체를 원하지 않는 자발적 고립으로 간주하기도 한다. 이 시기의 고립은 뇌 발달, 자아 정체성 형성, 사회성 발달에 결정적인 시기이기 때문에 평생에 걸쳐 고립 상태를 벗어나지 못하며, 성인이 되어서도 사회 부적응으로 나타나 자살이나 고독사의 원인이 되기도 한다. 이러한 사회적 고립이 양상을 세대별로 살펴보자.

02
사회적 약자로 전락해 버린 청년들

왜 고립·은둔에 빠지는가

청년 고립·은둔의 배경 요인

청년들이 고립 상태에 빠지는 요인 중에는 가정 환경이 큰 영향을 미친다. 가족 간의 불화, 부모의 이혼, 학대나 폭력, 경제적 파탄 등으로 아동기와 청소년기에 제대로 보살핌을 받지 못하고 학교생활에 적응하지 못하면서 은둔이 시작되는 경우가 많다. 다음 요인으로는 학교생활이다. 중고등학생 때의 등교 거부가 계속 이어져 은둔형 외톨이가 되어버리기도 하고, 따돌림 등으로 인해 대인관계에 문제가 생겨 진학이나 취업이 어려워지면서 고립이 길어진다. 학교생활에서 교우관계를 맺지 못하면 지역 내에서 동네 친구나 아는 선후배 등의 지연

관계를 만들기 어려워지고 가족 이외의 다른 사람과 교류가 없다 보니 지역사회에서도 고립되기 쉽다.

성인이 되어 독립했을 때 가족의 지원을 못 받은 청년들은 경제적 여유가 없고 부동산 관련 지식이 부족하다 보니 집을 구하는 게 쉽지 않다. 주변에 조언자가 없을 경우, 전세 사기 등에 휘말리기도 한다. 일자리를 구하려고 하니 등교 거부와 따돌림 등으로 충분히 교육을 받지 못하고, 대인관계의 부정적인 경험이 발목을 잡는다. 하루 빨리 경제적으로 독립하고자 하는 욕심에 면접을 빙자한 휴대폰 강매, 정규직 공고 후 계약직 전환 등, 거짓 구인광고에 속아 사기를 당하는 일도 빈번하다. 힘들게 취업에 성공해도 새로운 직장 환경에 적응하기 어려워 직장을 그만두는 경우도 있다.

자립적인 생활이 어려워지면, 자기 자신에 대해 주변이나 사회에 도움이 되지 못하는 사람이라고 생각하게 된다. 아직 사회에서 활약할 기회가 적고, 미혼이라면 가정 내에서의 역할도 별로 없기 때문에 '자아효능감'이 낮아진다. 요즘은 동년배의 친구들이라고 해도 각자 가는 길이 다른 경우가 많다. 사회경력이나 결혼, 육아 등으로 각자 인생의 단계(라이프 스테이지)가 달라짐에 따라 공통 분모 역시 적어지면서 서로의 고민을 터놓고 이야기하는 게 어려워진다. 마지막으로 자신의 고민을 가장 말 못할 상대는 부모다. 자식이라면 부모가 자신 때문에 걱정하는 모습을 보는 걸 원하지 않아 혼자 떠안는 경우가 많다.

청년 고립·은둔의 관련 요소

　이와 같이 고민이 생기거나 외롭다고 느꼈을 때 믿고 상담할 수 있는 사람이 없어 고립 상태에 빠지게 된다. 청년기에는 인생에 대한 고민이 많아지는데 신뢰할 만한 사람, 자기 방 이외에 갈만한 장소나 모임이 없는 경우도 많아 자신의 고민을 털어놓을 상대가 없다는 점이 문제이기도 하다. 고민의 종류에 따라서는 본격적인 대화 상대가 필요한 경우도 있지만, 사소한 대화 상대조차 없는 경우도 많아 가벼운 대화로 풀 수 있는 걱정거리가 커지는 경우도 있다.
　위의 그림은 청년층이 고립·은둔에 빠지는 요소들을 정리해

본 것이다. 청년층을 둘러싼 가정 환경과 교육 환경, 지역 환경의 영향으로 사회적 유대가 약한 상태에서 청년들은 자립적인 생활을 시작하려 해도 주거를 마련하고 취업 활동을 하는 과정에서 많은 어려움을 겪는다.

일하지 않으면 고립되는 사회

우리나라의 경제 상황이 고도성장기를 지나 정체기에 접어들면서 청년층에게 무엇보다 심각한 것은 노동시장에 참여하지 못함으로써 일을 통한 사회나 사람과의 관계 형성이 어렵다는 것이다. 학교를 졸업하고 노동시장의 진입에 실패한 청년들은 가정과 지역공동체에도 속하지 못하며 자립이 어려운 상태에서 사회적으로도 고립되고 있다. 학교에 다니지 않고 직업도 없으며 취업 의지를 잃은 15세에서 34세 사이의 청년층을 말하는 니트NEET, Not in Education, Employment, or Training족이 늘어나고 있다. 3년 이상 취업하지 않는 장기 미취업 청년 니트족 비율은 2018년 24.0%, 2019년 24.7%, 2020년 25.5%로 20%대에 머무르다가 2021년 34.7%로 30%대를 돌파했다. 2022년에는 37.4%를 기록하며 본격적으로 30%대에 정착했다.

우리나라는 고교 졸업자의 약 70%가 대학에 진학하는 세계에서 가장 대학 진학율이 높은(OECD 국가 평균 약 47%) 나라인 반면 넘쳐나는 대졸 구직자가 원하는 일자리는 터무니없이 부족하다. 우리나라에서 대학에 진학하지 않거나 고등학교를 중퇴한 사람들은 노동시

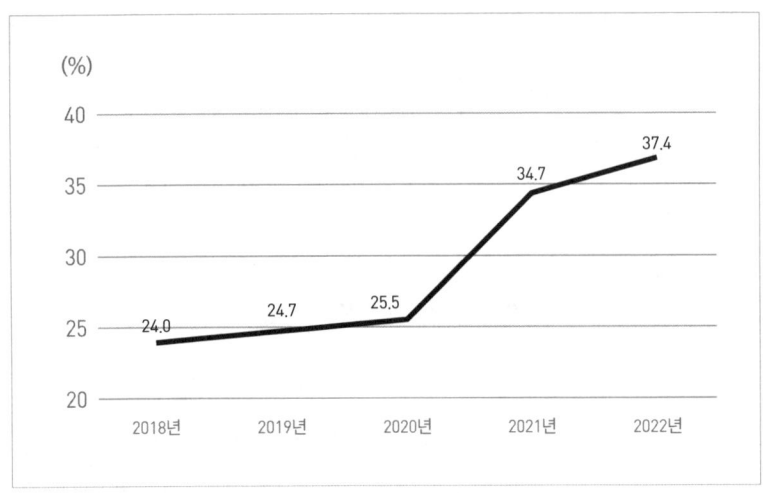

'3년 이상 취업하지 않는' 청년 니트족 추이
(출처: 통계청, 2023년 경제활동인구 청년층(15~29세) 부가조사 마이크로데이터)

장에 참여할 기회가 거의 없어 경제적 자립이 힘들어지면서 은둔형 외톨이나 고립 청년으로 이어질 가능성이 높다. 한국 경제 상황이 저성장 기조로 돌아서면서 청년들의 비정규직이 늘어나고 비자발적인 이직이 증가하고 있어, 정규직과의 임금 격차는 나이가 들수록 더 크게 벌어지고 있다. 단기 일자리를 전전하다 보니 취업을 통해 주위로부터 인정받은 경험, 의욕을 살려 작은 성공을 이뤄낸 경험 등이 부족하여 일하는 것에 대해 자신감을 갖지 못해 시간이 지날수록 안정적인 일자리를 갖기 어려워진다. 산업사회가 형성되면서 사회보장 체계는 기업 내 복지로 대체되어 기업에 종사하는 직원과 그 가족의 육아, 의료, 교육 등의 혜택은 다양해졌으나 미취업자나 비정규직의 경우는 이러한 사회보장 혜택도 받을 수 없어 사회적인 안정성이 결여되어 본인의 1인 복지는 물론 결혼하고 싶어도 결혼할 수 없는 생애미혼율의 상승으로 이어지고 있다.

결혼하여 새 가족을 만드는 것은 어떤 의미에서 사회 안에서 가장 강하게 사람과 사람 사이의 유대를 맺는 일이며, 개인적인 행복은 물론 사회를 지속 가능하게 하는 필수조건이다. 하지만 사회적으로 고립된 청년들이 늘어나고 있다는 것은 경제적 격차에 그치지 않고, 일을 통한 자아실현이나 결혼하여 가족을 갖는다는 인생의 선택을 제약하거나 사회와의 연결성을 잃어버려 사회적으로 배제되면서 빈곤 문제로 이어진다.

사회 진출의 출발부터 기울어진 운동장

『나 홀로 볼링』의 저자로 유명한 하버드대학교의 교수이자 정치학자인 로버트 퍼트넘Robert Putnum은 『우리 아이들』이라는 저서에서 가족이나 친구, 이웃, 지인과 같은 비공식적인 유대관계인 사회적 자본은 개인이나 공동체 모두의 행복을 예견할 수 있는 강력한 지표로, 사회적 연결성의 차이는 청소년 간의 기회 격차로 나타난다고 보았다. 저자 퍼트넘은 자신의 1950년대 동급생들의 경우에 빈부의 차이, 젠더나 인종이라고 하는 큰 장벽은 있었지만, 스스로의 재능과 힘으로 각각 기회를 잡아간 모습을 그리고 있다. 즉 빈부의 차이(또는 젠더나 인종에 의한 심각한 차별)는 분명히 존재했지만 그것과 기회는 어느 정도 분리된 것이며, 그런 의미에서 '아메리칸 드림'은 당시에 아직 존재하고 있었다고 말하고 있다. 그러나 반세기 이상이 지난 현재의 미국은 빈부의 차이와 기회 차이의 연결성이 매우 강하게 나타나고 있다고 지적하고 있다. 아이들의 출신에 따른 빈부의 차이가 어떻게 기회의 격차로 연결되는지를 알아 보면 소득의 격차(대부분의 경우 부모의 교육수준의 차이), 양육의 기반인 가족의 구조, 학교 교육을 둘러싼 환경, 그리고 각각의 가족이나 아이가 이용할 수 있는 사회 네트워크상의 자원이나 지역 커뮤니티가 전혀 다르다는 것이 큰 기회의 차이로 이어지면서 미래에도 그 격차가 고정될 가능성이 크다고 말하고 있다.

이 지적은 비단 미국의 현실만이 아니라 우리나라의 양육과 교육 현장의 모습을 보는 것 같다. 우리나라에도 '개천에서 용 난다'라는 말이 있었지만 요즘에는 금수저, 흙수저, N포세대, 아프니까 청춘이다, 열정 페이, 노력충, 등등 신조어가 등장하면서 개천에서 용이 나는 일은 먼 나라의 이야기가 되었다. 1997년 IMF 사태(아시아 금융 위기) 이후 대학 진학률이 높아지면서 대학 졸업장은 스펙의 가치를 잃어버렸고, 그 뒤의 세대들은 한국이 누구나 열심히 노력하면 그에 대한 대가를 받을 수 있는 사회라고 생각하는 비율이 줄었다. 이제 더 이상 개천에서 용은 나지 않고 잘 사는 집 아이들이 공부를 더 잘하는 시대가 되었고, 노력해서 성공하면 오를 수 있는 계층의 사다리가 치워져 버렸다. 공정한 경쟁의 기회가 희박해진 기울어진 운동장에서 청년들은 미래에 대한 희망을 갖을 수 없게 되었다.

청년 고립에 어떻게 대응해야 하는가

다각적인 대응 체제 구축

청년층을 20세~39세로 구분하는데, 일본은 청년층의 고립이 장기화되어 이미 청년기를 지나 중년층(40~64세)으로 이어지면서 8050문제(80대 노부모가 50대 은둔형 외톨이 자녀를 부양)가 심각해지고 있고, 우리나라도 비슷한 양상을 보이고 있다.

은둔형 외톨이의 어원은 일본어의 '히키코모리'이다. 히키코모리는 '틀어박혀 있는 사람'을 의미한다. 가족 이외의 사람들과 관계를 맺지 않는 기간이 3개월이 넘고 자기 방이나 집 등 제한된 공간에 머물며 사회적 교류 없는 사람을 뜻한다. 이들은 대부분 가족과 살면서 대체적으로 경제적인 문제가 없는 경우가 많지만, 고립 생활이 장기화되면서 생활고를 걱정하는 사람들도 생겨났다.

일본에서는 청년들의 고립·은둔과 관련하여 정부와 민간에서 많은 활동을 벌이고 있고, 당사자와 가족을 지원하는 조직들도 생겨나 경험 사례 등을 공유하고 있다. 최근 일본 잡지에 실린 고립·은둔 청년과 아버지의 심적 변화 과정을 다룬 사례를 소개하겠다.

아들과 아버지는 단둘이 지방의 소도시에서 살고 있다. 현재 아들의 나이는 50세, 아버지는 78세이다. 아버지는 1년 전부터 가족지원 프로그램에 참석하며 다른 히키코모리 가족들의 사례들을 접하면서 극적인 변화를 가져온 경우이다.

아버지 아들이 일을 그만두고 갑자기 자기 방에 틀어박혀 버렸다. 억지로 방에서 끌고 나와 재취업을 시켰지만 며칠 후 그만두었다. 나는 너무 화가 나서 아들에게 호통쳤다. 아들은 잠자코 울고만 있었다.

아들 나는 작년까지 20여 년 동안 방에서 거의 나오지 않는 은둔형 외톨이였다. 31살 때부터이다. 대학 졸업 후 고향으로 돌아와 취업해서 다니던 회사를 그만둔 것이 계기가 되었다. 아무와도 이야기하지 않았다. 아버지가 왜 일을 그만두었느냐고 물었지만 대답하지 않았다. 아버지는 나를 부끄러워했다.

아버지 그로부터 19년이 흘렀다. 아들은 움츠린 채 50세가 되었고 나는 곧 80세가 된다. 내가 죽기 전에 어떻게 해야 할 텐데…. '내가 죽기 전에 아들을 취직시켜야겠다'는 생각이 강해져 지원의 손길을 찾아다녔다. 그때 지자체의 홍보지에 실려 있던 히키코모리의 가족 대상 지원 강좌를 알게 되었다. 나는 아들의 목소리에 귀를 기울이지 않고 이해하려고 하지 않았던 것을 깨닫게 되었다. 그리고는 대화를 위한 작은 계기를 만들기 위해 드라이브나 쇼핑을 가지 않겠느냐고 말을 거는 것부터 시작했다. 처음에는 잘되지 않았지만 어느 날 '인기 있는 우동 체인점이 집 근처에 생긴 것 같다'는 아들의 한마디에 외식을 하게 되면서 서서히 대화를 나눌 수 있게 되었다.

아들 　아버지와 약간의 교류가 계속되던 어느 날, 내가 일을 그만둔 이유를 말했다. 직장 상사는 내가 실수를 하면 고함을 질렀다. 그게 1년 가까이 계속되면서 '왜 나만 혼나는 걸까' 고민하다가 그만두게 되었다고…. 이후 취업을 위해 여러 번 면접을 봤는데 다 떨어졌다. 분하고 부끄러워서 틀어박혀 버렸다. 일도 안 하고 집에 있는 걸 지금도 계속 미안하게 생각한다. 아버지와 대화를 하게 되면서 집에 있는 게 편해졌다. 이제는 서서히 '내가 스스로 내 길을 찾아야 하지 않을까' 하는 생각을 갖게 되었다.

아버지 　마침내 그토록 알고 싶었던 아들이 느끼는 괴로움의 정체에 대해 들었다. 아들은 근처 회사에서 다시 일하기 시작했다. 본인의 의지대로 결정한 취업이었다. '네', '아니오' 말고는 대화가 없던 그동안의 아들과의 관계를 생각하면 지금은 꿈만 같고 감개무량하다. 아들은 성실한 남자다. 많은 것을 바라지 않고 자신감을 갖고 살면 그만이라고 생각한다.

위의 이야기만 보면 19년이나 은둔형 외톨이 생활을 했다는 것이 믿어지지 않을 정도로 원만하게 해결된 듯 보이지만, 그동안의 고초는 말로 표현하기 힘들었을 것이다. 서로에 대한 오해와 불신, 분노, 방관, 수치심, 죄책감, 자포자기 등의 복잡한 감정들을 품고 살았지만 가족으로서의 애정을 회복하려는 마지막 노력을 시도한 끝에 은둔 생활에서 벗어날 수 있었다.

사연 중에 아버지가 아들을 '성실한 남자'라고 표현한 부분에 눈이 갔다. 과거의 아버지라면 '성실'이 아니라 '서투르다'라고 표현했을지도 모른다. 아들을 성실하고, 거짓말을 할 줄 모르는 인품을 지녔다고 하는 평가는 보는 각도에 따라서는 성실하기도 하고, 서투르기도 할 것이다. 아버지는 아들이 거짓말을 못 하는 성격이라는 것은 알고 있었다. 아들과의 교류 속에서 성실한 면을 새롭게 발견한 것이 아니라 관점을 바꾼 것이다. 이 아버지처럼 서투름을 성실하다고 할 수 있는 이해가 필요하지 않을까. 하지만 19년이라는 시간을 그렇게 보내버린 것은 너무나도 안타깝다.

최근 우리나라도 청년층의 고립·은둔과 관련한 등교 거부, 악덕 사기 피해를 입는 청년들, 조부모나 부모를 혼자 간병하는 청년인 영케어러young carer 등의 문제가 연일 뉴스로 보도되고 있다. 정부나 지자체 차원의 대응을 시작으로 당사자는 물론 가족에 대한 지원이 적극적으로 이루어져 고립·은둔이 장기화되고 재고립, 재은둔으로 이어지지 않도록 조속한 개입이 필요하다.

청년들에게 기회를 열어주는 사회 만들기

가정, 학교, 직장, 지역 등 사람에게는 다양한 사회적 유대가 있지만, 청년층 중에는 신뢰할 수 있는 인간관계를 갖지 못하는 경우가 많다. 사람과의 만남은 있는 그대로의 자신을 보여주고 상대방을 받아들이는 데서 이뤄지고, 사람은 이러한 관계를 통해 성장한다. 다른 사람들과 잘 어울리고 사회생활을 잘하는 사람들은 가정뿐만 아니라 학교나 직장, 지역의 모임 등 다양한 곳에서의 사회관계를 통해 자신의 정체성을 만들어 간다. 또한, 함께 사는 가족, 학교 친구들, 동네 친구들은 계속적인 일정한 장소(실생활의 장소만이 아니라 인터넷 세계도 장소가 된다)를 공유함으로써 생겨나는 핵심 관계이다.

이 핵심 관계를 바탕으로 직장에서의 관계와 또 다른 사회생활에서의 관계를 확대해 가며 사회관계자본을 쌓아가고, 이들과 긴밀한 커뮤니케이션을 통해 다양한 장소들을 공유하며 살아간다. 하지만 학교 환경에 적응하지 못해 좁은 가정의 울타리에서만 머무는 경우, 가정환경마저 여의치 않아 가족을 의지하며 살아갈 수 없는 청년들은 경제적·정신적 자립이 늦어지고, 자립을 위한 최대 접점인 일자리라는 사회 안에서의 자기 자리를 찾지 못함으로써 표류하게 된다. 주변에 신뢰할 수 있는 사람이 없고 안심하고 머무를 장소도 없으며 소속감을 느낄 수 있는 공동체가 없는 사회적으로 고립된 청년들은 자신의 미래에 대한 꿈을 가질 수 없다.

우리나라는 2002년에 전자 정부를 도입하면서 지식정보화 사회로 접어들었고, 이 시기의 전후에 태어나서 자란 지금의 청년층은 커뮤니케이션의 양상도 크게 변화하고 있다. 학교나 직장에서의 필수적인 대면 커뮤니케이션을 제외하면, 대부분의 커뮤니케이션이나 정보 교류는 컴퓨터나 스마트폰으로 이루어지고 있다. 이러한 환경

하에서 현실의 대면 접촉이 서툴거나 그것을 좋아하지 않는 청년층도 늘고 있다. 인터넷 커뮤니케이션은 언제, 어디서나, 누구와도 연결될 수 있다는 장점이 있는 반면, 일방적으로 연결을 끊고 고립을 택할 위험도 안고 있다.

고립에 빠진 청년들은 의논할 상대가 없고 세상을 살아가는 데에 필요한 정보를 얻지 못하면서 각종 사회적 위험에 노출된다. 쉽게 돈을 벌기 위해 불법 아르바이트를 하거나 자신도 모르는 사이에 범죄를 저지르기도 하고 어디에도 의지할 곳이 없어지자 그나마 자기에게 말을 걸어주는 사람을 믿고 범죄 조직으로 들어가 위험을 알고도 불안과 공포심 때문에 헤어 나오지 못하는 경우도 있다. 왜 그런 일에 가담하게 되었느냐고 물으면 '나를 받아주는 곳은 거기밖에 없었다'라는 절박함이 묻어나오는 대답을 하기도 한다.

지금까지 사회정서 기술 Social and Emotional skill 을 갖게 해줄 수 있는 정책 같은 건 없었다. 그런 정책이 실패한 이유는 청년층에 초점이 맞추어져 있었기 때문이다. 무의식적인 사회정서 기술은 더 어린 나이에 형성된다. 누군가가 나서서 부모 역할을 대신해야 한다. 부모에게만 맡겨둘 것이 아니라 공정한 기회와 다양한 삶의 방식을 선택할 수 있는 사회를 만들기 위해서 국가가 개인의 사회정서 교육에 필요한 습관과 지식, 정신적 특성 등, 진짜 중요하지만 숨어 있는 소양을 개발하는 데에 관심을 가져야 한다.

"판도라의 상자를 연 것 같아요."

서울시는 2024년 9월에 은둔 청년의 성공적인 사회 복귀와 자립을 전문적이고 체계적으로 지원하기 위해 전담 기관인 '서울청년기지개센터'를 대학로에 개원하였다. 개원 후, 반년 정도가 지나 센터를 방문하여 센터장님과 이야기를 나눌 기회가 있었다.

    센터장님은 오랫동안 사회복지 현장의 다양한 분야에서 경험을 쌓아온 분이었다. 고립 청년 분야의 일을 처음 시작했을 때는 생각했던 것보다 너무나 많은 일을 해야 했고 게다가 막상 일을 시작해 보니 어디서부터 어떻게 손을 대야 할지 도무지 가늠할 수 없었다고 했다. 그러면서 그때의 심정을 이렇게 말씀하셨다.

"그러니까요. 마치 판도라의 상자를 연 것 같아요."

    비유적인 표현이 재미있어서 함께 작은 웃음을 주고받았던 것이 기억난다. 그때에는 나름 심각하고 진지한 내용의 대화를 주고받다 보니 이 말씀에 대해 깊게 생각하지는 못했는데, 집으로 돌아오는 차 안에서 불쑥 판도라의 상자 말씀이 머릿속에 떠올랐다. 왜 이런 비유를 하셨을까 하는….

    판도라는 그리스 신화에 나오는 인류 최초의 여성의 이름이다. 제우스는 대장장이의 신 헤파이스토스에게 여자 인간을 만들라고 명했고, 그렇게 만들어진 여인의 이름이 판도라였다. 제우스는 판도라에게 탄생을 축하하며 상자를 주었는데, 절대 열어 보지 말라고 경고했다. 판도라는 인간에게 불을 훔쳐다 준 프로메테우스의 동생과 결혼하고 행복하게 살았지만, 어느 날 호기심을 참지 못하고 상자를 열고 만다. 그러자 상자 안에 갇혀있던 온갖 욕심, 질투, 시기, 각종 질병 등이 상자에서 빠져나와 세상 곳곳으로 퍼졌고, 평화로웠던 세상은 금세 험악해지고 말았다. 판도라가 깜짝 놀라 급히 상자를 닫았지만 이미 인간을 괴롭히는 나쁜 것은 모두 빠져나온 뒤였고 희망만이 아직 상자에 남아 있었다. 그 후로 사람들은 상자에서 빠져나온 악들에게 괴롭힘을 당해도 희망만은 절대 잃지 않게 되었다는 것이 '판도라의 상자' 이야기이다.

    센터장님이 판도라의 상자에 비유한 것은 고립 청년 지원 사업이 어렵고 힘든 일일거라고 예상은 했지만, 막상 상자를 열어보니 문제의 실체가 심각하다는 말씀이었을 것이다.

    고립·은둔 청년 문제가 사회적으로 심각한 이유는 '그들의 존재가 비공식적으로 확인되고 있다'는 점과 '손을 대도 해결 수단이 없다'는 것이다. 공공기관에서 사회문제에 대응할 때는 그 대상자의 범위가 명확하고 효과적인 대응책을 통해 성과를 가시화할 수 있어야 한다. 하지만 청년의 고립·은둔은 대상자의 범위가 당사자만이 아니라 부모와 학교, 직장까지 포함되어 한계를 정하기 어렵다. 또한, 고립·은둔의 문제는 현재진행형이며 자칫 시기를 놓치면 장기화되기도 한다. 게다가 청년의 고립·은둔을 바라보는 이해관계자의 인식

차도 크다. '일하고 싶지만 일할 수 없는 청년들'이라고 보는 입장과 '일할 수 있는데도 일하지 않는 청년들'이라는 입장이 대립하고 있다.

더 중요한 사실은 모두가 알고 있지만 공공연한 비밀로 지키고 있다는 점이다. 속수무책이라고 생각하여 보호자들은 판도라의 상자를 열지 않는다. 보호자들은 나 혼자 감당하고 말면 된다. 열면 큰일 난다. 그러기 위해서는 내가 살아 있어야 한다. 동네에서는 자신의 아이가 집에 없는 것처럼 계속 행동한다. 그게 생활이 더 편하니까. 혹시나 "양육 방식이 나쁘고 응석받이일 거야"라는 소리를 들을 수도 있기 때문이다. 하지만 시간이 촉박하다. 내가 죽으면 아이는 어떻게 되지? 주변 사람들도 누구나 느끼고 있지만 아무도 말하지 않는다. 도움을 요청할 곳이 없다. 내가 없으면 저 아이에게 들어가는 비용은 누가 감당해 주나?

하지만 판도라의 상자에는 희망이 남아 있다. 고립·은둔 청년의 문제에 접근하기 위해서는 끈기 있게, 장기적, 체계적으로 접근해야만 한다. 고립·은둔 청년의 문제는 해결될 수 있다고 믿는 우리의 희망. 그리고 고립 청년들이 스스로의 인생에 대해 품어야 하는 희망. 이 두 개의 희망이 만날 때 비로소 문제를 해결하고자 하는 우리의 희망이 충족되지 않을까? 청년기지개센터와 같은 곳이 그 희망의 역할이 되어줄 것이라고 믿는다.

자립을 위한 청년기의 과업

도망칠 수도 있다는 선택지

학교에서의 괴롭힘이나 은둔형 외톨이의 문제, 직장에서의 인간관계에 대한 끊이지 않는 고민의 원인 중 하나는 도망갈 곳이 없는 상황이다. 이해관계가 있는 특정 집단과 매일 얼굴을 마주할 수밖에 없는 환경이야말로 인간관계에서 마찰을 일으키는 가장 큰 요인이다. 단지 공간적인 도망 장소만이 아니다. 우리 사회는 20대에는 대학 진학을 하고, 졸업하면 취업을 해야한다는 시간의 틀에 맞춰 살기를 바란다. 내 의지가 아니라 사회가 정해놓은 대로 맞춰서 살아야 하는 것을 '정상'으로 보는 것은 어쩌면 폭력적이기까지 하다.

따돌림을 당하고 있거나 부모가 폭력을 행사하는 경우 계속 참는 것은 의미가 없다고 생각해야 한다. 이런 일들은 당하는 사람에게 책임이 없기 때문이다. 직장에서 상사나 선배에게 괴롭힘을 당하는 일들의 대부분은 도망갈 수 없는 상황에서 그들의 울분을 풀기 위한 표적이 되는 경우가 많다. 도망치지 못하는 상황에 처한다는 건 굉장히 큰 스트레스와 싸우는 것이다. 왜 우리 사회는 '도망치다'라는 선택지를 고려하지 않는 풍조가 생겼을까?

요즘 인기 드라마인 〈미지의 서울〉에 우리를 위로해 주는 대사가 있다. 육상 유망주였던 고3 소녀가 부상으로 인해 대회에 출전하지 못해 대학 진학이 좌절되자 3년 동안 은둔 생활을 하게 된다. 그러던 어느 날, 엄마보다 더 마음이 통하던 할머니는 손녀에게 이렇게 말한다. "사슴이 사자 피해 도망가면 쓰레기야? 소라게가 소라 안에 숨으면 겁쟁이야? 다 살려고 그러는 거잖아. 다 살려고 그러는 거야" 이런 말을 하던 할머니는 갑자기 쓰러졌고, 할머니를 구하기 위해 주인공은 3년 만에 방 밖으로 나오면서 은둔 생활을 끝냈다.

이와 관련하여 몇 년 전 일본 신문에서 중학생 소녀가 쓴 시가 큰 화제가 되었다. 제목은 '도망'이었다. 우선 그 시를 소개하겠다.

도망

모리타 마유(森田 真由)(13세)

도망가서 혼나는 건 사람 정도이다.
다른 생물들은
본능적으로 도망치지 않으면
살 수 없는데
어째서 사람은
"도망치면 안돼!"
라는 답에 다다르게 되었을까?

다른 생물이 왜 도망치는지, 그 답은 명확하다. 생명이 위기에 처해 있으니까. 인간에게도 생명은 무엇보다 중요하다. 많은 사람들은 학교나 가정, 직장에서 도망치지 않고 맞서는 것이야말로 최선의 선택이라고 생각할 것이다. 시대는 바뀌고 있다. 도망치는 것은 자기 자신을 소중히 여기고 생명을 지키는 행위이다. 도망친 곳에서 호흡을 가다듬고 '이제 어떻게 살아가야 할지' 생각을 정리한 뒤 세상을 향해 다시 나아갈 기회를 엿보는 시간이 필요하다. 이제 어른들은 청년들에게 도망치는 것도 포함해 다양한 선택지가 있다고 말해주고, 잠시 가만히 기다려 주었으면 한다.

자신의 삶 속으로 나아가야 한다

유소년기에서 청소년기에 이르기까지는 장차 사회의 일원으로서 나아가기 위해 사회와 관계를 갖는 방법을 배우는 시기로, 함께 사는 법과 준법 정신, 대인관계의 에티켓 등을 배우게 된다. 이 시기에는 아이들이 학교나 가정의 울타리에서 벗어나도 자립하여 독립적으로 사회생활을 할 수 있도록 사회성을 길러주어야 한다. 앞으로의 삶을 살아가기 위한 지식을 함양하는 것도 중요하고 사람들과 더불어 살아가기 위한 사회교육도 균형 있게 다루어져야 하지만 요즘에는 이 부분의 교육이 소홀해지고 있다.

  청소년기에서 청년기에 이르는 시기는 개인의 내적 충동과 사회적 요구 사이의 충돌을 겪으며 현실사회에서 필요한 사회적 역할을 받아들이지만 때로는 이를 배척하고 주체를 주장하면서 점차 흔들리지 않는 신념으로 사회생활의 영역을 넓혀 나가게 된다. 사춘기를 지나면서 도덕적 모순과 갈등에 눈을 뜨고 부모에게서 떨어져 나온 자기 삶의 불확실성에 직면하여 자신과 삶의 많은 수수께끼를 풀어줄 해답을 찾아 헤맨다. 자신도 어찌할 수 없을 정도로 본능적인 공격성이 튀어나오고 주체할 수 없는 분노와 슬픔이 몰려오기도 하며 자신이 처해 있는 현실을 부정하고 모든 것이 비관적으로 보이기도 하는 말 그대로 질풍노도의 시기이다.

청소년기에서 청년기를 통과하는 동안에도 우리의 아이들은 신체적으로는 성장했지만 감정을 통제하고 사회기술을 습득하는 뇌의 영역들은 뒤죽박죽 성장 중인 상태이다. 철학, 종교, 이념 등을 섭렵하거나 반대로 오락이나 쾌락적인 현실 속에 뛰어들어 모든 것을 잊으려고 하기도 한다. 청년기는 감성과 이성을 담당하는 뇌의 불규칙한 발달과 함께, 의지와 인내, 좌절, 용기와 비겁, 정의와 부정, 본능적 쾌락과 영성, 의존과 독립, 사랑과 미움이 첨예하게 대립된 양극단 사이에서 갈등을 겪고 이를 헤쳐나가는 시기이기도 하다.

인간의 뇌에서 이런 사회 지능을 담당하는 전두엽과 대뇌피질 등의 막바지 발달이 남녀의 차이는 있지만(여성은 24세, 남성은 27세 정도) 거의 27세 전후에서 완성된다는 점을 생각하면, 이때까지 가정과 학교에서의 사회 적응에 대한 교육 지원이 필요하다. 이 시기야말로 주위 어른들의 보호와 지지를 통해 사회와의 신뢰감을 바탕으로 사람들과 협력하고 집단 내에서 더 좋은 결과를 만들어 내는 지혜를 배워 나가야 하는 시기인 것이다.

현재 이들의 부모 세대인 한국의 베이비붐(1953년~1963년) 전후에 태어난 사람들은 높은 교육열과 치열한 경쟁 속에서 집단과의 관계를 최우선으로 하는 집단규범을 강조하는 문화에서 살아왔다. 사회적 역할이나 의무, 도덕 규범과 예의범절에 얽매여 개인의 자유가 억압되는 시절을 살았다. 사회적 역할이 곧 자기 자신이라고 생각하여 중년 이후에 가정이나 집단 내에서의 역할이 아닌, 본래의 자기 내면으로의 접근을 어려워하게 된다. 이러한 문화를 거쳐온 기성세대의 부모들은 자신의 내면 성찰이 되어 있지 않은 상태에서 자신들의 불안을 그대로 자녀들에게 투사하는 경우가 많다. 자녀들에게 경쟁에서 이기기 위해서는 남에게 절대 져서는 안 된다고 가르치고 집단보다는 개인을 우선시하며 사람 간의 관계보다는 돈이나 성공이 더 중요하다고 가르치고 있다. 사회교육은 뒷전인 것이다.

부모 세대들이 거쳐온 힘겨웠던 경험을 통한 자신들의 선례를 강조하며, 자녀들의 자유로운 사상과 선택을 인정하려 하지 않는다. 자녀들의 눈높이에서 그들이 어떤 생각을 가지고 세상을 바라보고 있는지 소통하려 하지 않는다. 그러면서 자녀가 사춘기를 지나면서부터 부모와 자녀 사이에는 신뢰를 바탕으로 한 의사소통이 어려워지게 된다.

인간의 사회성이란 자신이 살아가는 사회에 대해 얼마만큼 신뢰와 믿음을 갖고 대하느냐에 달려 있다. 사회성을 기르는 첫 단추는 부모와의 신뢰 관계이다. 부모와 신뢰 관계를 형성하고 자주 대화하며 간접적으로 기성세대를 접한 아이들은 그만큼 사회생활을 시작할 때 스스럼없이 사회 속으로 나아갈 수 있다. 청년기에는 부모 곁을 떠나 자신의 삶 속으로 나아가야 한다. 이를 위해서는 물질적인 부와 높은 지위를 추구하는 성공 이미지만이 아니라 사회구성원으로서 더불어 살아가는 행복 이미지도 소중하다는 점을 아이들에게 인식시켜 줄 필요가 있다.

사회 변화의 직격탄을 맞은 중년층

중년층의 위기

중장년 남성에게 많이 발생하는 고독사

50대 남성. 독신으로 혼자서 자취. 부모는 타계. 무직. 방에는 스포츠복권, 경마잡지. 마시다 만 소주병. 산더미처럼 쌓여 있는 햇반과 편의점 도시락 용기. 발견되는 것은 사후 3~6개월. 해충의 증가나 악취 등의 민원 발생 후 집주인이나 도시가스 검침원, 사회복지 공무원에 의해 발견.

우리가 고독사라는 단어를 들으면 쉽게 떠올리는 이미지는 이와 같을 것이다. 실제 고독사 현장에서 가장 많이 발견되는 모습이다. 이런 모습을 한 방의 거주자들의 대부분은 사회와의 관계를 스스로 단절해 버린 사람들이다. 이러한 중장년 남성의 공통점은 이불을 중심으로 생활하다가 지병으로 이불 위에서 최후를 맞이하는 일이 많다는 거다. 이불에서 손이 닿는 범위에 있는 생활용품과 남겨진 빈 도시락, 빼곡히 쌓여 있는 술병을 보면, 이 같은 생활 습관이 죽음으로 내몰지 않았을까 하는 생각을 하게 된다. 이불 주변은 쓰레기로 가득했지만 그가 앉거나 누웠던 공간은 텅 비어 있다. 마치 그가 살아 있었다는 증거처럼….

우리나라의 현행법은 고독사를 '가족이나 친척 등 주변 사람들과 단절된 채 홀로 사는 사람이 자살·병사 등으로 혼자 임종을 맞고 일정한 시간이 흐른 뒤 시신이 발견되는 죽음'을 말한다. 최근 5년간 고독사 발생 현황을 살펴보면, 고독사로 분류된 사망자는 총 1만 5066명(최근 5년간)이다. 2021년 한 해 전체 사망자 31만 7680명과 비교했을 때 매년 1% 내외 수준인 것으로 나타났지만 2021년 3378명에서 2022년 3559명, 2023년 3661명으로 꾸준히 증가 추세를 보이고 있다.

성별로는 남성이 여성보다 4배 이상 많으며, 2021년에는 5.3배로 격차가 더 늘어났다. 특히 50~60대 연령층이 2017년 52.8%에서 2021년 60.1%로 고독사의 절반 이상을 차지하고 있고, 이 중에서도 50~60대 중장년 남성은 전체 고독사의 53.9%를 차지하고 있다.

고독사 최초 발견(신고)자는 부인이나 자녀보다는 형제·자매,

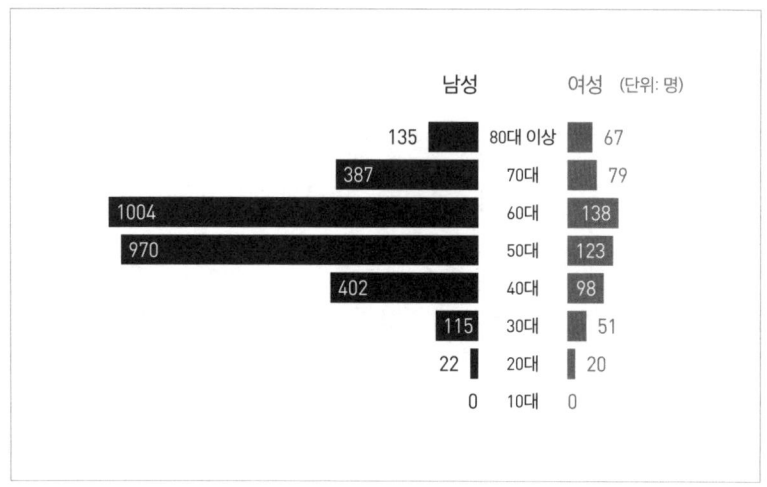

성별/연령별 고독사 현황
(출처: 보건복지부, '2024년 고독사 실태조사')

임대인, 이웃 주민, 지인 순으로 나타났다. 중장년 남성의 비율이 높은 고독사의 원인에 대해 보건복지부는 50~60대 남성은 건강관리 및 가사 노동에 익숙하지 못하며, 실직이나 파산, 이혼 등으로 가정이나 사회로부터의 인간관계가 장기간 끊어져 있어 고립이 심화되어 있는 경우가 대부분이라고 분석하고 있다.

중장년 남성을 힘들게 하는 것은 무엇인가

중장년 남성을 힘들게 하는 것은 무수히 많다. 건강 문제, 직장 생활, 가족 문제, 노후에 대한 불안 등 삶의 다양한 측면에서 어려움을 겪을 수 있다. 중장년 남성은 만성 질환에 걸릴 위험성이 높다. 잦은 외식, 흡연, 음주, 운동 부족 등은 심혈관 질환, 암, 당뇨병 등을 유발하고 남성 갱년기 증상으로 우울증, 불면증, 성기능 저하 등을 겪기도 한다. 체질적으로 건강하거나 본인이 평소 건강관리를 잘한 사람이라면 중년이 되어도 문제 없지만 그렇지 않은 사람은 중년 이후에 건강 상태에서 격차를 보인다.

직장 생활과 관련해서는 업무 스트레스, 승진 누락에 대한 불안, 조기 퇴직의 압박 등으로 인해 정신적, 육체적 고통을 겪는다. 또한, 은퇴 이후의 삶에 대한 불안감도 커진다. 공기업이나 공무원과 같이 정년까지의 안정적인 고용이 보장된 직장인과 그렇지 않은 사람들 간의 고용 격차가 커 보이는 것도 중년 이후부터이다.

한 집안의 가장인 남성들의 경우, '(특히 직장 가입) 보험 자격 상실'이라는 상징성이 주는 의미는 매우 크다. 어떻게 보면 단순한 행정절차 상의 단어이지만, 다음 진로가 막막한 상황에서 사회적 일원으로서의 자격 상실이라는 절망감을 갖게 하기 때문이다. 가장인 경우는 아내와 자식들, 부모까지 연결된 문제이기도 하기 때문에 그 중압감은 더 크게 느껴진다. 상실된 자격을 다시 회복해야 하지만 절망감으로 인해 삶의 의욕마저 잃어버리게 된다. 이런 현실적 난관을 풀어가기 위해서 행정적 절차를 밟고 복지 서비스를 신청하려고 해도 우울과 불안, 분노 등의 감정에 휩싸여 합리적인 의사결정을 하기 어렵다. 주위에 고민을 털어놓거나 개인적인 절차를 대신해 줄 사람도 남아 있지 않은 경우가 많다. 중년 남성의 경우 실직이나 퇴직과 같

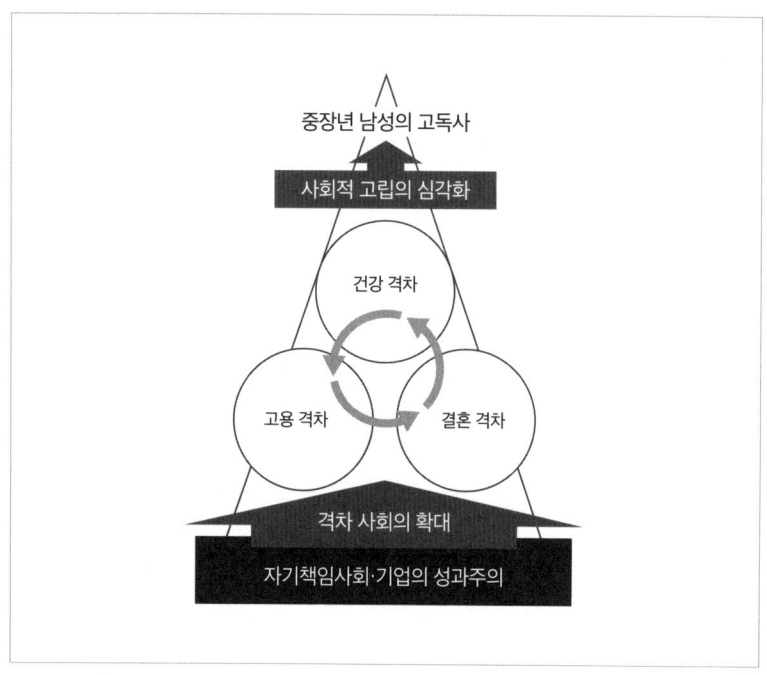

중장년 남성 위기의 구조
(출처: ニッセイ基礎研究所, ジェロントロジージャーナル No.10-011(2010))

은 계기로 고립이 시작되고 심리적으로 무력감까지 더해져 외로움의 함정에 빠지게 된다.

    가정에서도 중년 이후부터 자녀 교육, 노부모 부양, 배우자와의 갈등 등 가족구성원 간의 문제로 힘들어 하는 경우가 많다. 미혼 중년 남성, 중년 이후에 이혼한 남성의 경우, 직장 이외의 인간관계가 거의 없고, 생활의 활기를 찾기가 힘들어 심리적으로 우울과 불안을 겪고 있는 경우가 많다.

우리나라보다 약 20년 전부터 중장년 남성의 고독사가 사회문제가 되었던 일본의 경우, 닛세이기초연구소의 『제론톨로지』 저널(2010년 10월 11일자)의 리포트에 의하면 중장년 남성의 위기를 다음과 같이 분석하고 있다.

"사회의 자기책임론과 기업의 성과주의 등, 현대사회의 여러 위험요인을 개인이 떠안아야 하는 시대가 되었다. 안정적이었던 기업의 고용환경의 붕괴, 이로 인한 가정경제의 파탄, 이혼율 증가 등으로 개인 간의 격차는 커졌고 혼자 사는 중장년 남성이 많아졌다. 고독사 사망자를 성·연령대별 순으로 볼 때 50대 남성이 가장 많고 다음이 60대 남성, 40대 남성 순으로 나타났다. 고독사의 원인으로는 건강 문제가 가장 많고 다음으로 경제적 형편, 생활상의 불편 순이었다. 이처럼 중장년 남성에게 고독사가 많이 발생하는 배경에는 정신건강 문제, 실업 및 무직, 평생 미혼 및 황혼 이혼 문제로 인한 건강 격차, 고용 격차, 결혼 격차가 있으며 특히 혼자 사는 중장년 남성은 사회적 고립이 심화되었다."

우리나라의 경우는 일본보다 사회보장 수준이 떨어져 사회적 고립의 중장년층을 대상으로 한 제도가 미비한 상황이다. 중장년 남성들을 위한 일자리 창출, 주거 지원, 소득 보장 등과 같은 경제적 안정과 사회적 관계를 개선하기 위한 지원 방안이 필요하다.

경제적 불안정으로 가족 해체

중년층을 둘러싼 가족 구조의 측면에서도 변화가 발생했다. 경제구조 변화와 기술 발전으로 인해 중장년층이 일자리를 잃거나 조기 퇴직을 강요받는 경우가 많아졌고, 이들은 미처 노후를 대비하지 못한 채 사회 활동이 축소되어 버렸다. 가장의 실직과 조기 퇴직으로 인해 가정경제가 불안정해지자 비정규직으로 취업하는 주부 취업자가 늘어나면서 맞벌이 가정이 많아지게 되었다. 하지만 낮은 수입과 육체적 노동의 고단함으로 가족 스트레스가 증가하고 결혼 만족도가 떨어지면서 가족이 위기를 맞게 되는 일이 많아졌다. 1960년대부터 이미 산업화로 인한 전통 가족의 붕괴가 시작되고 있었으나 80년대 이후 특히 이혼을 중심으로 사회변동이 본격화되었고, 90년대 들어서 경제 위기 속에서 중산층 가족의 가족 내 갈등은 가족 해체의 배경 중 하나로 자리 잡게 되었다.

현재의 한국 중년층에게 지금까지 살아오면서 가장 힘들었던 일이 무엇이었는가를 물어보면, 많은 사람이 1997년 말에 일어난 IMF 사태를 꼽는다. 많은 기업이 구조 조정을 실시하면서 대규모 해고가 발생했고, 남성들이 많이 종사하던 제조업, 건설업, 금융업 등에서 많은 실업자가 나왔다. 실직으로 인한 소득 감소와 부채 문제로 많은 가정이 경제적 어려움을 겪었고, 이로 인해 생계를 유지하기 위한 부업이나 자영업을 시작하는 사람들이 많아졌다. 그 당시 20대였던 청년층은 사회에 첫발을 내딛는 것부터 순조롭지 않았다. 그 당시

30대였던 사람들은 나이와 경력 등의 이유로 재취업에 어려움을 겪었고 특히 IT와 같은 신기술 분야에 적응하기 어려운 경우가 많았다. 그중에 일부는 자영업이나 소규모 창업으로 경력을 전환했으나 준비 부족과 자본 문제로 성공하지 못한 사례가 많다.

중년층이 IMF 사태 다음으로 힘들었던 일로 꼽는 것이 그로부터 약 10년 후인 2008년 9월에 발생한 리먼 쇼크(글로벌 금융 위기)이다. 용케도 IMF 사태에서 비켜났거나 겨우 다시 경제적 안정을 되찾았던 직장인과 자영업자들은 내 집 마련과 자녀교육비 등으로 가장 돈이 필요한 시기에 또다시 실직과 소득 감소로 치명타를 맞게 된다. 가계 부채가 증가하고 여성들이 비정규직 일자리로 뛰어들어 맞벌이 가정이 늘어나면서 장기화된 경제적 어려움은 가정 내 갈등을 증폭시켜 이혼율 상승과 가족 내 갈등이 심화되었다. 경제 위기의 직격탄을 맞은 중장년 남성들은 가정 내 지위와 자존감도 바닥을 치며, 가족 해체로 이어져 가족과의 관계 단절 상태에서 원룸이나 고시원에서 혼자 사는 사람들이 생겨나기 시작했다.

경제성장 시기에 계속 내실을 다져온 기업 중심의 복지 혜택도 경제 환경의 변화와 노동력의 유연화, 비정규직 등의 고용 형태의 다양화로 개인 간 격차가 커지게 되었다. 기업에 귀속되어 일정한 생활 보장 기능을 누려 왔던 직장인 중에는 명예퇴직을 강요당하고 자영업자로 재기를 꿈꾸지만, 자영업의 부실로 인해 일터와 가족이라는 쉼터를 잃고 건강 격차, 고용 격차, 소득 격차가 초래한 상대적 빈곤충으로 전락해 버린 사람도 있다. IMF 사태와 리먼 쇼크와 같은 경제 위기는 우리나라 사회에서 전통적으로 가정의 주요 생계부양자 역할을 담당했던 남성들에게 더 큰 충격을 주었다.

그렇다면 왜 여성보다 남성들이 거시적 경제 위기가 미친 사회적 변화에 적응하지 못하고 더 많이 무너졌을까? 사람에게는 세상이 자신을 필요로 한다는 느낌이 중요하다. 특히 이 느낌은 남자에게 더 중요한데, 과거에 비해 가정에서 보살핌이나 생계를 위해 아빠(남성)에게 의존하는 형태가 줄었다. 이를 비롯해서 다른 사회관계에서도 남자를 필요로 하는 현상이 줄어들고, 직장 생활을 하지 않는 남성의 경우 본인의 가치가 없다고 판단하는 경향이 높게 나타난다. 이러한 남성의 정체성은 중년층의 문화적 성장 배경인 가부장적 제도로부터 많은 영향을 받았다고 유추해 볼 수 있다. 그러므로 이들이 성장해 온 시대적 변화를 살펴보기로 하자.

중년층의 정서적 고립

심리적 권력은 사회제도에서 개인에게로

우리나라는 1960년대에 들어와서 본격적인 산업사회가 시작되었다. 농촌공동체에서 태어나서 자란 1950~1960년대 출생자들은 학업과 일자리를 찾아 대거 서울을 비롯한 도시로 이주하게 된다. 인구 총조

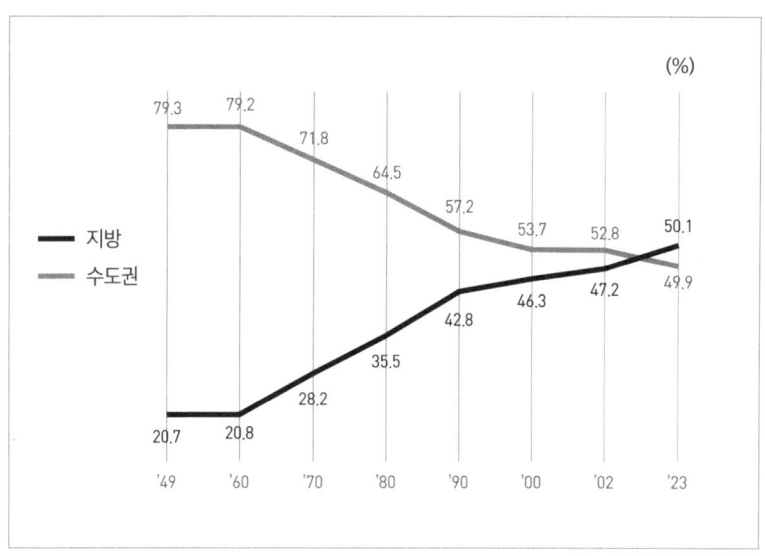

수도권·비수도권 인구 추이
(출처: 행정자치부, 2023년 주민등록인구 통계)

사(2010년)에 따르면, 2010년 서울시의 인구는 963만 명으로 1949년 144만 명에서 약 6.7배, 수도권 인구도 5.4배 증가하였다. 서울의 인구증가율은 1955~1960년에 55.8%, 1960~1966년에 55.1%로 정점에 달한다. 이후에도 1985~1990년까지 연평균 10% 이상의 높은 인구증가율을 기록하였다.

  이들의 대부분은 서울에서 학업을 마치고 나서 서울에서 취업하고, 계속 서울이나 수도권에 남아 결혼하고 자녀를 양육하며 살아왔다. 중년이 되어 실직이나 퇴직을 해도 그들은 자신이 태어난 곳으로 돌아가지 않고 도시에 머물렀다.

지금의 중장년층은 도시 출신과 농촌 출신 간의 차이가 있을 수 있지만 농경사회에 태어나서 산업사회에서 성장기를 보내고, 정보화사회에서 직장 생활을 했다. 한국 사회는 6·25전쟁이 끝나고 약 70년 동안 세계에서 가장 빠른 압축성장을 이루었다. 이런 급속한 변화는 세대 간의 인식 차이를 가져왔다. 같은 시대를 살아가고 있지만 농경사회의 후진국 국민이었던 중장년 및 노년층과 현재의 정보화사회에서 태어난 선진국 국민의 의식을 가진 청년층이 같은 나라에서 살아가고 있는 형국이다. 현재의 중년층은 의식의 문화적 뿌리는 여전히 농경사회에 둔 채로, 산업사회의 변화에 적응해야 했다. 이러한 세대간의 의식 격차로 인해 윗세대뿐만이 아니라 아랫세대와도 갈등이 깊어졌다.

중장년층이 성장한 사회문화적 배경이 되는 농촌공동체, 가부장적 문화의 특징은 '상명하복'이다. 소수의 지배세력이 있고 피지배층의 대부분은 오랫동안 지배층이 만들어 놓은 제도와 규칙에 순응하는 삶을 살았다. 남성이 사회와 가정에서 권력의 중심이며 지배적인 역할을 차지하는 구조였다. 가부장제는 남성 우월주의에 기반하여 사회적, 경제적, 정치적, 법적 권리를 남성에게 집중시키고, 여성에게는 제한된 역할과 권리를 부여하는 체제를 말한다.

근대화에 따라 가부장적 문화가 서서히 사라지면서 위계질서가 아닌 평등한 관계에 의한 의사결정이 이루어지게 되었다. 기성 사회제도가 쥐고 있던 심리적 권력이 급격하게 개인에게로 이양되기 시작했다. 기존에 사회문화적으로 당연시되던 집단의 규범이나 도덕적 가치는 심한 도전과 반발에 직면하게 된다. 상대적으로 기득권층이었던 중년층 이상의 남성들은 이러한 변화에 당혹스러워하면서도 받아들이지 않을 수 없었다.

가족 구성의 형태는 4인 가구에서 1인 가구가 가장 주된 가구가 되었다. 남녀평등 문화는 물론, 결혼과 출산도 개인의 선택이 더 존중되는 시대가 되었다. 전통적인 가치와 의미 체계가 무너진 사회에서 사람들은 목적과 의미를 상실하게 되고, 기존의 가치 체계가 붕괴된 자리에 개인 스스로가 삶의 의미와 가치를 만들어 가야 했다. 개인은 모든 것에서 자유롭지만 한편으로 심리적으로 의존할 곳이 없는 일종의 정신적 고립 상태에 빠지게 된다.

참는 것만이 능사가 아니다

현재의 50대 이상은 대부분 가부장적 문화 속에서 형제가 많은 가운데, 절대적인 아버지의 영향력 아래 성장해 온 세대이다. 가부장적 문화의 붕괴는 남성들에게 긍정적이고 해방적인 기회를 제공하는 동시에 기존의 고정관념에 사로잡힌 자신의 정체성과 역할에 대한 혼란과 남성 특권의 상실감으로 이어졌다. 이러한 격동의 시기에 가정 내에서 자신의 자리를 제대로 확보하지 못한 중년 남성들은 자녀들과 소통의 부재가 생겨나고 가정 내에서 주도권을 상실하게 되었다.

가부장적 문화의 영향을 받고 자란 중장년층은 상하관계, 즉 나이와 지위에 대한 존중, 예절을 중요시하고, 내 의견보다는 부당하더라도 윗사람의 의견을 따르는 것이 당연하게 여겨졌다. 또한, 감정을 억압하고 직접적인 감정 표현을 하지 않는 것을 '남성' 또는 '여성'이라는 성 역할의 중요한 미덕으로 삼으며 나의 의견이나 감정을 표현하는 것은 금기시되어 왔다.

가정이나 학교, 회사에서 벌어지는 상황을 보면, 개인의 감정이나 생각 따위는 하나도 중요하지 않다. 내 감정은 느낄 필요조차 없었다. 집단의 규칙에 잘 따르고 윗사람이 정한 대로 말을 잘 듣기만 하면 되지, 개인의 의견은 중요하지 않았다. 가부장적 문화 속에서 남성들은 '아들', '아버지', '가장'의 역할을 수행하느라 '나'라는 개인은 희생될 수밖에 없었고, 여성들은 '딸', '며느리', '아내', '어머니'라는 가정 내 역할에 함몰되어 '나'를 희생해 왔다.

그러다 보니 나 자신에 대해서도 잘 느끼지 못하고, 내가 무엇을 좋아하는지, 어떤 생각을 하는지 말할 기회를 갖기도 어려웠다. 윗사람과 맞지 않는 의견에 대해 내 감정을 제대로 표현하지 못하면 마음속에 적개심·증오심·복수심과 같은 억제된 공격성이 생기고, 이런 감정이 오래되면 체념·좌절감·숙명론과 같은 무력감으로 굳어진다. 이것이 신체로 나타나면 소화장애·불면·두통 같은 증상이 나타나는데 이것이 바로 '화병'이다.

시답잖은 수다는 마음 건강에 필요하다

우리는 지금까지 살아오면서 이 중요한 감정에 대해서 한 번도 제대로 배운 적이 없다. 감정의 종류도 잘 모른다. 따라서 제대로 감정을 느끼고 표현하는 방법을 모르는 것이다. 이런 문화에서 태어나고 성장한 중장년층 남성들은 내 감정을 인지하고 제대로 표현하지 못하기 때문에(=감정 인지 불능) 다른 사람에 대해서도 그 사람이 무엇을 느끼고 있는지 인지하지 못하고, 그 사람의 표현에 대해서도 제대로 파악하지 못하여 미숙하게 대응하게 된다. 가까운 사람들과의 사적인 커뮤니케이션에서 많은 불통이 생기고, 그 결과 오해와 불만이 생기게 된다(=관계 형성 불능). 이러한 경향은 관계 지향적인 여성보다도 남성들에서 더 많이 보인다.

우리나라 남성들은 경제적 어려움이나 정신건강 문제에 대해 도움을 요청하는 것을 꺼리는 경향이 있고, 스스로 심리적 스트레스를 해소하는 방식으로 알코올에 의존하는 사람들도 많다. 이러한 실패를 한 번에 만회하기 위해 도박 중독이 되거나 사탕발림의 투자 유혹에 넘어가 경제적 파탄에 빠지고, 정신건강을 돌보지 못해 발생한 문제로 인해 가족 및 주변 사람들과의 관계 악화와 고립으로 이어지게 되었다. 그 결과, 중년기에 접어들어 신체적 노화, 경제적 불안, 사회적 역할 상실, 등으로 인한 정체성 혼란은 심리적 위기를 초래했고, 새로운 변화에 적응하지 못하며 배우자와 자녀들 간의 불화로 인해 가정 내에서도 심리적으로 고립되게 된다. 이러한 가족 문화의 변화는 자녀들의 비혼이나 저출산에도 영향을 미치게 된다.

내가 살고 있는 동네에 젊은 부부가 운영하는 와인바가 있다. 이른 저녁 시간에 가끔 들러 혼자 가볍게 와인을 마시곤 하는데, 얼마 전 여주인의 이야기를 듣게 되었다. 요즘 외로움과 사회적 고립에 관한 책을 쓰고 있다고 하니까 자신의 이야기를 들려주었다.

여주인은 초등학교 1학년 때부터 등교 거부를 하고, 스무살까지 줄곧 은둔형 외톨이로 살았다고 한다. 그 후 아르바이트를 하면서도 심한 커뮤니케이션 장애로 낯을 가렸고, 어쨌든 살기 힘든 삶이었다. 그러다가 24살 무렵 술집에서 일하기 시작했다. 낯가림을 고치고 많은 사람들과 이야기하고 싶었고, 술도 마시고 돈도 벌 수 있어 좋겠다고 생각했다. 처음에는 손님에게 굉장히 신경이 쓰이고 말도 잘 못했지만, 몇 년 일하다 보니 처음 보는 사람과도 이야기를 나눌 수 있게 되었다.

술집에 놀러 오는 사람들은 사회적으로 성공하고 돈이 있는 사람들이다. 그런 사람들이 일부러 비싼 돈을 주고 술을 마시러 오는 이유를 처음에는 알 수 없었다고 한다. 주된 대화 내용은 실없는 농담이나 남의 뒷담화, 요즘 뜨는 연예인 이야기, 음담패설이었다. 처음에는 이런 일을 하고 돈을 받아도 되는건가라고 생각했단다. 훌륭한 어른들은 비슷한 사람들을 만나 뭔가 '건설적인 이야기'를 하지 않을까 생각했다고 한다.

하지만 차차 손님들의 기분을 알게 되었다고 한다. 손님들은 술을 마시면서 시답잖은 이야기를 한바탕 나누고 나면 웃는 얼굴로 돌아간다. 분명 평소의 '훌륭한 사회인'이거나 '좋은 남편', '자상한 아버지'로 돌아갈 것이다. 그렇지만 훌륭한 어른을 항상 연기하고 있는 것은 힘들다. 살다 보면 아무래도 하기 싫은 일도 있고, 화가 나고 억울하기도 하고 괴로울 수도 있을 것이다. 그럴 때, '시답잖은' 수다를 떨거나 함께 술을 마시고 바보 같은 소란을 피우며 마음의 답답함을 발산시킬 수 있는 장소가 있다면 정신건강에 도움이 되고, 무엇보다 덜 외롭지 않을까라는 생각을 하게 되었단다. 와인바의 여주인은 자신이 술집을 하고 있는 이유에 대해, 남들은 어떻게 생각할지 모르지만 나름대로의 의미도 있고 자부심도 느끼고 있다고 말해 주었다.

    술집에서 하는 '시답잖은' 수다를 평소에 수시로 주위 사람들과 할 수 있다면 마음 건강에 많은 도움이 될 것이다. 감정의 소통은 소위 '스몰 토크 small talk'로 표현될 때 더 자연스럽다. 말 그대로 '작은 대화'지만 그때그때 감정을 표출하고, 사람들과 소소하게 소통하는 것이 관계 형성에는 '딥 토크 deep talk'보다 더 도움이 된다. 특히 가족이나 친한 사람과는 자주 스몰 토크를 해야 결정적인 순간에 심도 있는 대화가 가능하다. 가정 내에서 가족들이 한 공간에 머무르지만 아버지들이 정서적으로 고립되는 것은 이런 스몰 토크에 익숙하지 않은 것도 하나의 요인이라고 볼 수 있다.

04
오래 사는 것이 리스크가 된 노년층

초고령사회가 된 대한민국

아이는 귀하고, 노인은 많아지고

최근 5년간 전국에서 초·중·고교 137곳이 폐교했다. 학령인구가 급속하게 줄어들어, 2024년 전국 초등학교 신입생은 처음으로 30만 명대로 내려섰다. 초등학교 신입생 수는 1차 베이비붐 세대(1955~1965년생)인 1960년대에는 100만 명대, 2차 베이비붐 세대(1969~1975년생)인 1970년대에는 90만 명대에서, 1980년대에는 80만 명대로 감소한 데 이어 1990년대부터 2000년대 중반까지는 60만 명대로 이후에도 계속 감소하는 추세이다.

우리나라는 2000년에 노인 인구 비중이 전체 인구의 7.2%를

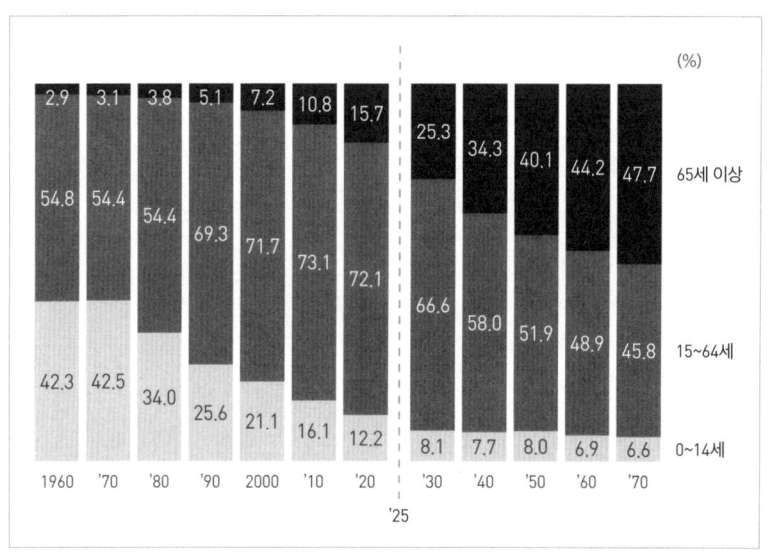

연령계층별 인구 구성비
(출처: 통계청, 2017 한국의 사회지표 — 장래인구추계)

넘어 '고령화사회'로 접어들었고, 2017년에는 14.0%를 넘어서 '고령사회'로, 2024년에는 20.0%를 넘어서며 '초고령사회'로 접어들었다. 2016년을 기해, 고령인구(65세 이상)가 장래 인구추계 기준으로는 사상 처음으로 유소년인구(0~14세)를 앞질렀다. 이에 따라 한국의 연령별 인구구조는 30~50대가 가장 넓은 형태에서 점차 윗부분이 넓은 역삼각형의 모습으로 전환될 것으로 예상된다.

이에 따라 노인들도 자녀의 부양을 받는다는 기대는 할 수 없게 되었다. 자신의 노후를 스스로 책임지는 것이 당연하게 여겨지고 있다. 자녀들이 아예 결혼하지 않거나 결혼해도 아이를 원하지 않아 손자 손녀들이 자신의 자녀의 수보다 적은 가정도 많다. 그러다 보니 외식나온 조손가족의 구성을 보면 아이 한 명에 어른이 여러 명인 가족이 많다. 가정 내에서의 아이가 더 귀하게 여겨질 수 밖에 없는 구조이다.

90대 노인도 혼자 산다

이처럼 고령화 경향이 뚜렷해지는 가운데 노인 1인 가구도 점차 증가하고 있다. 우리나라의 주된 가구 유형은 1990~2005년에는 4인 가구, 2010년은 2인 가구, 2015년에는 1인 가구로 변화해 왔는데, 이에 따라 노인 가구 중에서도 1인 가구의 비중이 계속적으로 증가할 것으로 보인다. 2024년에 우리나라는 65세 이상의 인구가 전체 인구 약 5000만 명 중에 20%를 차지하는 '노인 1000만 시대'에 접어들었다. 65세 이상의 인구 중에는 1인 가구의 비중도 높아지고 수명도 길어짐에 따라 소득도 별로 없고 건강하지 못한 노인이 점차 증가될 것으로 추측된다.

　이처럼 혼자 사는 고령자가 증가하는 배경에는 의료 기술이 발달하고 생활 수준이 높아짐에 따라 사망률이 낮아지고 평균수명이 길어져 노인 인구 자체가 증가하고 있다는 점이다. 이와 더불어 남녀의 평균수명 차이가 커 배우자와의 사별로 인해 혼자 살게 된 여성 노인의 1인 가구가 많다는 점이다. 2020년 기준, 고령자 1인 가구 중 여성 노인 1인 가구가 차지하는 비중은 71.9%로 나타났다. 남녀 기대수명 차이는 1970년에 7.1년이었다가 점차 증가하여 1985년에는 8.6년을 기록하며 정점에 도달한 후 점차 감소세로 돌아서 2020년에는 6.0년으로 나타났다. 2017년 평균수명은 남자 83.5세, 여자 88.5세로 5.0세 차이였다.

혼자 사는 고령자가 증가하는 두 번째 이유로는 전통적 가족 중심의 가치관이 약화되어 자녀에게 부양받는 세대가 줄었다는 것이다. 개인주의가 확산되면서 배우자와 사별하거나 이혼해도 독립 생활을 하려는 노인들이 늘어나 자녀들의 부양 의무감도 줄어 들었다는 점을 들 수 있다. 다행히 과거에 비해 연금 수령, 저축, 자산 운용 등을 통해 경제적으로 독립된 생활을 할 수 있는 노년층이 많아졌다. 하지만 여전히 노후 준비가 되어 있지 않은 노인 1인 가구는 경제적으로 빈곤하여 사교나 여가 활동의 제한을 받게 되고, 관계의 범위가 축소되어 고립에 빠질 위험성이 커진다.

혼자 사는 고령자가 증가하는 세 번째 이유로는 평균수명의 연장과 가치관 변화 등으로 비롯된 황혼 이혼의 증가를 들 수 있다. 2022년 통계청의 발표에 따르면, 30년 넘게 혼인 생활을 이어오다가 황혼 이혼한 사례가 전체 이혼 건수에서 차지하는 비율이 10년 사이에 10% 넘게 늘어난 것으로 나타났다. 통계청이 발표한 '2021년 혼인·이혼 통계'에 따르면 혼인 지속 기간이 30년 이상이었던 경우가 전체 이혼 건수의 17.6%로, 1년 만에 7.5% 증가했다. 남녀 모두 황혼 이혼을 한 후에 경제적 어려움을 토로하는 경우가 많고, 이혼 후 배우자와의 관계가 단절되면서 그동안의 결혼 생활과 관련된 사회적 네트워크도 축소되어 고립으로 이어지기도 한다. 또한, 이혼 후 이사로 주거 환경이 바뀌게 되면서 이웃들과 새로운 관계를 맺지 못할 경우, 혼자 생활하는 시간이 길어지면서 고립감이 커질 수 있다. 특히 혼자 살게 되면서 건강관리가 안 되어 신체적, 정신적 건강 문제를 악화시킬 수 있고, 이로 인해 외출이나 사회 활동이 줄어들어 고립이 심화될 수 있다.

노년기는 경험하지 못한 사건의 연속

노인 1인 가구는 1인 가구가 가진 문제와 심신 기능의 쇠약화라는 노년기의 문제를 동시에 안고 있다. 여기에 사후 준비라는 문제도 함께 생각해 보아야 할 것이다. 나이가 들고 죽음을 맞이하는 것은 누구에게도 피할 수 없는 현실이다. 하지만 사망에 이르기까지 얼마나 곤란한 상황이 발생할지는 사람마다 다르다. 이 기간 동안에는 스스로 할 수 없는 일이 많이 발생하기 때문에 어떻게 다른 사람의 도움을 받을 수 있는지가 매우 중요한 키포인트이다. 예전에는 자녀나 친족이 가까이 있어 필요할 때에 도움을 받는 것이 사회적인 전제가 되어 왔지만, 지금은 그 전제가 무너지고 있다.

노년기에는 자신의 심신 기능의 변화, 배우자의 질병 발생, 살고 있는 집의 노후화 등으로 과거에 경험해 보지 못했거나 잘 모르는 중대한 문제를 해결해야 하는 상황이 많이 발생한다. 예를 들어, 심신 기능이 쇠약해져 집안일을 하거나 외출이 힘들어 집에서 혼자 생활하는 것이 어려워졌을 때 그 심신 기능 저하를 보완할 수 있는 서비스를 이용하거나 거주 장소의 변경 등 새로운 의사결정이나 절차를 진행해야 할 필요가 생긴다. 또한, 노년기라고 하면 의료나 간병을 연상하기 쉽지만, 식생활과 관련된 장보기나 조리, 음식물 쓰레기 처리나 계절에 따른 의류 관리, 이불 빨래, 욕실이나 집안 청소, 전등 교환 등과 같은 일상생활에 필요한 행위도 어려워진다. 일상생활은 소소하고 단조로움의 반복이지만 이런 일들을 할 수 없게 되면 조금씩 삶의 질이 떨어진다.

    일상생활 이외에도 생명이나 재산에 관계되는, 지금까지의 인생에서 경험한 적이 없는 사항에 관한 판단과 절차가 필요해지기도 한다. 이런 일들은 그 결과가 중대하고 불가역적인 사항이 있고, 사후에 행해야 할 일(화장이나 납골, 채무 변제나 상속 등)은 반드시 타인의 지원이 필요하지만 자신의 죽음을 전제로 한 의사결정을 상의하고 맡길 만한 사람이 없는 경우도 있다. 즉 노년기 문제해결의 특징은 문제는 복잡하고 많아지는데 해결을 도와줄 수 있는 주위의 존재는 줄어들고 있다는 데에 있다. 이러한 노인을 위한 지원제도가 있다 하더라도 심신 기능이 저하되어 문제 해결 능력이 떨어진 노인들은 사회 시스템에 접근이 어려워 지원제도를 이용하지 못하는 경우가 많다.

노인과 사회적 관계망

노인 1인 가구는 다 고립 가구인가(타운젠트 연구를 중심으로)

노인 1인 가구의 사회적 고립 현상을 최초로 주목하고 연구한 사람은 영국의 사회학자 피터 타운젠트Peter B. Townsend이다. 타운젠트는 제2차 세계대전이 끝난 직후인 1950년대에 영국의 런던에 거주하는 노인을 대상으로 사회적 고립 연구를 시작했다. 연구가 시작된 1950년대는 19세기 이후의 근대화, 공업화, 자본주의화, 도시화에 따라 친족 관계가 희박해지거나 해체되어 근대의 소가족, 부부 가족, 핵가족으로 축소되어 가고 있다는 일반적 통념이 세계적으로 퍼지기 시작하던 시기였다.

    타운젠트는 당시 런던에는 혼자 살고 있는 노인이 많지만 인근에 사는 가족이나 친인척과의 교류가 활발한 확대 가족extended family, 즉 '친족 네트워크' 속에서 부양 받고 살기 때문에 혼자 살지만 고립되어 있지 않다는 가설을 세우고 객관적인 데이터로 그 사실을 증명하려고 했다.

    타운젠트는 1954년 10월부터 1955년 11월에 걸쳐 백인 빈곤층과 이민자들이 많이 살고 있는 이스트 런던에 설립된 '지역사회연구소Institute of Community Studies'에서 연구원으로 근무하며, 동료 1명과 함께 고령자에 초점을 맞춘 가족생활에 관해 조사를 실시했다. 그 성과를 정리한 것이 사회적 고립 연구의 고전이라 할 수 있는 『The

Family Life Old People : An inquiry East London(1957)』이다. 우리나라는 아직 번역서가 나와 있지 않고 일본에서는 1974년 『거택노인의 생활과 친족망-전후 이스트 런던의 실증적 연구-』라는 제목으로 출판되었다.

이 책의 내용에 따르면, 노인 1인 가구라고 해도 인근에 거주하는 친족의 부양을 받고 있는 경우가 많아 대도시 안에서 고립되어 있지 않고 노인 자신도 그렇게 살기를 희망하고 있다고 한다. 또한, 사회적 고립도가 높은 사람의 특징으로 배우자가 없음, 병약함, 퇴직한 점 등을 들었다. 그리고 배우자와 이혼하거나 사별한 여성이라도 딸과의 관계가 유지되는 경우는 고립감을 느끼지 않았는데, 그 딸이 미혼인 경우에는 동거하고 있으며, 기혼이라 하더라도 이웃에 사는 경우가 많아 접촉 빈도가 높았기 때문이다. 반대로 아들의 경우는 런던에서 멀리 떨어져 살거나 인근에 있더라도 접촉 빈도가 낮아 딸보다는 상대적으로 고립감 해소에 크게 도움이 안 된다는 점도 밝혀냈다.

위의 연구에서 보는 바와 같이, 노인 1인 가구의 급증과 함께 노년기의 사회적 고립에 대한 관심도 높아졌으나 노인 1인 가구와 사회적 고립이 같은 의미인지에 대해서는 새롭게 검토할 필요가 있다.

노인 1인 가구가 된 경위

앞에서 본 것처럼 노인 1인 가구라고 해도 혼자 살게 된 경위가 다르고 1인 가구 경과 기간도 차이가 있으며 주변의 지원 상황도 다 다르기 때문에 이에 따른 고립의 리스크는 차이가 있다. 일본복지대학교 사이토 마사시게 교수의 저서 『고령자의 사회적 고립과 지역복지』에서는 노인이 혼자 살게 된 경위를 다음의 5가지로 유형화하여 경위 유형별로 사회적 고립도를 구별하고 있다.

유형1은 '핵가족 이행형'으로 약 80%는 20대 이전에 부모형제와 떨어져 혼자 살다가 결혼하고, 그 후 약 70%가 30~50대에 자녀와도 별거하고, 모든 사람이 60대 이후에 배우자와 별거(주로 사별)하고 있다. 특히 이 유형은 모든 사람이 고령기에 이를 때까지 배우자와 동거하고 있었다는 점이 특징이다. 유형2는 '근친 동거형'으로 유형1과 비슷한 경위이지만, 중장년기 동안에 배우자의 부모나 친척과 동거하고 있다는 점이 특징이다. 유형3은 자녀가 없으며, 부부 간에도 별거하는 경우인 '무자녀형'이다. 유형4는 배우자·자녀와의 '조기 별거형'으로 대부분이 중장년기에 배우자와 이혼하고 자녀와도 일찍 별거를 시작하여 혼자 산 평균 기간은 19.6±10.4로 비교적 길다. 유형5는 '미혼형'으로 주로 유소년기·청년기에 부모형제와 별거 후 누구와도 동거한 적이 없는 것이 특징이다. 이 유형에는 노인 1인 가구의 18.2%가 해당하며 평균 기간은 35.3±17.0으로 가장 길다.

이 연구결과에서 혼자 살게 된 경위와 사회적 고립과의 관련성을 보면, '핵가족 이행형'에서는 고립 상태에 해당한 사람이 4.0%였는데 반해, '근친 동거형'에서는 6.6%, '조기 별거형'에서는 8.1%, '무자녀형'에서는 17.1%, '미혼형에서는 무려' 23.3%가 해당되었다.

현재 1인 가구 상태에 있는 고령자 중에도 혼자 살게 된 경위에 따라 고립 상태에 빠지는 리스크가 현저하게 다른데, '핵가족 이행형' 이외에는 모두 고령기의 사회적 고립 리스크가 큰 것으로 나타났다. 특히 미혼형은 성별이나 연령 등을 조정해도 약 6배나 고립 상태에 이르기 쉽다는 결과였다. 이것은 가족 형성 과정의 불안정감과 고령기의 사회적 네트워크의 부족과의 관련성을 정량적으로 추인해 줌과 동시에, 고령기의 1인 가구를 하나로 보는 것은 적절치 않다는 것을 나타낸다.

또한, 성별 요인의 분석결과, 남성이 여성보다 4.2배 더 고립되기 쉬운 것으로 나타났다. 이는 기존 연구에서 지적된 바와 같이, 남성이 퇴직 후 사회적 네트워크가 축소되는 반면, 여성은 고령기에도 남성보다 유연하고 다양한 사회적 네트워크를 유지하는 경향이 있다는 점을 뒷받침한다. 이러한 경향은 고령기에만 국한되지 않는다는 것을 시사한다. 같은 연구결과에 따르면, 남성은 중년기 퇴직 전 직장에서의 교류가 잦았더라도 정서적으로 가까운 관계는 제한적이며, 이미 고립 상태에 있을 가능성이 높다. 따라서 고령기에 접어들기 전부터 사회적 고립을 줄이기 위한 노력이 필요하다.

1인 가구 경과 기간이 긴 장기적인 고립의 경우 혼자 살게 된 경위와 함께 학력이 유의미한 관계가 있다고 한다. 도시 거주 고령자의 경우, 저학력으로 인해 인생 초기에 학교생활에서 친구를 형성하는 경험 부족이 중년기부터 고령기에 이르기까지 지속적인 사회적 고립을 초래하는 불리한 요인으로 작용한다고 한다.

혼자 살게 된 경위는 고령자의 사회적 고립에 유의미한 영향을 미치는데, 구체적으로는 핵가족 이행형에 비해, 미혼형은 15배, 무자녀형은 10배나 장기 고립에 빠지기 쉽다고 나타났다. 이 연구결과는 일본과 마찬가지로 한국도 남녀 모두 생애미혼율의 급증과 이혼율이 증가하고 있다는 점을 고려하면, 향후 고립 상태에 빠질 리스크가 높은 고령자가 급증할 가능성이 있다는 것을 시사한다.

현재 긴급통보 시스템의 설치나 이웃주민의 모니터링 활동 등 노인 1인 가구를 대상으로 한 지역복지 서비스가 다양하게 전개되고 있으나 이러한 연구 결과는 미혼형이나 무자녀형 등 혼자 살게 된 배경까지 파악해서 서비스가 필요한 사람에게 충분한 서비스가 제공될 수 있도록 주의를 기울여야 함을 말하고 있다.

노인을 돌보기 위해서 온 마을이 필요하다

영국의 노년의학자인 조셉 해럴드 셸던 J.H. Sheldon 은 타운젠트의 연구에 앞서 1948년에 노인을 둘러싼 친족 간의 긴밀한 일상적인 접촉, 교류, 돌봄의 존재가 노인의 건강과 사회적 유대감 형성에 중요하며 '수프가 식지 않는 거리'로 비유한 도보 5분 이내의 근거리 친족망이 노년층의 사회적 고립을 방지할 수 있다는 제안을 하였다. 이에 대해 타운젠트는 시설 수용 위주였던 영국의 노인복지정책의 재검토를 제안하였다.

이러한 연구결과가 나온 지도 70여 년이 지났다. 그 당시에는 도시화가 시작되어 자식들이 도시로 떠나도 지역 내에는 시집간 딸들과 친족들이 여전히 살고 있었다. 현재와 같은 도시화는 물론 저출생 고령화가 진행되어 노인 곁에 가족이나 친족이 존재하지 않을 것이라는 예측을 못했을 수도 있다. 우리나라의 노인장기요양보험제도는 함께 살고 있는 가족이 노인을 돌본다는 전제하에 그 가족의 돌봄 부담을 줄이기 위한 '간병의 사회화'라는 취지로 만들어졌다. 따라서 장기요양 등급을 받은 사람들이 이용하는 재가서비스인 방문요양 서비스나 주간보호 서비스도 서비스를 받고 있는 시간 이외에는 가족이 돌본다는 전제를 두고 만들어진 것이다.

평균수명이 늘어남에 따라 80세, 90세가 넘어도 '장기요양 등급'을 받지 않고 자립 생활을 유지하고 있는 노인이 많다. 이들은 자립적인 생활을 하고 있다고는 하지만 일상생활을 들여다보면 복지관에 다니기에는 나이가 너무 많고, 주간보호센터 등을 이용하기에는 장기요양 등급을 받지 못하는 경우가 많다. 정부에서는 노인장기요양보험제도의 급격한 수요 증가를 억제하기 위해 장기요양 등급 판정을 엄격하게 제한하고 있다. 심신이 쇠약해져 일상생활이 힘들지만 노인장기요양보험제도의 혜택을 받지 못하는 노인들은 돌봄 공백 상태에 놓여 있어, 인지 기능과 신체 기능이 저하되어 곧바로 장기 요양 대상 및 의료 대상으로 전환되기 쉽다.

지자체별로 노인맞춤돌봄 서비스를 제공하고 있으나 소득 수준에 따라 제한을 두고 있어, 대부분의 지역 노인들이 혜택을 받지 못하고 있다. 또한, 노인맞춤돌봄 서비스는 주민센터에서 적극적으로 대상자를 발굴하거나 정보를 제공하지 않기 때문에 돌봄 서비스를 이용하려면 본인이나 가족이 신청해야 하는데 혼자 사는 노인들은 정보 부족과 접근성이 떨어져 자연스레 돌봄 서비스를 이용하기 어려운 실정이다.

지금 혼자 사는 노인에게 필요한 것은 마을 돌봄, 즉 지역사회 통합돌봄이다. 자신이 살던 지역에서 그대로 거주하며 마을공동체와 그 지역 사람들의 돌봄을 받는 시스템이다. 아프리카 속담에 '한 아이를 키우려면 온 마을이 필요하다'라는 말이 있는데, 지금은 노인을 돌보기 위해 온 마을의 협력이 필요하다.

AI 시대의 노인의 고립

기술 격차로 인한 노인의 사회적 고립

기술 격차는 정보 기술을 습득하지 못해 일상생활에서 불편함이나 정보 접근의 장벽에 직면하는 상태를 말한다. 생성형 AI를 활용한 서비스나 앱은 점점 일반화되고 있지만, 고령자 중에는 AI 기술 사용 능력이 부족해 정보에서 소외되는 사람들이 늘어나고 있다. 또한, 새로운 기술에 대한 이해 부족이나 흥미 부족으로 기술 격차는 더 벌어지고 있다. 고령자에게 적합한 교육 기회가 부족한 것도 큰 요인이다.

AI 기술, 특히 생성형 AI의 급속한 진화는 사회 전체에 편리성을 가져다 주고 있다. 그러나 기술의 진화는 동시에 고령자를 사회로부터 소외시키고, 필요한 정보로부터 배제시키고 있다. 신기술의 등장은 고령자에게 있어서 학습해야 할 새로운 시스템이나 도구의 증가를 의미하고, 사회 참여에 대한 장벽을 높이는 결과가 되고 있다. 또한, 자동화나 AI의 활용이 당연해지면서 사람의 손을 빌릴 기회가 감소해 사회적 고립감이 증가하고 있는 현상을 볼 수 있다.

세상의 기술은 끊임없이 발전하고, 그 속도는 점점 더 빨라지고 있어 고령자들이 새로운 기술을 습득하는 데 어려움을 느끼고 있다. 특히 기기 조작과 개인정보 보호 설정 등이 복잡하다 보니 고령자들은 접근성이 떨어져 아예 사용을 포기하게 되는 경우가 많다. 이 같은 신기술에 대한 접근 장벽은 고령자의 사회 참여 기회를 막아 사회적 고립의 원인이 될 수 있다.

고령자가 직면하고 있는 또 다른 문제는 정보 수집 수단에 관한 기술 격차이다. 인터넷이나 디지털 디바이스가 주요 정보원이 되고 있는 오늘날 건강, 식생활, 취미, 사회 이벤트 등 고령자가 관심을 가질만한 정보가 주로 온라인으로 제공되고 있다. 그러나 검색하는 법을 잘 모르고 신뢰할 수 있는 정보원을 판별하는 능력이 부족해 정보 수집에 어려움을 겪고 있다. 기술 격차는 고령자의 사회참여 기회도 줄이고 있다. 각종 공연, 식당, 승차권 예약, 홈쇼핑 등도 스마트폰을 통해 이루어지고 있으며, 관공서나 은행 문의도 음성 통화 대신 ARS나 챗봇을 이용해야 하는 경우가 많다.

이러한 상황은 인간관계와 일상생활 활동에 대한 참여 감소로 이어지면서 고령자의 우울감을 증가시켜 정신 건강에 좋지 못한 결과를 초래할 수 있다. 기술 격차를 해소하고 고령자가 사회와 연결되기 쉬운 환경을 조성하는 것은 단순히 기술적인 문제를 넘어 사회 전체의 과제로 볼 필요가 있다.

노인의 가치 폭락

우리나라의 가족 구조는 1960년대에 산업사회로 접어들면서 핵가족화가 급속히 진행되었고, 노인들을 공경하던 사회문화적 풍토도 희미해지면서 데이터베이스로서의 연장자의 가치가 별로 인정받지 못하는 시대가 되었다. 정보화사회가 시작되어 기술 혁신에 따른 사회 전반적인 변화의 속도가 빨라짐에 따라 최신 기술을 능수능란하게 구사하는 젊은 사람들은 연장자의 축적된 경험을 따라잡을 수 있게 되었다. 또한, 정보의 보편화로 어디서든 정보를 구할 수 있게 되었고, 오랜 경험을 바탕으로 한 정보를 가진 연장자의 가치는 점점 떨어졌다.

　　사람들은 자기가 좋아하는 강연을 듣거나 재미있는 TV 프로그램을 볼 때면 집중하지만 나이가 들수록 말이 길어지는 연장자의 말에는 귀를 기울이지 않는다. 과거 연장자가 존중받았던 이유는 그들의 경험과 지혜가 데이터베이스로써의 가치가 있었기 때문이다. 연장자들은 사회 변화에서 살아남기 위해 자신의 인식과 사고를 되돌아 보고 새로운 지식을 얻기 위한 노력이 필요하지만 이를 소홀히 하면서 아래 세대들과 공감대를 형성하지 못하고 원활한 소통도 어려워진다. 오히려 세상의 변화를 따라가기 위해 젊은 세대에게 조언을 구해야 하는 상황이 벌어지고 있다.

　　얼마 전 80대의 집안 어른을 찾아뵙고 이야기를 나누게 되었다. 인생이란 무엇이고 젊은이들은 어떻게 살아야 하는지 한 말씀 듣고 싶다고 청하였다.

> "글쎄, 옛날처럼 변화 속도가 느린 예측가능한 사회라면 인생이 이러이러하니 이렇게 살아야 한다고 말해줄 수 있겠지만, 나도 이 나이는 처음 살아보는 것이고, 요즘 세상이 너무 빨리 변하니 적응하기가 힘들어. 나이가 들어 안정되기는 커녕 적응력이 떨어져 더 혼란스럽다. 너희들은 젊으니 이런 변화에 쉬이 적응할 수 있겠지만, 나야말로 너희들에게 세상이 어떻게 변하고 있는지, 어떻게 하면 잘 살아갈 수 있을지 묻고 싶구나."

말씀 속에서 급속히 변화하는 세상에 대해 난감해하시는 모습이 보였고, 한편으로, 당신의 속내를 담담히 밝힐 수 있는 인격적 겸허함에 머리가 숙여졌다.

과거 농경사회의 경우, 오랜 체험에서 우러난 그들만의 노하우는 구전으로 이어져 왔다. '철부지(철不知)'라는 말이 있다. '철'을 모른다는 뜻이다. 무슨 철을 모른다는 것일까? 농경에 필요한 지식과 관련해 언제 씨를 뿌리고 거름을 주어야 하는지, 수확할 때가 언제인지를 모른다는 뜻이다. 그런 지혜를 노인들은 갖고 있었고 데이터베이스로서의 가치가 있었다. 따라서 말을 많이 해도 젊은 사람들은 경청해야만 했다.

그러나 산업사회가 시작되고 연장자의 가치가 하락하기 시작했으며 인터넷이 등장한 이후 하락 추세가 더욱 가속화되었다. 특히 대화형 인공지능 기술을 활용한 챗GPT까지 나온 지금, 연장자의 가치는 대폭락했다고 할 수 있다.

학교에서는 수업 시작과 동시에 아이들이 스마트폰을 들여다보고, 식당에서는 가족들이 서로 말도 없이 각자 스마트폰을 보는 광경을 많이 목격하게 된다. 유익하고 재미있는 것이 스마트폰에 더 많기 때문이다. 이런 시대를 살아가고 있는 노년층은 가족들과 함께 지내고 있지만 새로운 교류 방식을 익히지 못해 지식적으로 위축되고 정서적으로 고립감을 느끼게 된다.

외로울 땐 음성

고립에 사회는

어떻게 대응해야 하나

01

고립은 삶의 질에 어떤 영향을 미치는가?

사회문제를 해결하는 연구나 사회복지의 실천 목적에서 빼놓을 수 없는 단어가 '삶의 질'이다. 고립은 삶의 질에 어떤 영향을 미치는가? 더 근본적으로 과연 '삶의 질'이란 무엇일까? 삶의 질이 높다는 것은 멋지고 비싼 옷을 입는 것일까? 매 끼니마다 맛있는 음식을 먹는 것일까? 호화로운 저택에 사는 것일까? 그런 것을 손에 넣으면 행복한 인생이 보장되는 것일까? 정작 우리들이 추구하는 것은 단지 커다란, 고가의, 화려한 것이 아니라 매일매일의 일상생활에서의 안락함과 사회적 유대감을 느끼는 것이 아닐까? 고립과 관련하여 우리에게 삶의 질이 높다는 것이 무엇인지 심도 있게 생각해 보자.

　삶의 질은 개인의 전반적인 웰빙과 만족도를 의미하는 개념으로 개인마다 주관적이고 상황에 따라 매우 다양하게 표현되고 있다. 삶의 질을 영어로 하면 'Quality Of Life'라고 하는데 이 Life라는 단어를 다시 우리말로 바꾸면 생명, 생활, 인생이다. 삶의 질이 높다는 것은 생물적 차원에서의 '생명'의 질, 개인적 차원에서의 '생활'의 질, 사회적 차원에서의 '인생'의 질이 높다는 것을 의미한다.

생명의 질이 높다는 것은 신체적, 정신적으로 건강하고 질병이나 장애가 있더라도 잘 관리하고 있는 상태를 의미한다. 생활의 질이 높다는 것은 일상생활, 가사, 일, 사람과의 교류, 취미, 스포츠 등의 살아가는데 필요한 다양한 활동을 스스로 하거나 적절한 지원을 받고 있는 상태를 말한다. 인생의 질이 높다는 것은 가정이나 학교, 회사, 지역 등에서 사회적 역할을 하는 것으로, 업무 현장, 가정, 지역사회에서의 책임과 다양한 사회 참여를 적극적으로 수행하는 상태를 말한다.

삶의 질은 개인의 신체적 기능, 정신적 상태, 일상생활 유지, 사회 참가와 같은 생활에 필요한 기능이 얼마나 잘 영위되고 있는가로 평가할 수 있다. 삶의 질과 관련하여 삶의 전체 이미지를 설명하고 있는 것이 ICF International Classification of Functioning, Disability and Health 모델이다. ICF 모델은 세계보건기구WHO에서 개발한 국제적인 건강 상태 분류 체계로, 사람의 기능과 장애를 다양한 차원에서 이해하고 평가하기 위해 만들어졌다. 이 모델은 건강 상태를 단순히 질병의 유무로 판단하지 않고 개인의 신체적, 정신적, 사회적 기능이 제대로 작동하는지를 포괄적으로 살펴본다. 기존의 생물학적 원인을 중시하는

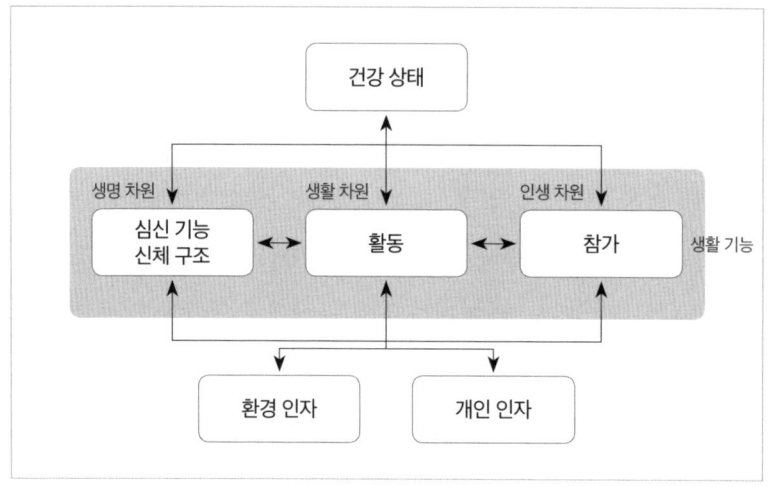

ICF 모델
(출처: WHO, 'International Classification of Functioning, Disability and Health', 2001)

의학적 모델과 사회환경의 원인을 중시하는 사회적 모델과의 대립을 넘어, 이를 통합한 '통합 모델'로, 건강한 상태란 병이 없는 것이 아닌 심신 기능·구조, 활동, 사회적 참여와 같은 '생활기능'이 잘 작동하는 상태라는 것을 보여주는 모델이다.

ICF 모델은 생활기능에 건강 상태나 환경 인자, 개인 인자가 상호 영향을 미친다고 설명하고 있다. 개인적 측면의 생활기능에 영향을 미치는 것은 환경 인자와 개인 인자 두 가지가 있다. 환경 인자는 생활기능에 영향을 주는 배경 요인으로 각종 정책이나 제도, 의료나 복지 서비스, 사회적 지지, 물리적 환경, 인적자원, 정보 등을 말한다. 개인 인자는 연령, 성별, 교육 수준, 경제적 상태, 개인의 라이프 스타일, 가치관 등을 말한다. 개인적 측면에서도 ICF 모델은 나의 생활기능이 잘 작동하고 있는지를 살펴봄으로써 삶의 질을 향상시키기 위해 무엇이 필요한지를 파악하는 데에 도움이 된다.

02
생활을 지원한다는 것은 무엇인가

일본의 한 조사결과에 의하면, 고독사 사례의 약 80%가 '자기방임' 상태에 있었던 것으로 나타났다. 이는 자기방임이 고독사의 큰 위험 요소라는 것을 의미한다. 현재 우리나라의 사회적 고립에 대한 초점은 고독사 예방에 맞춰져 있지만, 고독사 자체를 예방하는 것은 어렵다. 그보다는 고독사의 전 단계에서 나타나는 자기방임에 대한 초기 개입이 더 효과적인 예방책일 것이다. 고립이 시작되어 삶의 의욕을 잃고 일상생활의 루틴이 깨져 버리는데 걸린 시간만큼 생활 감각을 되찾는 데는 오랜 시간이 필요하다. 자기방임이 심화되면서 사회문제로 부상한 고독사에 대한 대책이 시급한 상황에서 일상생활의 수행능력을 평가할 수 있는 척도를 활용하여 자기방임을 사전에 바로 잡는 것이 필요하다.

이와 관련하여 노인 분야에서는 노화에 따른 신체적 기능 저하로 인한 일상생활 활동 능력을 평가하는 도구로 '기본적 일상생활 수행능력ADL, Activities of Daily Living'과 '수단적 일상생활 수행능력IADL, Instrumental Activities of Daily Living'의 척도가 있다. ADL은 목욕하기, 옷 입기, 화장실 이용하기, 이동하기, 식사하기와 같은 기본 기능을 타인의 도움 없이 수행할 수 있는지를 측정한다. IADL은 기본적인 ADL을 수행할 수 있는 사람에 대해서 일상생활에 필요한 좀 더 복잡한 기능을 수행할 수 있는지를 평가한다. 구체적 내용으로는 전화 사용, 시장 보기, 식사 준비, 세탁하기, 약 복용, 청소하기, 외출하기, 금전 관리 등을 독립적으로 또는 부분적으로 도움을 받아서라도 어느 정도 수행할 수 있는지를 평가하는 것이다.

　　건강할 때는 일상에서 '생활기능'이 제대로 작동하고 있는지를 전혀 의식하지 않고 지낸다. 하지만 노화가 진행되거나 장애가 생기면 일상생활을 수행할 때 스스로 할 수 없는 동작들에 대해 불편함을 느끼게 된다. 우리나라의 노인장기요양보험제도는 객관적인 척도를 사용하여 혼자서 자립 생활을 영위할 수 없다고 인정된 노인들에게 가사 지원 및 신체 돌봄 서비스 등을 지원하고 있다. 노인 대상 서비스 외에도 현재 행정 및 복지 서비스는 정형화된 생활 지원 서비스 메뉴를 제공하고 있다. 이러한 생활 지원 서비스는 생활의 유지와 안정에 초점을 맞추어 금전적 지원, 집안 쓰레기 처리, 집수리 등 필요한 도움을 제공한다.

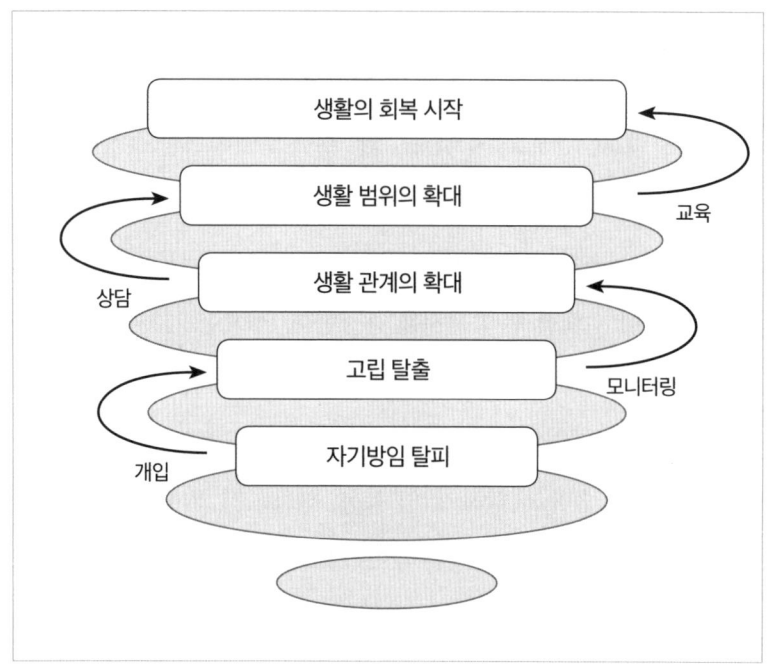

생활 회복을 위한 지원
(출처: "ソーシャル・キャピタルを活かした社会的孤立への支援")

　하지만 지금까지 익숙하게 해 왔던 기존의 복지 서비스 체제는 사회적 고립에 대응하기에는 역부족이다. 자기방임이 시작되면 내가 무엇을 하고 싶은지, 무엇을 잘하는지 잊어버리고, 점차 삶의 자신감을 잊게 된다. 이는 삶의 의미와 의욕 상실로 이어져 생활 감각을 잃게 된다. '생활이 어렵다'는 개념을 '생활을 영위할 수 있는 의욕과 능력이 떨어져 있는 상태'로 판단하고 생활의 전 영역에 걸친 전반적인 계획을 세워야 한다. 이러한 대응은 지금까지 익숙하게 해

왔던 복지 서비스와는 다른 차원에서 접근할 필요가 있다. 따라서 문제해결의 관점을 일상생활의 지원이나 금전적인 생계 지원과 같은 1회성이나 한시적 차원의 '부분 최적화'가 아니라 그 사람이 살아온 삶의 발자취를 포함한 통합적인 생활 전반의 '전체 최적화'를 염두에 두고 예방 대책을 세워야 한다.

다시 스스로 생활을 영위해 갈 수 있도록 생활 감각을 되찾아 주는 서비스를 시작으로, 전반적인 일상생활의 회복을 목표로 한 생활 설계를 대상자와 함께 만들어 간다. 돌봄 제공자는 그들의 옆에서 신뢰를 쌓으며 삶의 의욕을 되찾고 사회적 유대감을 느낄 수 있도록 도와주는 것이다. 앞 페이지의 그림에서 보듯이, 자기방임에서 벗어나기 위해 일상생활 지원을 통한 개입을 시도하고, 모니터링과 주기적인 상담, 교육 프로그램 참여 등을 권유하여 이전의 생활 감각을 찾을 수 있도록 지속적으로 지원해야 한다.

03

지원 거부에 대한
이해와 대응

외로움의 함정에 빠져 고립적 단계에 있는 사람에게 뭔가 도움을 주고 싶어도 마음의 문을 열지 않고, 자신의 상황을 숨기려 하는 사람에게 접근하는 것은 쉬운 일이 아니다. 마음 한 켠에는 저렇게 그냥 놔두면 안 될 것 같은 생각이 들어도 본인이 강하게 거부한다면 어쩔 도리가 없다. 왜 외부의 도움을 거부하는 걸까? 지원 거부의 심리는 무엇이고, 대응책은 무엇인지 생각해 보자.

아무리 좋은 지원 제도라도 사회로부터 고립되어 있는 사람에게 이어지지 않으면 아무 소용 없다. 현장 담당자들은 많은 노력에도 불구하고 얼마 후에 고립 대상자가 고독사로 발견됐다는 소식을 들으면 심한 자괴감을 느낀다. 자기방임의 유형 중 주거 환경의 열악함과 불결, 이웃과의 분쟁이 있는 경우는 긴급성과 우선순위가 높아

바로 행정·복지 서비스의 대상이 되면서 고독사 예방을 위해 적극적인 개입을 할 수 있다. 하지만 개입을 거부한다면 할 수 있는 일이 아무것도 없다. 이때는 이미 심각한 자기방임 상태에 빠졌을 가능성이 높고, 개입 시에도 이미 고독사 상태에 이른 경우가 많다.

　　사회적 고립 문제에 대해 현장에서 복지 서비스나 행정 지원을 제공하는 담당자들이 가장 힘들어 하는 것은 대상자에게 사회적 지원이 연결되지 않는다는 점이다. 공식적·비공식적인 지원을 포함해 다양한 사회적 지원 프로그램이 있지만, 고립 대상자를 발굴하기 어렵고, 막상 발굴하여 도움을 주려 해도 지원을 거부하면 현행 체제에서 개입할 근거가 부족하고 자기결정의 존중이 우선되기 때문에 지원을 받도록 설득하거나 유도하기가 힘들다.

왜 지원을 거부하는 것일까?

도움을 주려고 해도 고립된 사람들은 외부의 지원을 거부하는 경향이 강하다. 특히 자기방임 상태에서는 지원 거부로 인하여 고립이 심화되고 고독사로 연결되는 경우가 더 많이 나타난다. 왜 지원을 거부하는 것일까?

낙인찍기Stigma에 대한 부정적 인식

우선 생각할 수 있는 것은 혼자 사는 사람들은 이기적이거나 성격에 문제가 있을 거라는 편견에 사로잡힌 차가운 시선과 '가난하고 가족에게 버림받은 무능력한 사람'이라고 불쌍하게 바라보는 시선이다. 이런 낙인이 찍히는 것이 싫어 본인이 고립 지원 대상이라는 것을 인정하지 않는다.

낙인은 사회의 규범과 다른 방식으로 생각하거나 행동하는 사람이 소외되고 혐오의 대상이 되는 과정을 말한다. 사회학자 어빙 고프먼Erving Goffman은 지배 질서에 따르는 것을 미덕으로 여기는 사회에서는 모든 사람이 삶의 어느 시점에서 낙인의 고통을 경험한다고 말했다. 사회적으로 낙인은 '차별'이나 '편견'에 해당된다. 질병이나 장애 같은 특정 속성을 가진 사람들에 대해 부정적인 꼬리표를 붙여 차별하거나 삐뚤어진 시각으로 바라보는 것이다.

또 다른 하나는 스스로 고립 상태로 자신을 규정하며 자아에 대한 부정적 인식을 강화시켜 '셀프 낙인Self-Stigma'을 찍는 것이다. 고립자라는 셀프 낙인은 자아정체성에 영향을 미치며, 스스로 지원을 요구하는 것을 어렵게 한다.

성격별 차이

다음으로 지원을 거부하는 이유로 생각할 수 있는 것이 대상자의 성격이다. 사람에 따라서 성격을 이해한 후에 돌봄을 제공해야 한다.

자기 자신에게 어떤 문제가 있다고 인지했을 때, 적극적으로 해결하려는 사람과 그 문제를 회피하려는 사람이 있다. 문제 해결에 적극적인 사람은 다른 사람을 만나 정보를 얻고 도움을 요청하며 심리적으로 위로와 격려를 받기도 한다.

반면에 회피 동기가 강한 사람들은 타인과 정서적 연결이 부족하고 대인관계가 미숙하여 혼자 있는 것을 좋아한다. 그들에게 대인관계는 매우 긴장되고 많은 에너지를 소모하는 행위이다. 그들은 혼자서 음악을 듣거나 책을 읽는 것을 좋아한다. 근본적으로 사람과 접하는 것이 어려운 사람들이다. 특히 회피 동기가 강한 사람들은 사람들과의 정서적 교류를 좋아하지 않는다. 그들은 말을 걸지 않고 담담하게 돌봐주는 방식을 선호한다. 돌봄 제공자 중에는 상대가 웃지 않고 정서적 교류가 부족하다 싶으면 무리하게 다가서는 사람도 있다. 그러나 과잉 관계 만들기는 그들에게는 괴로움이다.

의존하는 것에 대한 부정적 시각

남에게 의존하는 것에 대해 부정적인 생각을 가진 사람도 지원을 거부한다. 어린 시절 부모로부터 스스로 해결하고 책임지는 사람이 되어야 한다는 독립적인 삶의 방식에 대한 가르침을 받은 사람은 의존이라는 단어에 저항감을 갖는다. 남에게 의존하는 것은 그들에게는 패배나 수치와 같은 것이다. '누구에게 의존해서 살아가야 한다면 죽는 것이 더 낫다'라고 생각하는 사람도 있다. 이런 사람들은 자존심을 존중해 줄 필요가 있다. 혼자서 할 수 있는 것은 혼자서 하게 두고, 그 사람이 감당할 수 있는 나름의 지원 방식을 물어보고 그들의 의견을 존중한 지원 계획을 세우는 것이 중요하다.

상황에 대한 부정확한 인식

다음은 자신의 상황에 대해서 정확하게 문제라고 인식하지 못하는 경우이다. 다른 사람이 보기에 분명히 문제가 있어 바로 지원이 필요하다고 생각해도 본인은 태연하게 '아직 괜찮다'라고 대답한다. 이런 경우에는 억지로 지원 동의를 구하기 어렵다. 외로움으로 촉발된 두려움은 사람을 방어적으로 만들고 자기조절 기능을 손상시킨다.

외로움이 장기화되면 왜곡된 사회 인지와 함께 손상된 자기조절 기능 때문에 다른 사람의 의도를 평가할 능력이 부족해지며 다른 사람의 관점을 인정할 가능성이 줄어든다. 이로 인해 자신에 대한 호의를 잘못 판단하여 어떤 저의를 품고 접근한다고 오해하여 지원을 거부하는 경우도 발생한다. 시간이 지나면 주변에 사람들이 남아 있지 않아 외톨이가 되었다고 느끼며 심한 피해의식에 사로잡히게 된다.

현 상황의 변화에 대한 불안과 공포

그다음으로는 본인도 자신의 문제를 알고 있으나 문제 해결 후 상황에 대한 불안과 공포를 느끼는 경우이다. 사회적으로 고립되어 항상 외로움과 불안, 공포를 느끼고 있는 사람은 안정적인 사회적 환경에서도 더 민감하게 생존의 위협을 느낀다. 다른 사람의 관심을 거부하고 공격을 당할 수 있다는 두려움에 사로잡힌다. 불안감이 오랫동안 쌓이면 모든 사회적 관계를 불신하면서 자신이 거부되거나 배제된다고 느끼면 더욱 공격적이고 자멸적이며 비협조적일뿐더러 명확한 사고를 하려는 노력마저 줄어든다.

인지적으로 이렇게 해석을 내리게 되면, 우리의 감정, 사고, 행동을 지휘하는 마음의 기능이 저하되어 방어기제가 작동하기 시작한다. 외로움 때문에 생기는 방어적 사고는 부정적 상황에서 더욱 예민하게 반응하고, 긍정적 상황에서는 정상적인 위안을 받지 못한다. 그러면서 사태가 복잡하게 꼬이기 시작한다. 특히 지원의 손길에 대한 저항이다.

외로움은 부정적 정서이기 때문에 인간이라면 생존을 위해 이를 회피하고 사람과의 관계를 찾아 나서야 한다. 하지만 외로운 사람들이 쓰고 있는 사회 인지의 렌즈를 통해 보면, 다른 사람들은 비판적이고 경쟁심이 강하며 자신을 헐뜯거나 싫어하는 것처럼 왜곡되어 보이기 때문에, 오히려 사람들에게 다가가지 않고 혼자 있는 것을 택한다. 사회성이 부족해지면 흑심을 품은 사람에게 조종당하기 쉬운 상태가 되고, 동시에 공격을 당할 수 있다는 두려움은 다른 사람에 대한 거부감으로 나타난다.

카치오포는 지원 거부를 하는 심리적 현상에 대해 "외로움의 서글픈 아이러니는 외로움으로 인한 두려움의 거부 반응을 그토록 원하던 사회적 유대, 즉 다른 사람에게 보인다는 점이다"라고 말했다.

지원 거부의 유형

고립된 상태에서 주변 환경과 사람들을 왜곡하고 부정적인 감정으로 지원을 거부하는 사람들은 한층 더 고립 상태가 심화되는 악순환을 겪게 된다.

이때 지원을 거부하는 사람들은 다양한 거부의 형태를 보이는데, 지원의 구체적인 거부 '행위'와 그 원인으로 유추되는 현재 처해 있는 '상태'를 통해서 몇 가지 지원 거부 유형을 구분할 수 있다.

행위적 유형

지원을 거부하는 행위로 전면거부형, 입실거부형, 대화거부형의 유형이 있다. 전면거부형은 여러 번 방문해도 본인과 한 번도 접촉할 수 없는 경우로 전화도 받지 않고, 자택을 방문해도 얼굴은커녕 목소리도 듣지 못하는 경우이다. 입실거부형은 현관문도 열어주지 않은 채, '돌아 가라!', '필요 없다!'고 화를 내는 경우이다. 대화거부형은 불쾌한 표정으로 말을 걸어도 대답하지 않고 자기 이야기만 하며 대화가 통하지 않는 경우이다.

상태적 유형 \ 행위적 유형	전면거부형	입실거부형	대화거부형
생활기능 저하형 의욕 저하로 생활기능 저하			
인지능력 편향형 판단력 저하로 인지적 편향과 고집			
상태악화/파멸형 생활 파탄으로 고립, 배제			

지원 거부 유형의 조합

상태적 유형

관찰이나 대면 조사를 통해 파악한 정보를 바탕으로 지원 거부자들의 상황을 생활능력 저하형, 인지능력 편향형, 상태악화/파멸형의 세 가지 유형으로 구분할 수 있다. 생활능력 저하형은 앞서 설명한 ICF 모델에서의 심신 기능 및 일상생활 동작 등의 생활기능이 저하되어 있고 삶의 의욕도 많이 떨어져 있는 경우로, 본인은 생활상의 문제가 없다며 지원을 거부하는 것이 특징이다. 인지능력 편향형은 판단력이 떨어져 있고 사고 편향이 심하며 고집이 세서 생활에 문제가 있다는 것을 알고 있으나 스스로 해결할 수 있다고 주장하면서 지원을 거부하는 경우이다. 상태악화/파멸형은 가장 심각한 상태로 파산, 채무 등으로 신용불량자가 되고 이혼 등 여러 사유로 주변 사람과 연결이 끊어지고 고립 기간이 상당히 오래된 경우로, 스스로가 외부의 지원을 받아도 회복이 불가능하다고 생각하며, 자포자기와 절망감에 빠져 있는 것이 특징이다.

앞 페이지의 표는 지원 거부의 행위적 유형과 상태적 유형을 조합한 표로 대상자의 상황에 따라서 상태적 유형은 중복되어 나타나고 지원 대상자가 어디에 해당하는지를 유출해 볼 수 있다. 이처럼 지원 거부에는 다양한 내용과 장면이 있다. 또한, 이러한 상태적 유형의 경우는 세 가지가 복합적으로 나타나기도 한다. 따라서 분명 외부의 도움이 필요할 것으로 보이는데도 지원을 거부하는 경우는 거부자의 심리적 요인은 물론이고, 전반적인 생활 측면의 정보를 파악하여 이해하여야 한다. 지원 거부는 행위적 유형과 상태적 유형의 조합으로 나타나므로 지원 거부의 유형을 유추하여 대상자에게 적합한 접근 방식 및 지원 서비스 메뉴 등을 제공하여야 한다.

지원 거부자에 대한 정보 파악

지원을 거부하는 사람 중에는 긴급을 요하거나 반드시 외부 지원이 필요하지만 본인의 상태를 스스로 판정할 수 없어 지원 제공자 입장에서는 애를 먹는 경우가 많다. 지원을 필요로 하는 사람 중에는 지역이나 사회로부터 고립되어 있어 스스로 정보에 접근할 수 없는 사람들, 은둔형 외톨이거나 행정기관과 상담하는 것에 대해 심리적인 거부감이 있는 사람도 있다. 따라서 일선에서 고립 가구를 발굴해야 하는 담당자들은 아웃리치(직접적인 적극적 접촉) 지원을 하거나 관계 기관이나 지역주민과 연계할 필요가 있다.

지원이 필요하다고 여겨져 수차례 방문하였으나 대화조차 할 수 없어 대상자에 대한 정보나 현재 상태를 파악하지 못해 기록으로도 남길 수 없어 곤란한 경우도 많다. 일선 현장에서는 이러한 문제를 해결하고자 표준화된 체크리스트를 필요로 하고 있다. 지금까지의 여러 문헌과 해외 사례를 참조하여 학술적으로 검증되지는 않았지만 다음과 같은 항목들을 조사하여 지원 거부자에 대한 정보를 파악할 수 있다.

대상 가구를 방문하기 전에 사전에 확인 가능한 항목이 있다. 예를 들어, 집세나 공공요금의 체납이 있는지, 정기 건강검진을 받고 있는지, 인근 주민들과 교류가 있는지, 보건 복지/장기요양 등의 서비스를 받고 있는지 등이다. 이와 같은 사전 확인을 통해 금전 관리, 건강 관리, 타인과의 교류 상황, 서비스 거부 등을 확인할 수 있다.

전면거부형이나 입실거부형의 경우는 집안으로는 들어갈 수 없다고 하더라도 관찰이 가능한 항목으로 집 밖의 쓰레기 처리 상태, 집의 관리 상태, 악취, 마당이나 화분 관리, 우편함 확인 등을 통해 주택과 관련된 환경 위생 상태의 확인이 가능하다. 또한, 커튼이 쳐져 있는지, 자동차를 사용한 흔적이 있는지를 통해 칩거나 외출 여부 등을 추정해 볼 수 있다.

대화거부형의 경우는 상세한 의사소통을 하지 않더라도 집안에 들어갈 수 있다면 관찰이 가능한 항목은 더 많아진다. 모발이나 손톱 관리, 입고 있는 옷, 악취 등을 통해 신체 위생 상태를 확인할 수 있다. 또한, 시력이나 청력 상태, 보행 가능 여부, 의사전달 능력, 의욕, 건강 상태, 기분 상태, 인지능력, 달력이나 시계 등의 일상 이해력, 의류나 냉난방기기 사용을 통한 계절 감각 등도 확인이 가능하다. 특히 기이하게 보이는 생활 양상이 없는지도 짧은 관찰로 파악이 가능하다.

예를 들어, 옷을 제대로 입지 않고 있는지, 실금을 방치하고 있는지, 상한 음식물을 섭취한 흔적이 있는지, 배설물로 오염된 의류나 침구를 사용하는지 등이다. 그 밖에도 집안의 위생 상태도 어느 정도 파악할 수 있다. 곰팡이가 있는지, 화장실이나 전등, 창호 등의 고장 상태 방치, 쓰레기 방치, 쥐나 바퀴벌레 등의 해충 발생 상태 등도 확인이 가능하다. 방문 시간대나 계절별로도 전등을 켜고 있는지, 계절에 맞게 온도 조절을 하고 있는지, 음식을 조리해서 먹는지도 필수 생활기능에 해당하는 항목이므로 주의 깊게 관찰할 필요가 있다.

위에서 열거한 사전 확인 가능 항목과 관찰 가능 항목(실내/실외)들은 고독사로 발견될 확률이 높은 생명 위기 위험도를 판단할 수 있는 기준이 될 수 있다.

지원 거부자에 대한 대응

지배당하고 있는 감정을 파악

지원 거부자의 심리를 이해하고 대응하려는 자세가 필요하다. 마음은 눈에 보이지 않기 때문에 다양한 방법으로 마음을 이해하려 해야 한다. 먼저 대상자의 표정, 자세, 태도, 몸짓 등을 관찰하고 대화를 통해 마음에 다가가려고 해야 한다.

마음을 이해하기 위해서는 상대의 이야기에 귀를 기울여야 한다. 대화 내용만이 아니라 대화에 대한 반응이나 태도로부터 돌봄 대상자가 어떤 감정에 지배되어 있는지, 어떤 생각을 안고 있는지를 파악한다. 표정이 어둡고 자신감 없는 구부정한 자세와 소심한 몸짓이 관찰되면, '이 사람은 분명 괴로운 일이 있고 부정적인 감정에 마음이 지배당하고 있어'라고 생각할 수 있다. 눈에 힘이 들어가 있고, 눈동자가 크고, 입이 모아져 있으면, '이 사람은 뭔가 화나 있을지 모른다'고 생각하게 된다. 돌봄을 받는 사람의 표정이나 행동을 관찰하는 것만으로 상대가 부정적인 감정에 지배받고 있는지 긍정적 감정을 체험하고 있는지를 순간적으로 알아차릴 수 있다. 그러나 이런 체험으로 상대를 알아차리는 것도 한계가 있다. 뇌에 어떤 장애가 있거나 심리적 스트레스가 작용하여 정신장애가 생긴 경우는 전문적인 지식이 필요하다.

돌봄을 받는 사람의 마음을 이해하려는 노력을 보여줄 때, 대상자는 타인에게 이해받고 공감받는다고 느끼게 된다. '상대의 입장에 서서'라는 말은 흔히 하지만 간단하지 않다. 상대의 입장에 서기 위해서는 상대와 같은 체험을 여러 번 해보았거나 예리한 감성이 필요하다.

마음 돌봄을 전문적으로 하는 사람 중에는 과거 사춘기 시절 힘들었던 경험이 있거나 가족 중에 마음이 병든 사람이 있어 대상자에 대한 이해나 공감의 밑바탕이 있는 사람도 있다. 자신과 가족을 통한 체험을 바탕으로 대상자의 마음에 다가가는 것이다. 대상자의 마음에 접근할 수 있는 것은 불안, 낙담, 슬픔 등을 안고 있는 대상자의 상태를 자신의 경험을 통해 공감할 수 있어서다.

단, 아무리 입장을 바꿔 봐도 이해가 되지 않고 그 어떤 말로도 내 뜻이 전달되지 않거나 상대의 마음에 강한 변화가 생기는 경우가 있다. 이런 경우에는 각 분야의 전문가와 연계하여 다각적으로 접근할 필요가 있다

거부 의사도 받아들여야

지원 거부는 돌봄 제공자의 입장에서 보면 곤란한 상황이지만, 대상자의 의사 표현이기 때문에 '거부'를 탓하면 안 된다. 지원을 거부한 대상자를 이해하려면, 잘 관찰하고 이야기를 경청하려는 자세가 필요하다. 거부를 인정하고 그 배경과 이유를 이해하려는 과정을 통해 관계를 구축하고 "도와드려도 될까요?"와 같은 신중한 속도 조절이

필요하다.

　이미 인생의 부정적 사건, 사회적 배제 등으로 외로움의 함정에 빠져, 배반감, 분노, 슬픔, 죄책감, 무기력, 자포자기 등의 연속적인 부정적 감정 경험을 해 왔기 때문에 피해의식과 자책감이 심할 수 있다. '누군가에게 혼나고 있다, 나를 나쁘게 생각하는 것이 틀림없다, 뭔가 음모가 있는 것이 아닐까'와 같은 피해의식과 '내가 다 나쁘다, 나에게 문제가 있다, 모두에게 미안하다'와 같은 자책감이 마음속에 자리 잡고 있는 경우가 많다.

　따라서 무리하게 지원을 권유하지 말고 정기적인 연락과 방문을 통해 지원하고자 하는 마음을 전달하면 그런 예측 가능성 속에서 상대방은 안정감을 가질 수 있다. 중요한 것은 '상처를 입히기 위해 온 것이 아니다'라는 의도가 상대방에게 전해지는 것이다. 그러기 위해서는 시간을 들일 필요가 있다. 여러 번 방문했다고 해서 갑자기 집안에 들어가려 하거나 필요 이상의 말을 하지 않도록 한다. 거부감을 심하게 갖고 있는 사람들은 담당자가 세상 다정한 톤으로 말을 걸어도 불신감이 있을 때는 상대를 위험한 인물로 간주한다. 상처를 주지 않도록 시간의 축적을 통해 안심감을 갖게 해야 한다. 결국, 신뢰란 시간의 경과에 의해서 형성된다. 강하게 거부해도, "다시 올게요!"라고 약속을 계속하는 것이 중요하다. 시간을 믿는 것이 신뢰를 형성할 수 있는 최종 비법이다.

　신뢰 관계 구축을 위해서는 지원을 거부하는 당사자의 의사를 존중하면서도 정기적인 방문을 계속하여 지원하려는 측이 신경 쓰고 있다는 표시를 할 필요가 있다. 이를 통해 연락 루틴을 만들어 약속을 지키는 자세를 지속적으로 보여주어야 한다. 담당자 측에서 일방적으로 개입하는 것이 아니라 서로의 관계와 사회적 네트워크의 구축을 통한 지원이 되도록 해야 한다.

신뢰 관계의 구축

거부의 근본적인 원인을 파악하고 주변의 키퍼슨key-person(영향력이 있거나 실태를 잘 아는 주변 인물)을 찾아내어 접근을 시도해 볼 수 있다. 또한, 지역주민으로부터 완전히 소외당하지 않도록 배려하는 것도 필요하다. 어느 정도 신뢰 관계가 형성되면 자신의 상황을 스스로 이야기할 수 있도록 유도하고 여러 가지 지원책 중에서 무엇을 선택할지 결정할 수 있도록 자율성을 부여한다. 일단 어려움을 해결하기 위해 약간의 도움을 받아들이게 한다. 이때 가능한 모든 절차와 선택지는 스스로 결정하도록 한다. 혼자서 할 수 있는 것은 하게 두고, 의견을 존중한 지원 계획을 세우는 것이 중요하다.

지원을 거부하는 사례를 보면 자존심이 강해 비참한 모습을 남에게 보이기 싫고 간섭 받기 싫으며 자신의 생활 패턴을 깨고 싶지 않다는 사람이 많다. 사람들은 '좋은 점만 보여주고 싶다', '약점은 보이고 싶지 않다'는 생각에서 일부러 더 강한 태도를 보이며 큰소리를 치는 경우가 있다. 강한 자존심은 그 사람을 지탱하는 강한 힘이기도 하기 때문에 그 사람이 자신의 생활을 회복시키는 데에 있어서 중요한 열쇠가 된다. '거부'라는 자기주장이 강할수록 자기결정의 심리를 이용하여 스스로 동기를 가질 수 있도록 할 수 있다.

지원을 거부하는 사람에게는 물질적 지원보다는 사람에 대한 신뢰감을 갖게 하는 것이 우선이다. 이때 지원의 관점을 '일상생활이나 생계 문제해결'에 두기보다는 '지원이란, 자신의 삶을 영위해 나갈 수 있도록 도와주는 것'이라고 거듭 인식시킬 필요가 있다. 일상생활 속에서 아무도 신경 써주지 않던 자신의 문제를 해결해 주려는 사람과 만난다는 경험이 주는 안도감이 신뢰 관계로 이어진다. 거부하는 사람의 경계하는 마음의 벽을 하나하나 허물어 가면서 거부라는 표현을 '적절한 요망'으로 바꿔 주체적으로 서비스를 사용하게 하여 생활을 점차 회복해 나갈 수 있도록 한다.

잃어버린 생활 감각 되찾기

거부의 경계 수위가 낮아져 지원을 시작하게 되면, 대상자의 관심사나 건강 상태, 생활 실태를 파악하는 것부터 시작한다. 대상자가 가장 고민하고 있는 것, 가장 골치 아파하는 것부터 함께 해결해 나간다. 예를 들면 전구 교환, 지붕 수리, 화장실 수리, 문짝 고장, 창문/망 수리 등이다. 이런 것들은 그다지 중요해 보이지 않아도 매일 생활 속에서 몸으로 느꼈지만 그동안 스스로 해결하지 못해 매우 곤란했던 것들이다.

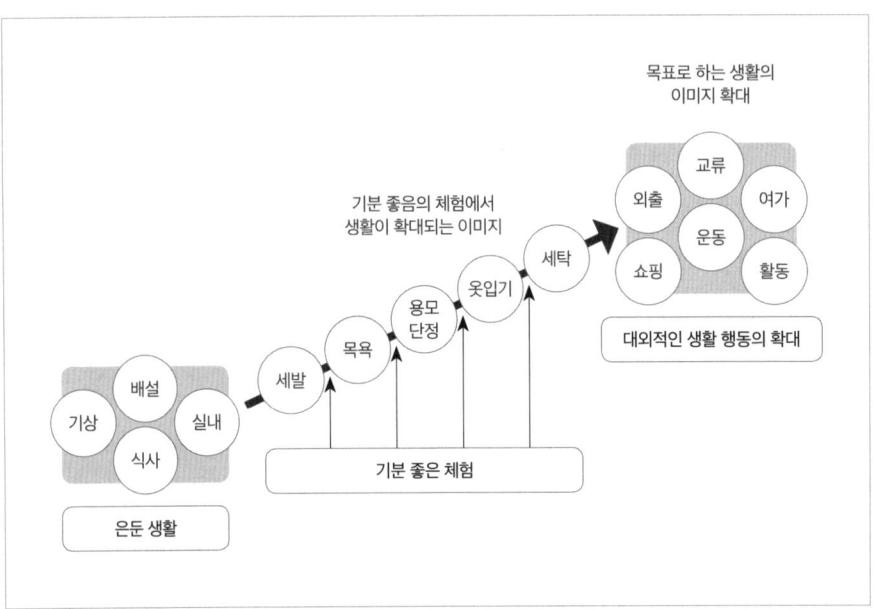

기분 좋은 체험을 통한 일상생활의 회복
(출처: "ソーシャル・キャピタルを活かした社会的孤立への支援")

　우리의 생활은 항상 눈앞에 닥친 소소한 과제와 목표를 가지고 성립한다. 예를 들어, '저녁 식사 준비를 위해 장을 보고, 주말에는 이불 빨래와 선풍기를 꺼내 놓고 다음 주에는 머리를 하러 미용실에 가야지'라는 식으로 당면한 과제, 예정, 목표 등 정기적인 과제와 계절별로 예측가능한 목표 안에서 생활을 계획하며 살아간다. 이러한 일상의 행위를 통해 자신의 위생 및 영양·건강 관리, 금전 관리, 주택 관리, 인간관계의 관리 등이 이루어지고 자신의 삶을 꾸려가게 된다. 그러나 일상생활의 루틴이 깨져버린 고립적 단계에서는 당면한 생활

과제나 예정, 목표가 보이지 않는다. 즉 단조로운 시간을 보내고 있을 뿐 생활의 통합성을 잃어가고 있는 것이다. 따라서 이들을 지원할 때는 생활상의 어디에 우선적으로 중심과 비중을 둘 것인지를 고려해야 한다.

고립적 단계에 있으면서 지원을 거부하는 사람은 자신의 삶을 영위해 가는 것이 벅차고 힘든 사람이라고 이해하고, 그들이 자신의 생활을 재건하는 과정에서 목표로 삼는 생활의 모습을 상상할 수 있도록 지원하는 것이 중요하다. 기분 좋은 체험을 권해가는 과정에서 자신의 생활 이미지를 밝게, 그리고 삶의 의욕을 불러일으키도록 지원하는 것이다. 생활 이미지의 회복과 재건은 자신의 생활을 다시 그려내고 앞날을 전망하는 힘이 있어야 하기 때문이다. 대상자 스스로 일상생활의 방식을 되찾고, 살아갈 이유와 의욕을 회복해 가는 과정을 조용히 지켜보는 것이 거부자의 자립을 지원하는 과정이다. 그것은 정갈한 한 끼 식사일 수도 있고, 오랜만의 면도, 머리 손질, 목욕, 세탁된 옷을 입는 것, 깨끗하게 세탁된 이불과 침대 시트, 따뜻하고 신선한 공기가 흐르는 방, 자기를 좋아해 주는 사람과의 대화일 수도 있다.

여기서 중요한 것은 대상자의 몸짓, 표정에 대해 '맛있었어요?, 개운하지요? 잘 주무셨어요? 좀 편해지셨어요? 와 같은 공감적인 태도를 보이면서 본인이 느꼈던 기분 좋음의 체험이 확실히 의식화될 수 있도록 하는 것이다. 대상자가 기분 좋은 체험을 의식적으로 쌓아나감으로써, 잊어버렸던 생활 감각을 불러일으켜 서서히 생활의 이미지를 형성해 나갈 수 있다.

외로움의 함정에 빠져 지속적으로 경험하는 괴로움, 불안, 전망의 부재와 같은 부정적인 이미지들은 반복된 체험을 통해 형성된다. 이를 극복하기 위해 다양한 '상처'를 경감함으로써 생활에 대한 긍정적인 실감을 불러일으키고, 부정적인 이미지를 긍정적인 이미지로 전환하는 것이 필요하다. 포기하고 있던 소망과 희망이, 지원자와의 연결 속에서 '실현 가능할 수도 있겠구나'라고 느낀 순간을 계기로 생활 의욕이 회복되고 생활 개선으로 이어진다. 지원을 통한 작은 변화를 '기분이 좋다'고 느끼게 한다. 이러한 작은 성공의 누적 경험은 스스로에 대한 신뢰감과 더 큰 성공으로의 도전을 가능하게 한다.

04
사회적 연결 만들기

앞에서 소개한 ICF 모델이 삶의 질에 대해 말하고자 하는 것은 심신의 건강은 물론, 일상 활동이 제한을 받지 않고 사회 참여가 가능하여, 생활기능이 제대로 작동되어야 한다는 점이다. 반대로 장애를 갖거나 사고를 당하거나 사회적 배제로 참가가 제한되면 생활기능이 제대로 작동하지 않아 삶의 질이 떨어진다. ICF 모델의 특징은 건강에 영향을 주는 주요 요인으로 '환경 인자'라는 관점을 추가한 것이다. '환경 인자'는 사람들이 생활하고 인생을 보내는 물리적 환경이나 사회적 환경, 사람들의 사회적인 태도에 따른 환경을 구성하는 것이다.

    ICF 모델에서는 고립을 주로 환경적 요인과 참가 제한의 관점으로 분석할 수 있다. 예를 들어, 물리적 환경(교통 수단의 부족, 접근성의 문제 등), 사회적 태도(차별, 낙인 등), 정책적 환경(복지 시스템의 부족 등)이 개인의 사회적 참가를 제한하고, 결과적으로 사회적 고립을 유발할 수 있다. 외로움이나 고립은 주위의 사람들과 연결고리가 적거나 없는 상태이다. 이는 감정적 지지나 사회적 상호작용의 부족으로 인해 심리적, 정서적, 신체적 건강에 부정적인 영향을 미칠 수 있다.

그런 측면에서 ICF 모델은 사회적 고립을 다각도로 분석할 수 있는 유용한 틀을 제공한다. 이를 통해 사회적 고립의 원인을 파악하고, 그에 대한 맞춤형 개입을 설계하여 개인의 삶의 질을 향상시키는 데 중요한 역할을 할 수 있다.

사회적 처방

사회경제적 인자와 환경이 건강 상태에 미치는 영향이 크다는 것이 분명해지면서 외로움이나 사회적 고립과 같이 기존의 제도적 틀로는 해결하기 어려운 과제 대책 방안으로 사회적 처방 Social prescribing이 등장했다. 사회적 처방을 실시하게 된 배경에는 의학적인 치료와 더불어 환자가 안고 있는 사회적 과제에 대한 대응이 필요하다고 생각하게 된 점을 들 수 있다.

환자의 건강 상태는 개인적 요인 외에도 사회적 고립, 고용, 금전 문제 등 다양한 요인에 의해 영향을 받는데, 이는 의료 종사자에 의한 전통적 진료의 범위를 벗어나고 있다. 소득이나 사회와의 연결 등 건강에 영향을 준다고 생각되는 사회적 요인을 건강의 사회적 결정요인Social Determinants of Health이라고 하는데, 최근에는 기존의 신체적 요인보다 건강에 미치는 영향이 더 큰 것으로 밝혀지고 있다.

하지만 사회적 요인에 대한 대처는 나라마다 다르고, 세계 표준도 없으며, 이 정책에 대해 유효성과 지속성의 관점에서 충분히 검토되지 않은 측면도 있다 보니, 나라마다 의료제도나 문화가 다르기 때문에 대책의 형태는 다르게 나타날 것으로 보인다. 사회적 처방은 정신적 어려움을 호소하는 환자에게 약물 위주의 치료가 아닌 사회활동 참여를 제공하는 서비스이다. 영국처럼 의료적 개입으로 이루어지는 경우는 의사가 처방을 결정하면 링크 워커link worker라는 활동가가 환자에게 맞는 프로그램을 찾는 식으로 이루어진다.

더 포괄적으로 표현하면, 사회적 처방이란 '연결고리가 약해진 사회와의 연결고리를 처방한다'는 말이다. 사회적 처방의 목적은 고독이나 빈곤의 문제를 해결할 수 없는 의료기관과 해결책을 가진 다양한 지역 조직을 연결하는 것이다. 즉 의사가 의학적 처방과 더불어 환자의 장기 만성적 증상(천식, 당뇨병, 고혈압 등), 정신건강, 고립과 외로움 등에 대한 대응으로, 필요에 따라 환자를 지역 활동이나 서비스로 연결하여 환자의 건강과 웰빙(심신도, 사회와의 관계도 좋은 상태일 것)을 향상시키는 것이 사회적 처방의 최종 목표이다.

영국의 사회적 처방

영국 정부는 2016년부터 공적 의료보험 제도인 NHS를 통해 외로움에 대한 사회적 처방을 적용하였다. 주치의GP, General Practitioner들은 사회적 처방이 필요하다고 판단되면 지역의 사회적 처방 활동가인 링크 워커와 연계하여, 외로운 사람의 니즈에 맞는 지역 활동에 참가하도록 권유하거나 필요한 서비스를 받을 수 있도록 처방해 주고 있다.

영국의 경우, GP에게 오는 환자의 20%가 사회적 요인, 40%가 정신건강 요인, 나머지가 응급의료가 필요한 사람이라고 한다. 즉 환자의 건강을 관리하는 능력은 사회적 고립, 고용, 금전 문제 등 다양한 요인에 의해 영향을 받는데, 이는 전통적 의료 범위를 벗어나는 것이다. 영국이 2018년 10월에 발표한 고독을 해결하기 위한 정부의 전략인 'A strategy for talking loneliness'의 내용을 보면, 외로움을 느끼는 사람들이 필요로 하는 적절한 지원을 받지 못하고 있을 가능성이 있다고 지적하고 있으며 하나의 해결책으로 사회적 처방을 보편화하겠다고 발표하였다.

영국의 경우, 링크 워커를 주목하여 살펴볼 필요가 있다. 외로움과 같은 사회적 과제를 해결하기 위해서는 그 대상을 발견하는 것이 중요하며, 그 다음은 그들의 니즈에 맞춘 적절한 서비스와 연결을 해주는 것이다. 또한, 지역에 따라 주민의 니즈와 활용 가능한 지역의 서비스 자원이 다르기 때문에 지역에 따라 다양한 사회적 처방 체계가 존재한다. 기본적인 사회적 처방 체계는 처음에 사회적 과제를

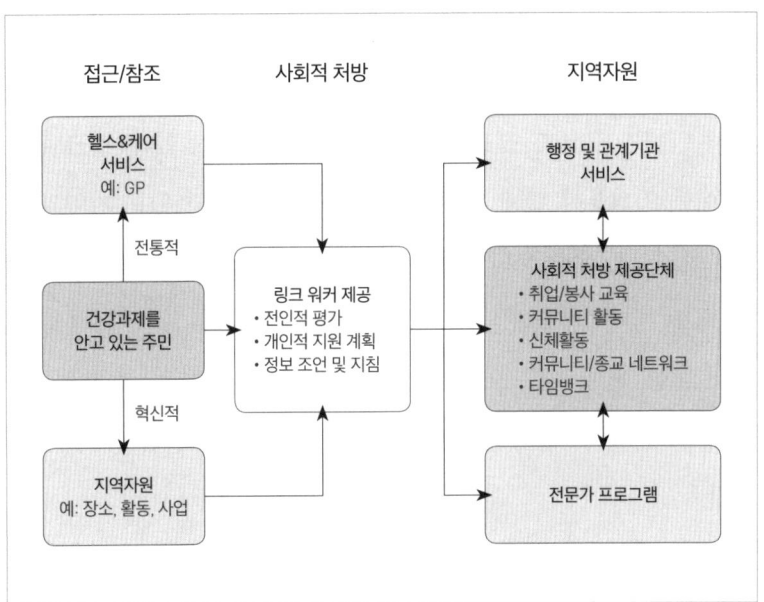

사회적 처방의 구조 및 관련 요인
(출처: Healthy London Partnership, 'Social prescribing Steps towards implementing self-care -a focus on social prescribing', 2017)

안고 있는 환자를 발견하여 소개하는 GP 등의 의료 종사자, 그들에게 적절한 지원을 연결하는 링크 워커, 활동이나 서비스를 제공하는 지역의 자원봉사 조직 및 사회적 기업 등의 세 가지이다.

링크 워커는 의료 전문직이 아니며, 특별한 자격이 필요하지 않다. 전문 지식을 보유하지 않았더라도 자원봉사자도 연수나 훈련을 통해 링크 워커가 될 수 있다. 링크 워커는 GP에게 직접 고용된 경우와 지역의 자원봉사 커뮤니티 그룹이나 사회적 기업 등의 제3자와의 계약을 통한 간접 고용의 두 가지 형태가 있다.

링크 워커는 환자에게 지역의 자원봉사 단체 등에서 제공하는 활동과 서비스를 소개한다. 영국의 민간 비영리 성격을 가진 자원봉사 단체는 규모도 크고 매우 활발하게 운영되고 있다. 링크 워커는 이들 자원봉사 단체 외에도 다양한 활동을 하고 있는 지역의 노동조합, 정당, 각종 모임 단체와 환자를 연계하고 있다. 이러한 단체의 대표적인 지역 활동과 서비스로는 친구 맺기Befriending, 워킹 클럽, 댄스 교실, 원예 치료, 요리 교실, 예술 활동, 봉사 활동, 금전·인간관계·주거 문제에 대한 상담 서비스 등 다양한 프로그램이 제공되고 있다.

일본의 고독·고립 대책

일본은 고독·고립 문제를 사회 전체가 대응해야 하는 문제로 인식하며 '예방'이 중요하다고 강조하고 있다. 이에 대한 대책으로 관련 행정기관, 특히 기초 지자체를 중심으로 고독·고립 대책의 추진 체제 정비와 지역사회 자원 등의 활동을 지원하고 민·관·비영리단체 등과의 제휴를 강화하겠다고 밝히고 있다. 이에 따라 2022년 2월에는 '고독·고립 대책 민관 연계 플랫폼'을 설립하여 전국적인 상담 지원기관과 비영리단체의 연계를 바탕으로 고독·고립 대책에 관한 전국적인 보급 활동, 정보 공유 및 상호 계몽 활동 등을 전개하고 있다.

고독·고립 대책과 관련된 비영리단체에 대한 지원은 크게 다섯 가지로, ①아동의 거처 마련(내각부), ②여성 위주의 상담 지원(내각부), ③생활빈곤자 지원·자살방지 대책(후생노동성), ④푸드 뱅크·어린이 식당 등에 대한 음식 재료 제공 지원(농림수산성), ⑤주거 지원(국토교통성)이며, 항목별로 예산을 배분하여 안정적이고 지속적인 지원을 약속하고 있다.

  내각부의 고독·고립 관련 사이트에는 고독·고립 대책에 참여하는 130개 이상의 비영리단체의 활동이 소개되어 있고, 현재도 계속 사례를 발굴하여 공개하고 있다. 이들 단체의 활동 내용은 다양한데 고민에 맞는 상담 업무뿐만 아니라 빈곤 대응 자립 지원이나 어린이 식당 지원, 푸드 뱅크 추진, 취약계층에 대한 한부모 가정 지원, 가정 내 폭력 피해자 지원, 무의탁 청소년 보호, 장애가 있는 사람들의 사회 참가 및 취업 지원, 성소수자 지원 등이 있다.

  사회적 처방과 관련해서 일본은 영국과 같은 GP 시스템이 없어 사회적 처방의 획일적인 제도를 운영하기에는 한계가 있다. 또한, 일본은 영국과 달리 의료수가를 대금지급제(환자를 진찰할수록 의료기관의 수입이 증가하는 진료수가 제도)로 운영하고 있어서, 의료기관의 경영 관점에서 사회적 처방에 의해 환자가 줄면 수가도 줄어들어 재정면에서의 이점이 없다.

  한편, 고령화 문제가 심각한 일본에서는 이미 법적인 뒷받침이 있는 '지역 포괄 케어 시스템(우리나라의 지역사회 통합돌봄에 해당)'이나 '지역 공생 사회 만들기'의 일환으로 다직종 연대를 통해 질병의 사회적 요인에 대한 대처를 진행하고 있어, 별도의 사회적 처방 제도

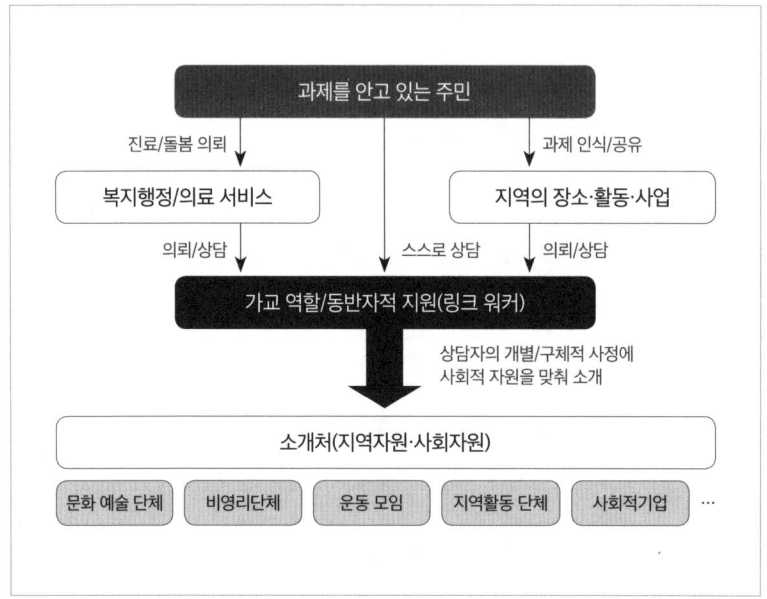

사회적 처방 이미지
(출처: 三十三総研, 孤独·孤立問題の現状と対応に向けた取り組み. 2023)

를 운영하기보다는 기존 제도를 강화하는 편이 합리적이고 현실적이라는 의견도 있다.

　　사실 일본에서도 사회적 처방이라는 말이 생기기 훨씬 전부터 유사한 활동을 하고 있었다. 의료 종사자들이 당연한 일이라며 해 왔던 것이다. 일본에서는 2010년대 중반부터 '사회적 처방'과 '사회적 처방전'이라는 이름으로 활동한 사례를 볼 수 있으며, 2018년에는 1차 의료기관 연합학회에 '건강의 사회적 결정요인 검토 위원회'가 설치되어 사회적 처방을 소개하고 있다.

이에 더해 2021년에 발표된 고독·고립 대책 항목에 '사회적 처방의 활용'이라는 방침이 나와 있으며, 2021년부터 후생노동성이 '보험자와 주치의 등의 협동에 의한 가입자의 예방 건강 만들기 사업'으로서 3년간 16건의 사회적 처방 시범사업을 실시했다.

또한, 각 지자체들 역시 영국의 링크 워커와 같은 사회적 처방을 제공하는 인력 양성, 직접 참여가 가능한 예술 활동, 남성들의 참가 촉진 사업 등 지역 특성에 맞는 다양한 사업들을 진행하고 있으며, 각 사업별로 사회적 처방 사례집을 공개하고 있다.

하지만 일본에서 사회적 처방을 공적인 제도로 도입할 것인지에 대해서는 아직까지 결정된 바는 없다. 일각에서는 의료 중심의 사회적 처방에 대한 반대 의견도 나오고 있다. 현재 눈에 띄는 움직임으로는 고독·고립과 관련된 각 지역의 사회자원을 적극적으로 수집하여 리스트를 작성하고 있다는 점이다. 세부 내용으로는 사회적 처방의 소개처로서 사회자원을 발굴하여 각 단체의 운영 방식 및 서비스 제공 주체, 링크 워커의 역할을 하는 담당자 등에 관한 정보를 수집하여 사업의 지속 가능성을 검토하고 있다.

영국과 일본의 사회적 처방 사례

남자들의 오두막 Men's Shed — 영국

대부분의 남자들은 사람과 관계를 맺을 때 어떤 매개, 사물, 경험 등이 필요한 경우가 많다. 같이 스포츠를 하거나 게임을 하는 등 어떤 물리적인 매개체를 필요로 한다. 하지만 여자들은 그러한 매개체 없이도 관계를 만들 수 있고, 몇 시간이나 전화를 하거나 차를 마시면서 끝없이 수다를 떨 수 있다. 드라마 이야기, 시댁이나 남편의 욕, 자녀에 대한 자랑과 걱정 등, 대화 소재는 다양하다. 한편, 남자들의 관계 사이에는 취미생활, 스포츠, 혹은 일에 관한 이야기가 있다.

이처럼 남성은 일반적으로 여성보다 사회적 관계를 구축하는 데 어려움을 겪고 있고, 모든 남성이 그런 것은 아니지만 일부 남성들은 친구 네트워크가 없고 건강과 걱정에 대한 개인적인 고민을 거의 공유하지 않는다. 특히 실직이나 은퇴가 다가오면 개인적 정체성과 목적이 사라진 것처럼 느껴질 수 있다. 'Men's Shed'는 이러한 남자들의 사회적 관계 형성의 어려움에 대한 지역 커뮤니티로써의 역할을 하고 있다.

1990년대 중반 호주에서 시작된 'Men's Shed'는 퇴직한 남자들의 작은 커뮤니티였다. 이 모임을 처음 만든 호주의 사회혁신가 맥신 체이슬링 Maxine Chaseling은 은퇴한 남자들의 경우 커뮤니티에 참여하기를 꺼리고 사회적으로 단절된 생활을 하는 점이 건강에도 악영

(출처: 'UK Men's Shed Association' 홈페이지(https://menssheds.org.uk/sheds/)

향을 미친다고 생각했다. 체이슬링은 오랜 시간 수다를 떠는 여자들과는 달리, 남자들은 일을 하면서 나누는 표면적인 대화가 더 편안하고 친근한 분위기를 조성한다는 것을 알았다. 그는 "여자들은 얼굴을 맞대고 말하지만, 남자들은 어깨를 맞대고 이야기한다"라고 하며, 남성들이 모일 수 있는 아지트가 필요하다고 생각하여 목공을 하는 오두막을 만들었다.

시간이 지나자 그가 만든 오두막은 남성들의 피난처가 되었고, 20년간 호주 전역에 약 1100개의 'Men's Shed'가 생겨났고, 뉴질랜드, 아일랜드, 영국, 캐나다, 최근에는 유럽과 미국까지 퍼져서 2020년에는 전 세계적으로 약 2000개의 'Men's Shed'가 생겼다. 실제로 하는 일은 반려견을 위한 개집을 만들거나 야생조류의 새집, 벌통 만들기 등이며 때로는 지역 아이들과 함께 하기도 한다. 또, 가구 수리나 자전거 수리 등, 그야말로 지역에 필요한 활동을 하는 커뮤니티이다. 최근에는 원예, 컴퓨팅, 전자 제품 등도 포함되었다.

영국에서는 2013년경부터 급속히 늘어나 'UK Men's Shed Association'가 생겼고, 현재 500개 이상의 소그룹이 있으며, 이용자는 1만 2000명 이상이라고 한다. 현재 영국에서 사회적 처방의 일환으로 지역에서 활동하고 있다.

Community Navigation — 영국

'Community Navigation'은 영국의 브라이튼 앤 호브라는 도시에서 2014년 8월부터 시작된 사회적 처방 서비스이다. 자선단체인 Impetus에서 운영하고 있다. Impetus는 외로움을 느끼고 있는 사람, 고령자, 장애 또는 정신 불안정이나 질병으로 인해 사회적으로 고립된 사람들을 지원하는 자선단체로 사회적 고립의 감소 및 건강과 웰빙의 향상을 위해서 사람들을 연결하는 것을 사명으로 하고 있다.

Impetus의 운영자금은 정부의 지원금이나 기부 외에 서비스 계약을 통한 위탁 기관의 자금 지원 등을 통해 조달되었지만 자금 조달의 불안정성은 큰 과제였다. 2018년 8월 영국 정부는 외로움 대책으로 전국의 23개 사회적 처방 프로젝트에 대해 450만 파운드를 지원할 계획을 공표했는데 Impetus도 선정되었다.

Impetus의 지원을 받는 'Community Navigation'은 직원 외에 자원봉사자인 링크 워커를 활용하고 있으며, 이 지역에 있는 35개

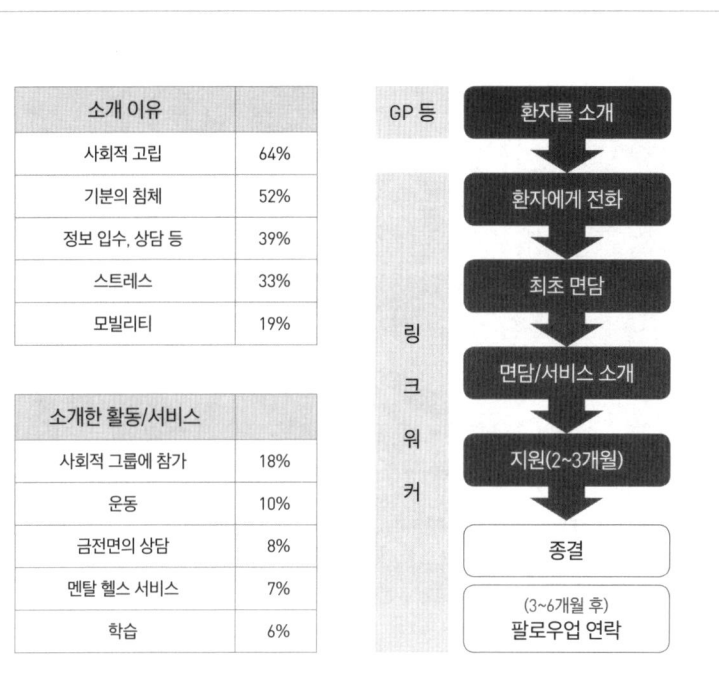

소개 이유/활동 및 지원의 흐름
(출처: Brighton & Hove Impetus, 'Social prescribing in Brighton & Hove: Interim evaluation & service', update April-September 2017)

의 GP와 제휴 관계를 맺어 18세 이상의 주민 중 사회적 처방이 필요한 사람들을 대상으로 서비스를 제공하고 있다. 'Community Navigation'의 대표적인 서비스는 사회적 고립과 외로움, 경도에서 중간 정도의 정신건강, 우울, 불안, 금전·주거·사회복지 문제, 운동·건강한 생활, 간병인 및 모빌리티 지원 등이다.

링크 워커는 환자의 개별적인 니즈에 맞추어 Community Na-

(출처: Open Age(https://www.openage.org.uk/))

vigation의 자원봉사 부문이 제공하는 활동이나 서비스를 환자에게 소개한다. 환자에게 소개하는 활동이나 서비스의 종류는 사회적 그룹 참가, 운동, 금전 문제 상담이 상위를 차지하고 있다.

Open Age — 영국

'Open Age'는 영국 런던 중심부의 켄싱턴에서 운영하는 복수의 센터에서 고령자를 대상으로 한 다양한 액티비티 프로그램을 20년 넘게 제공하고 있는 자선단체이다.

'Open Age'는 공적 섹터와 시민들의 기부금으로 운영되는 자선단체로, 런던 중심부에서 매주 400개의 철학, 시사 문제, 아트 클래스, 몸을 움직이는 액티비티, 건강 강좌 등의 프로그램을 제공하고 있으며, 1500명 이상의 고령자가 참가하고 있다. 제공 장소는 커뮤니티 센터, 레크리에이션 센터, 교회, 도서관, 자체 액티비티 센터로 자원봉사자가 강사로 활동하는 경우가 많다.

자선단체인 'Open Age'의 목표는 노인들이 독립적인 생활을 유지하고 지역사회와의 연결을 강화하는 것이다. 이 단체의 주요 활동은 고립·고독을 방지하고 건강과 웰빙의 증진 및 예방이다. 예를 들어 이 단체에서 활동하고 있는 자원봉사자는 대상자와 1대1로 만나 그들이 자택이나 지역사회에서 재활 운동에 참가하도록 독려한다. 자원봉사자는 운동 계획을 처방받은 노인들이 잘 따르도록 지원하고 동기 부여를 하며, 재활 운동을 통해 자신감을 키울 수 있도록 도움을 준다.

Well-being Star — 영국

영국의 의료 커미셔닝 그룹CCG, Clinical Commissioning Groups에 소속된 진료소의 전자 진료기록 카드에는 특별히 주의가 필요한 사람을 CCG 내의 링크 워커에게 소개하는 시스템과 환자의 생활 상황이나 본인의 희망 등 링크 워커와의 면담 내용이 기록된 시트가 있다.

잉글랜드 동북부에 있는 North East Lincolnshire CCG나 이스

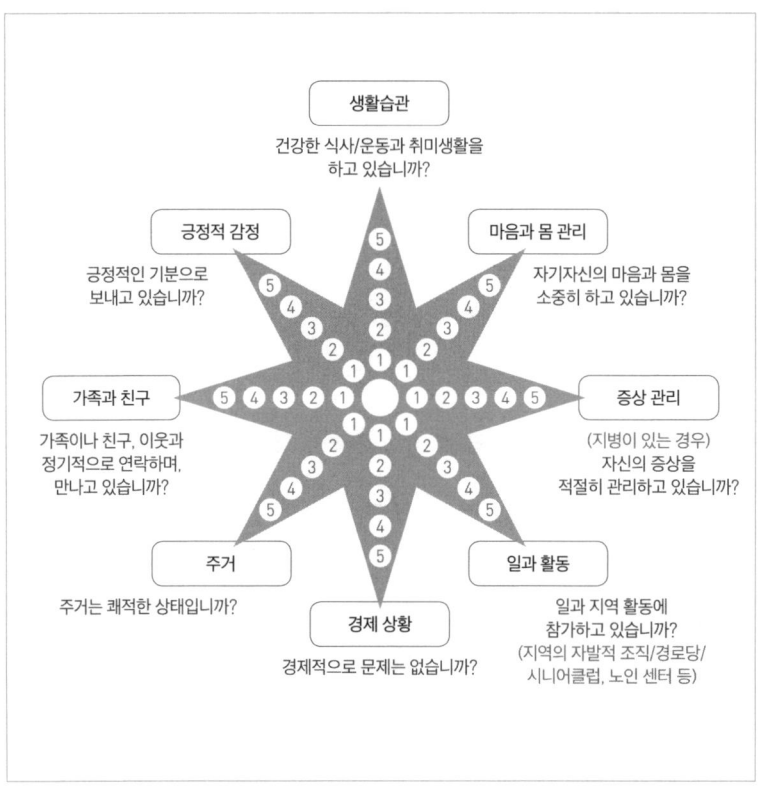

Well-being Star(=사회적 처방전)
(출처: 일본 돗토리현 보험자 협의회 홈페이지)

트 런던의 Hackney and City CCG에서는 사회적 처방 도구로 'Well-being Star'라는 사정 도구를 활용하고 있다. 'Well-being Star'는 생활습관, 마음과 몸 관리, 증상 관리, 일과 활동, 경제 상황, 주거, 가족·친구, 긍정적 감정 등 8개 항목에 대해 환자가 자기 평가를 하고, 그 결과를 바탕으로 면담을 통해, 본인이 원하는 사회와의 관계를 함께 찾아보는 도구이다.

한 사람의 웰빙을 관리하고 지원하는 것은 어느 한 기관에서 할 수 없기 때문에, 신체 건강 관리를 하는 병원, 생계 지원 대응이 가능한 행정 복지센터, 지역과의 연결을 조정할 수 있는 사회복지협의회, 일상의 소소한 도움을 줄 수 있는 이웃 등, 여러 조직이나 사람과의 연결이 필요하다. 이 지역에서는 본인이 작성한 'Well-being Star'를 병원이나 지역의 유관 단체에 보여주고 면담을 통해 당사자가 원하는 웰빙을 위해 담당자와 함께 생활 방식을 디자인해 나간다.

일본의 돗토리현은 2021년부터 2년간 실시한 사회적 처방 시범사업에서 영국이 사용하고 있는 'Well-being Star'를 일본어로 번역해서 사회적 처방전으로 사용했다. 이 시범사업에서는 의료 현장에서 활용하였기 때문에 질병이나 의료에 관한 요소가 강화된 앞의 그림과 같은 8개 항목으로 구성되어 있다.

우리 동네 보건실暮らしの保健室 — 일본

'보건실(양호실이 1999년부터 보건실로 변경됨)'이라고 하면 건강이나 생활에 대해 상담해 주는 고마운 장소로 누구나 학생 시절에 한 번쯤 신세를 졌을 것이다. '우리동네 보건실'은 학교가 아닌 동네 안에 있는 보건실이다. 지역 사람들이 부담 없이 들러 고민을 이야기하거나 건강 상담을 하면서 사회와 편안한 연결고리를 만들어 내려는 의도로 생긴 곳이다.

(출처: 우리동네 보건실(https://kuraho.jp)

지역 주민들이 자주 오가는 골목 어귀나 상점가에 설치된 '우리동네 보건실'은 정신적인 고민이나 생활상의 문제에 대해 누군가에게 상담하고 싶을 때, 아프지는 않지만 건강에 대해 궁금한 것이 있을 때, 차를 마시며 다른 사람과 이야기를 나누고 싶을 때 자연스럽게 들를 수 있는 곳이다. 간호사나 의사 등의 의료 전문가가 있는 원스톱 상담 창구이며, 아늑한 분위기의 카페처럼 편안하게 휴식을 취하고 체조나 요가를 배울 수 있으며 작은 강연회가 열리기도 한다.

'우리동네 보건실'이 만들어지게 된 계기는 방문 간호가 제도화되기 전부터 일본 도쿄 신주쿠에서 20년 이상 방문 간호를 계속해 온 방문 간호사 아키야마 마사코秋山 正子에 의해서이다.

집집마다 방문하는 가운데, 의료나 건강, 간병 등의 사소한 의문점이나 곤란한 상담을 어디에서 하면 좋을지 모르거나, 망설이는 사이에 심각한 사태에 빠져버리는 사람들이 많다는 것을 알고, 누구나 예약 없이 무료로 건강과 돌봄, 생활 속에서의 다양한 애로사항에 대해 상담할 수 있는 곳이 필요하다고 생각하던 차에, 비어 있는 가게를 싸게 빌려주겠다는 민생위원의 제안을 받고 만들게 되었다고 한다.

'우리동네 보건실'이라는 이름을 붙인 지 10년이 지난 지금은 전국의 50여 곳에서 운영되고 있으며 계속 늘어나고 있다.

Second Harvest Japan — 일본

일본에서는 고독·고립 대책으로 어린이 식당, 키즈 카페, 푸드 뱅크 활동을 하는 비영리 법인에 대한 사례가 많이 소개되고 있다. 그중에서도 2002년 3월 설립된 일본 최초의 푸드 뱅크인 특정 비영리 활동법인 'Second Harvest Japan'이 가장 규모가 크다. 각 지역별로도 별도의 웹사이트가 있어 지역 기업들과 대형 소매점들이 협력 단체로 이름을 올리고 있다.

푸드 뱅크란 '식량 은행'을 의미하며, 충분히 먹을 수 있음에도 불구하고 여러 가지 이유로 폐기되는 식품을 식품회사나 농가, 개인으로부터 기증받아 음식이 필요한 아동보호시설이나 빈곤층에게 음식을 전달하는 곳이다.

푸드 뱅크는 음식을 지원하는 것이지 고독이나 고립 지원은 아니라고 생각할 수도 있겠지만, 음식은 '살기 위해 필요한 것'일 뿐만 아니라 고독이나 고립의 문제, 사회와의 접점이 부족해 공적·사적 지원을 받지 못하는 사람을 발견하거나 사람과 사람, 조직과 조직을 연결하는 경로로서도 중요하다.

'Second Harvest Japan'은 단순한 음식 지원만이 아니라 식품의 사회적 안전망Food Safety-net 구축을 통해서 가정과 사회의 문제를 포괄적으로 해결해 가는 계기가 될 수 있다고 생각하고 있다.

'Second Harvest Japan'에서는 자원봉사자들의 활동을 통해서 3만 6199시간의 기부를 받아, 기업과 개인으로부터 기증받은 258만 6401식을 음식이 필요한 사람들에게 제공했다(2020년 합계). 식품을 기부하는 기업 수도 1900개 사 이상이라고 한다.

우리에게 주는 시사점

사회적 처방에 관한 영국과 일본의 동향을 살펴보면, 외로움과 고립이라는 사회문제를 건강과 연결하여 국가 단위에서 대책을 세우고 의료제도를 기축으로 정책을 전개해 나가고 있다. 또한, 사회적 처방의 전문가로서 링크 워커가 부각되고 있고, 각 지역별로 다양한 사회자원을 발굴하여 지원하고 있음을 알 수 있다.

사회적 처방 정책을 도입하기 위해서는 누가 사회적 처방을 내릴 것인지, 지역의 사회자원은 다양하고 풍부한지, 환자에게 사회자원을 연결해 주는 역할은 누가 할 것인지와 같은 요소를 고려해야 한다. 사회적 처방 제도가 우리나라에 도입될 경우에도 이 세 가지 주요 구성 요소에 대한 신중하고 지속적인 검토가 필요하고 '링크 워커'의 개념 설정에 대해서는 각계의 논의가 필요할 것으로 보인다.

링크 워커와 관련하여, 우리나라는 도입하고 있지 않지만 일본은 2000년 개호보험제도(우리나라의 노인장기요양보험제도에 해당)를 시행하면서 요양 대상자별로 장기요양 계획을 세워주는 전문직인 '케어 매니저' 제도를 도입하고 있다. 돌봄이 필요한 고령자와 그 가족들에게 의료·요양·복지의 전 영역에 걸쳐 필요한 서비스와 지원 제도를 소개하고 장기요양 계획을 작성해 주는 전문가이다. 노인의 건강에 변화가 생기면 그때그때 상황에 맞게 계획을 다시 변경해 주기도 한다. 이들은 개호보험제도 안에서 케어플랜 작성에 대한 소정의 서비스 수가를 지급받으며 민간 전문가로 활동하고 있다.

우리나라도 2008년 노인장기요양보험제도가 도입될 당시 건강보험공단 산하의 각 공단 지사에서 전문가를 두어 관리하려 했으나, 현재는 등급판정자에게 대면 설명도 없이 사무적으로 표준 장기요양 이용계획서를 배부하고, 지역 내에 이용 가능한 장기요양기관과 시설이 있는지에 대해서 상세한 안내조차 하지 않는다.

노인장기요양보험의 경우, 서비스 이용의 첫 단계인 등급을 받는 행위도 본인이 신청하는 경우보다는 가족들이 신청하는 경우가 대부분이다. 즉 정보력이 있는 자녀를 둔 노인들은 어느 정도의 혜택을 받을 수 있으나 그렇지 않으면 등급판정 신청조차 여의치 않은 구조이다.

　　노인들은 장기요양 상태에 들어가면 시시각각으로 심신의 상태가 변하고 각 가정별로 돌봄 형편도 다르기 때문에, 각 필요 시점별로 장기요양 계획의 변경이 필요해진다. 장기요양 4~5등급으로 재가 서비스를 받다가 자택에서의 생활이 불가능해지면 시설 서비스를 받기 위해 등급도 다시 받아야 하고 적당한 시설도 직접 알아보아야 한다. 이런 절차를 보호자가 하기에는 무리이기 때문에 일본의 경우 케어 매니저 제도를 두고 있는 것이다. 일본은 이러한 케어 매니저 제도를 운영해 본 경험을 바탕으로 외로움과 고립 대책인 사회적 처방에 대해서 링크 워커의 직업화에 대해서 논의하고 있다.

　　우리나라는 고령사회 대책으로 Aging in Place(지역사회 계속 거주)를 내세우고 있으며, 각 지자체별로 '지역사회 통합돌봄' 전달체계를 구축하여 사회적 고립에 대해서도 이 전달체계를 통해 지원사업을 전개하려 하고 있다. 하지만 사회적 고립의 지원 대상자 선정에 있어서 기존 사회복지의 수혜 대상인 빈곤 계층과 상당히 중복되는 부분이 많아 아직은 의료적 관점보다는 사회복지적 관점에서 지원 대책을 수립하는 것이 익숙해 보인다.

　　사회적 처방과 같은 제도가 우리나라 실정에 맞게 제도화가 되기까지는 논의 과정이 길고 넘어야 할 장벽들도 많기 때문에 당장 지원할 수 있는 것부터 시행해 가면서, 전반적인 사회 인식의 변화를 도모해 가야 한다고 생각한다. 현재 우리나라의 당면과제인 고독사라는 형태의 가시화된 사회현상은 이 문제의 본질이라는 차원에서 보면, 빙산의 일각에 불과하다. 모든 국민이 외로움과 고립으로부터 자유롭지 못하다. 모든 국민의 정신건강 관리라는 측면에서 다각적인 접근을 통한 지원책 마련이 필요하다.

우선 생각할 수 있는 것은 '연계의 강화'이다. 사회적 처방은 시작 단계에서 의료 및 복지 등 헬스케어 서비스를 제공하는 전문인력이 대응하고, 출구가 되는 지원 시책이나 서비스는 지역사회 자원의 사회 서비스 돌봄인력이 담당한다. 시작 단계의 전문인력과 출구의 일반 돌봄인력을 원활하게 연결하는 중개 역할을 담당하는 것이 링크 워커와 같은 직종이지만, 이러한 니즈에 맞는 인력 육성의 움직임은 미미하다. 또한, 다양한 직종 연대의 확대만이 아니라 그 질을 높이는 것도 중요하다.

이와 더불어, 외로움과 고립감을 느끼는 사람과의 접점을 갖기 위한 '전달경로의 복선화'이다. 젊은 세대에게는 디지털 활용, 고령자에게는 대면이 더 유효하며, 각 대상 집단에 따라 정보의 전달경로 수단을 다양화하여, 대면으로 교환할 수 있는 장소의 증설이나 온라인 상담 수단의 제공도 생각할 수 있다.

다음은 출구가 되는 '지역사회자원, 즉 실제 사회 서비스를 제공할 수 있는 지역 기관이나 단체의 확보'이다. 지역에서 고립된 사람을 발견한 경우에 연결시켜 줄 수 있는 소개처가 부족하다. 외로움과 고립의 문제는 다양한 세대와 분야에서 복합적으로 발생하고 있어 행정의 틀만으로는 사각지대가 발생한다. 그 부분을 시민 활동 단체 등에서 대응할 수 있도록 행정기관에서 적시에, 적절한 소개처 등과 연결시켜 줄 수 있는 코디네이터의 기능을 가질 필요가 있다. 지역에 따라서는 현실적으로 이런 일을 담당하는 지자체 내부의 역량이 부족하고, 지역사회자원의 활동이 미비한 곳도 아직 많이 있어, 이를 위해서는 다른 나라의 고독·고립 대응 사례 등 상호 간에 공유·검증할 기회를 늘리며 안건에 대한 대응력을 높여가야 한다.

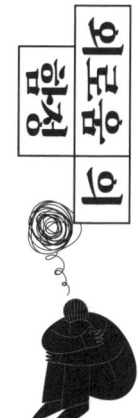

음악 몽굴이

고립에 빠지지
않기 위해

개인은
어떻게 해야 하나

관계의 밀도,
행복의 유일한 지표

왜 지금 영국과 일본에서 담당 장관이 필요할 정도로 외로움이 정치적, 사회적인 문제가 되고 있는 것일까? 외로움을 단순한 개인적 문제만이 아니라 국가 차원의 문제로 인식하고 있기 때문이다. 이 문제를 얼마나 심각하게 받아들이고 있는지를 보여주는 상징적 조치이며, 외로움과 사회적 고립 문제를 해결하기 위한 종합적인 정책 수립과 자원 투입의 필요성을 강조한다. 이와 더불어, 외로움이라는 상황을 어떻게 인식할 것인가는 개인마다 다르기 때문에 외로움의 함정에 빠지지 않거나 일시적으로 그런 상황에 처하더라도 이를 극복하기 위해 개인 차원에서도 다양한 대비책 마련이 필요하다.

외로움은 인간인 이상 누구나 느낄 수밖에 없는 감정이며, 결혼하고 자녀가 태어나도 평생 동안 외로움의 함정에 빠질 가능성은 항시 우리 주변을 맴돌고 있다. 따라서 개인마다 불쑥 찾아오는 외로움에 대해 어떻게 관리할지 지속적인 관리 체제를 갖추어 두는 것이 필요하다. 외로움을 관리하는 방법은 여러 가지가 있을 수 있겠지만 어쩌면 가장 손쉽고 효과적인 방법은 나의 외로움을 다른 사람과 나누는 방법이다.

정신분석학자인 지그문트 프로이트Sigmund Freud는 "아직까지 현대 과학은 다정한 말 몇 마디보다 더 효과적인 안정제를 만들어 내지 못했다"라고 말했다. 요즘 SNS나 유튜브의 경우, 귀신같이 나의 니즈를 알고리즘화하여 개인 맞춤형 정보를 끊임없이 보여주지만 나를 외로움에서 벗어나게 해주고 나의 우울함을 풀어주는 데에는 그런 콘텐츠를 몇 시간씩 들여다 보는 것보다 나를 깊이 이해하고 있는 사람과의 짧은 대화가 훨씬 더 효과적이다. 최근 들어 뇌과학이 비약적으로 발전하며 마음의 구조에 대해서도 방대한 논문이 나오고 있다. 외로움에 대한 중간 결론은, 사람 간의 건강한 네트워크 연결이 마음의 건강에 반드시 필요하다는 단순한 사실이다.

미국의 문화인류학자인 로이 리처드 그린커Roy Richard Grinker의 저서인 『정상은 없다Nobody's Normal』에 흥미로운 구절이 있다. 미국의 어느 인디언 부족에는 '우울증은 끔찍한 고통이긴 해도 누군가의 슬픔이 그를 가족이나 친구와 갈라 놓을 경우에만 질병이 된다'라는 말이 있다고 한다. 우울이나 슬픔을 부족의 동료와 나누는 한, 정상적인 과정으로 여겨지며 속마음을 남에게 말 못하고 혼자 품게 되면 병이 된다는 것이다. 마음은 사람들 사이를 돌고 도는 것이 자연스러우며, 한 사람에게 갇히면 병이 된다. 그것이 사회적 동물인 인간의 본질이다. 그런 의미에서는 개인주의가 팽배한 현대는 마음에 있어서 비정상인 상태이다. 그래서 마음의 건강에는 사람과의 관계 회복이 필요하다. 이를 증명하는 연구들은 최근에도 여러 학문 분야에서 계속되고 있다. 그중에서도 가장 방대하고 오래된 연구는 하버드대학교의 '성인발달연구'이다.

'성인발달연구'는 1938년에 시작되어 85년이 지난 지금까지도 계속되고 있는 '건강하고 행복한 삶'에 대한 종단 연구이다. 인생을 살면서 과거를 돌이켜 보면 "당시 이랬으면 좋았을걸" 같은 후회가 남기 마련이다. 하지만 그것은 과거를 돌아보면서 알게 된 것이지, 앞만 향해 달려가는 우리가 쉽게 알아차릴 수 없기에 늘 후회로 남는다. 인생 전체를 보고 연구할 수 있다면 좀 더 나은 삶을 살 수 있지 않을까? 어떤 인생이 '나'를 최고로 만드는지 알 수 있게 해주는 연구로 '성인발달연구'는 이에 대한 해답을 내놓고 있다. 방대한 데이터 분석을 통해 밝혀진 이 연구의 결과를 보면, 건강하고 행복한 삶을 살기 위해 필요한 것은 돈, 지능, 사회적 지위, 운동 등이지만, 실제로 인생에 가장 큰 영향을 끼친 것은 무엇보다 풍요롭고 만족스러운 '친밀한 관계'라는 것이다.

이 연구의 현재 책임자(4대째)인 로버트 월딩거Robert Waldinger는 '50세 때 자신의 인간관계에 가장 만족했던 사람들이 80세에 가장 건강했다'고 말했다. 50세 당시의 콜레스테롤 수치보다 중요한 것은 얼마나 자신의 인간관계에 만족하고 있느냐라고 한다. 만족스러운 관계를 맺고 있는 사람들은 노년에도 몸과 마음이 건강하기 때문에, 행복한 노후를 결정하는 것은 젊은 시절의 인간관계라고 보면 무리가 없을 듯 싶다. 한편, 만성적인 외로움은 행복도를 낮출 뿐만 아니라 건강 상태를 악화시키고 사망률을 높이는 데 영향을 준다.

사실, 가장 이상적인 친밀한 관계 형성은 태어나자마자 이루어지는 부모와의 관계로부터 시작된다. 자신의 생존을 전적으로 부모에게 의존해야 하는 인간의 아기는 부모와의 소통을 통해 자신에게 필요한 것을 채우고 사회와의 신뢰 관계를 형성하게 된다. 하지만 성인발달연구에 의하면 어린 시절 불우하게 태어나 부모와의 친밀한 관계 형성이 불가능했다고 하더라도 그 후에 다른 사람과의 신뢰 관계를 통해서 얼마든지 친밀한 관계를 형성할 수 있다고 한다. 어린 시절 자신을 돌봐 주던 사람, 친한 친구, 연인, 배우자 등과의 친밀한 관계를 통해 정신적인 안정감을 찾고 성장을 계속할 수 있다. 사람은 인정받고 칭찬받을수록 자기 자신에 대해서 보다 아끼고 보살피는 태도를 발달시키며, 누군가가 자신의 말을 공감하면서 들어주게 되면 사회에 대한 신뢰도도 높아진다. 사람은 다른 사람을 통해서 사람이 된다.

혼자 살고 있는 친구가 있는데 몇 년 동안 주말마다 텃밭을 가꾸며 나에게도 가끔 신선한 채소들을 갖다주곤 했다. 그런데 어느 날, 농사는 올해가 마지막이라며 이제부터는 나무를 키우고 싶다고 했다. 그 친구는 사람들과 만나는 것을 좋아했는데 중년이 되자 사람들의 주요 관심사는 자식 키우는 이야기가 되었다고 한다. 매우 냉철한 이성적인 사람들조차 자식 이야기가 나오면 모두들 그 이야기에 열을 올리는 것을 보면서 심한 거부감과 소외감이 들었다고 한다. 그래서 요즘은 그런 이야기가 듣기 싫어 사람들을 덜 만난다고도 했다. 왜 나무가 키우고 싶은지에 대한 이유를 설명하지는 않았지만 나는 어렴풋이 짐작이 갔다. 남들의 자식 이야기는 자신이랑은 상관없는 이야기이고, 더 근본적으로는 도저히 극복할 수 없는 열등감조차 느껴지는 이야기이기 때문이 아닐까? 그 대신 찾아낸 것이 지속적으로 내가 보살피며 나의 노력의 흔적을 남길 수 있는 생명체인 나무를 키우고 싶다는 생각이 아닐까? 이런 심리도 일종의 생존과 번식 욕구의 발로가 아닐까 하는 생각이 들었다. 나 혼자서 이런저런 추측을 하면서 그 친구의 뼈저린 외로움을 느낄 수 있었다.

요즘 세상은 나의 유전자를 남기는 방식이 꼭 자식이 아니더라도 다양한 방식으로 가능하다. 그중 하나가 나무를 심는 것일 수도 있고, 고독한 창작 활동을 통해 작품을 남기는 것일 수도 있고, 일을 통한 업무적 성과일 수도 있을 것이다. 하지만 그 무엇도 사람의 온기와 눈빛, 서로 주고받는 허심탄회한 대화에서의 위로와 평안을 대신할 수는 없을 것이다. 나무를 심겠다는 그 친구가 덜 외롭기를 바란다.

일반적으로 죽을 고비를 넘긴 사람들이 하는 말이 죽는 순간에 떠올리는 것이 돈이나 가장 아끼던 물건 같은 것이 아니라 사랑했던 사람의 얼굴과 기억이라고 한다. 이러한 사실은 앞에서도 언급한 외로움 연구의 대가인 존 카치오포가 외로움을 평생의 연구 주제로 잡은 이유이기도 하다. 애플의 창업자인 스티브 잡스가 마지막으로 남긴 글에 이런 대목이 있다. '우리는 삶이라는 연극의 마지막 커튼이 내려오는 순간을 맞이할 것이다. 내가 가져갈 수 있는 것은 사랑이 넘쳐나는 기억뿐이다. 가족 간의 사랑을 소중히 하라. 친구들을 사랑하라. 너 자신에게 잘 대해 줘라. 타인에게 친절하라!'는 문장이다.

친밀한 관계를 맺는 사람의 숫자는 의미가 없다. 단 한 사람이라도 속 깊은 대화를 할 수 있고, 전적으로 내 편이 되어주는 사람이 있다면 충분하다. 언제든 의지할 수 있다는 믿음을 주는 좋은 관계, 이 세상에 자신의 진실을 이해해 주고 사랑해 주는 사람이 있다는 것은 어떤 어려움에서도 우리를 지켜나가게 해주는 힘이 된다. 우리는 이를 통해 자신과 타인을 이해하고 사랑하는 법을 배운다. 당신은 단 한 명이라도 새벽 3시에 도움을 요청할 수 있는 사람이 있는가? 자신의 모습을 가감 없이 보여줄 수 있는 친구가 있는가? 함께 꿈을 공유하고 맘껏 웃을 수 있는 사람이 단 한 사람이라도 옆에 있다는 것은 행운이다. 친밀한 관계는 외로움의 가장 기본적인 방어 수단이자 행복의 유일한 지표이다.

아마도 인간관계가 중요하다는 것을 모르는 사람은 없을 것이다. 그런데도 더 나은 삶을 위해 사람들이 추구하는 것은 인간관계보다는 돈이나 사회적 지위 등인 경우가 많다. 이 글을 읽고 있는 독자분들도 지금 이 순간에 잠시 맹목적으로 추구하던 것을 멈추는 여유를 갖고, 자신의 삶을 위해 진정으로 노력을 쏟아야 할 곳이 어디인지 생각해 보시기를 바란다.

02
새로운 세상과 관계 맺기

외로움을 관리하기 위해서, 더 나아가서는 행복한 삶을 보내기 위해 친밀한 관계는 소중하다. 하지만 우리 삶에서는 친밀한 영역에 속한 사람만 중요한 것은 아니다. 우리가 사는 세계는 낯선 사람들로 가득 차 있고, 이 낯선 사람들과의 상호작용을 통해서도 외로움을 예방하고 더 연결된 느낌을 가질 수 있다. 사실, 전형적인 하루를 보내는 동안에 사람들은 가까운 사람보다 가깝지 않은 다른 사람과 더 많은 시간을 보내며 더 자주 상호작용을 하게 된다. 이 작은 상호작용을 완전히 피하여 일상생활을 보내기란 쉽지 않다.

미국의 공중보건위생 국장을 지낸 비벡 머시Vivek H. Murthy는 만연한 외로움과 고립감을 공중보건의 중요한 문제로 보고, 이에 대한 해결책으로 개인 간의 친절과 공감이 사회 전체의 건강을 증진시키는 데에 기여한다고 강조했다. 그는 사람들이 서로에게 친절하고 연결될 수 있도록 격려하는 캠페인과 프로그램을 추진하며, 이러한 사회적 연결이 개인의 외로움 관리뿐 아니라 전체 사회의 회복력에도 중요한 역할을 한다고 주장한다. 머시의 주장은 외로움을 줄이고 삶의 행복도를 높이는 데는 낯선 사람과의 짧은 눈인사만으로도 충분한 효과가 있다는 것이다. 약한 유대감이지만 대화하고, 인사하고 감사를 표하는 것만으로도 외로움으로 인해 불안하고 신경이 곤두서 있는 누군가에게는 마음을 무장 해제시키는 힘이 될 수 있다는 것이다. 요즘 연락이 뜸했던 사람에게 '잘 지내?'라고 문자 한 번 보내보자. 이 한 통의 문자가 그 사람의 외로움을 줄일 수 있다. 외로움과 고립이 만연한 사회 속에서 이웃이나 동료와의 일상적인 작은 대화는 서로에게 유익한 정신적 비타민이다. 누구라도 '외로움 자원봉사자'가 될 수 있다.

불교 용어 중, 남에게 베푼다는 의미인 보시의 한 종류로 '무외시無畏施'라는 말이 있다. 말의 뜻 그대로 두려움을 없애 주는 것, 상대방의 마음을 편하게 해주는 것을 의미한다. 아무리 재산이 없더라도 남에게 줄 수 있는 일곱 가지가 있는데, 누구나 다 할 수 있는 그것이 바로 무외시이다. 그중, 첫째는 얼굴에 화색을 띠고 부드럽고 정다운 얼굴로 남을 대하는 것, 둘째는 말로써 얼마든지 베풀 수 있으니 사랑의 말, 칭찬의 말, 위로의 말, 격려의 말, 양보의 말, 부드러운 말을 하기, 셋째는 마음의 문을 열고 따뜻한 마음을 주는 것, 넷째는 호의를 담은 눈으로 사람을 보는 것처럼 눈으로 베푸는 것, 다섯째는 몸으로 때우는 것으로 남의 짐을 들어준다거나 일을 돕는 것, 여섯째는 때와 장소에 맞게 자리를 내주어 양보하는 것, 일곱째는 굳이 묻지 않고 상대의 마음을 헤아려 알아서 도와주는 것이다. 친절은 곧 마음으로 하는 보시이다. 친절의 목적은 어떤 대가를 바라고 하는 것이 아니라 더불어 살아가기 위한 지혜이다.

사람들은 일상생활에서 아주 작지만 수많은 사회적 상호작용을 하고 있다. 개를 산책시키는 이웃에게 하는 가벼운 눈인사, 엘리베이터에서 비켜주는 친절한 몸짓, 한 사무실에서 일하는 직장동료에게 하는 몇 마디 친절한 인사말, 같은 버스를 기다리고 있는 사람에게 하는 약간의 양보, 아침마다 커피를 살 때 만나는 단골 바리스타를 향한 살짝 고개를 숙이는 정도의 형식적인 인사도 사람들 간의 경계심을 낮출 수 있고 자신의 외로움을 관리하는 데에 도움이 된다. 이러한 작은 상호작용은 외로움을 느끼고 있는 사람에게 사회적 유대감을 느끼게 해준다. 남에게 친절한 행동을 하는 것은 타인에게만 좋은 일이 아니라 나 자신도 이런 행동을 통해 행복감을 느끼게 된다. 아주 친밀한 관계가 아니더라도 일상생활 속에서의 얕은 상호 교류감을 갖는 것만으로도 사람은 행복감을 느낄 수 있다.

이처럼 다양한 인간관계를 맺는 것은 경제적 자본과 다른 사회적 자본을 얻는 것이다. 나이가 들면, 젊어서 일할 당시 생긴 인간관계는 퇴직을 계기로 대부분이 없어진다. 노후 생활은 길기 때문에 미래를 생각해 원래 가지고 있는 인맥에 더해 새로운 인간관계를 맺어 두는 것도 필요하다. 즉 현재의 나의 정체성에 맞는 새로운 모임에 들어가거나 지금의 내 모습을 있는 그대로 받아주는 사람들과 교류하는 것이다. 정신적으로 자기만의 세계를 가진 독립적인 인간이 된다는 것은 누구에게도 의존하지 않는다는 것이 아니라 마음의 의존처를 늘리는 것이다. 고립에 대처하기 위해서는 의존할 곳이 전혀 없거나 하나에 의존하는 것은 굉장히 위험하다.

이와 관련된 연구로 '던바의 수Dunbar's number'로 잘 알려진 영국의 진화심리학자 로빈 던바의 연구결과가 있다. 던바는 '인간은 친밀도, 강도, 깊이가 다양한 인간관계를 필요로 하고, 실제로 인간은 수렵 채집 시대부터 사회적 영역을 확장하기 위해 진화하면서 각기 다른 수준의 사회적 관계가 필요했다'고 보았다. 인류는 종족 번식을 위해서 출생보다 양육을 더 중요하게 생각했고, 인간의 아기를 양육하기 위해서는 부모 이외에도 무리 안의 많은 사람들과의 우호적 관계가 필요했기 때문이라고 한다. '던바의 수'란, 인간이 안정적인 사회관계를 유지할 수 있다고 생각하는 인지적 상한선의 인원수로 사람마다 다르지만 대략 150명 정도라고 한다.

150명은 다시 네 가지 관계의 원으로 나누어지는데, 나를 중심으로 가장 가까운 원에 있는 친밀한 핵심층은 5명 이내이며, 그다음으로 신뢰할 수 있는 친한 친구에 해당하는 층이 약 15명, 가끔 만나는 좋은 친구에 해당하는 중간층이 약 50명, 그리고 우리가 동료와 지인이라고 여기는 바깥층인 150명 이내의 사람들이 존재한다. 친밀한 핵심층이 아니더라도 중간층과 바깥층에 있는 사람들과 같이 운동하고, 공통의 관심사를 이야기하고, 웃음을 나누는 것은 사회 안에서의 소속감을 느낄 수 있고 외로움을 피하는데 도움이 된다고 한다. 약한 유대관계 속에서도 다양한 사람들의 삶을 간접적으로 경험할 수 있고 그들에게 동화되어 다양한 가치를 공유하고 사회기술을 학습할 기회가 되며, 타인의 존재를 통해서 자아정체성을 구축해 나갈 수 있다.

사회복지에 종사하는 사람이 아닌 누구라도 외로움과 고립으로 힘들어 하는 사람들을 도와줄 수 있다. 외로움이란 단적으로 사회적 관계가 부족해서 생기는 것이다. 최종적으로 누군가의 외로움을 메우는 것은 반경 5m 내에 있는 사람들의 친절이다. 단순한 안면이 있는 정도의 사람이 건네는 인사나 아는 척하는 눈빛만으로도 사회적 유대감을 느낄 수 있다.

03
외로울 수 있는 능력

우리의 생활을 들여다보면, 앞서 말한 친밀한 사람과 보내는 시간, 낯선 사람들과 부딪치는 시간도 있지만, 사실 대부분의 시간은 혼자 보낸다. 나이가 들수록 어디에도 소속되어 있지 않은 경우가 많아 혼자 있는 시간이 더 길어진다. 그런데 나이가 들어도 혼자 있는 것이 두렵고 익숙하지 않아 늘 모임을 쫓아다니는 사람들도 있다. 하지만 언제부터인가 그런 모임이나 주변 사람과의 관계가 시들해지고 만나고 나서도 왠지 개운치가 않고 오히려 기를 뺏기고 있다는 느낌이 들기도 한다. 이럴 때는 잠시 교류를 중단하고 혼자 보내는 지혜가 필요하다.

    가족과 함께 살다 보면, 부부 관계나 형제와의 관계도 지금까지 살아온 삶의 여정이 다르고 각자의 현재 형편이 다르다 보니 소원해지는 경우가 많다. 학교 동창들도 자신을 과거의 모습으로만 보고 있기 때문에, 과거와는 달라진 현 시점의 나 자신을 그들에게 이해시키고 관계를 깊게 만들어 가기는 힘들다. 젊었을 때 생활전선에서 전력투구하느라 업무적인 인간관계밖에 없었고, 퇴직 후에는 사람과의 교류를 갖는 기회가 거의 없어져 버린다. 퇴직 후에 고민을 이야기하거나 어려운 일이 생겨도 의지할 수 있는 사람이 없다는 것에 심한 외로움을 느끼게 된다. 이때 이 외로움을 해소하는 방법은 사람을 만나는 방법만 있는 것이 아니다. 어떤 경우는 사람을 만나고 와서 외로움이 더 깊어지는 경우도 있다.

반면에 사람에 따라서는 자발적으로 고독해지고 싶어 하는 경우도 있다. Loneless가 아니라 Solitude의 상태이다. 예를 들면, 인간관계의 고민에서 벗어나 자신과 마주하는 시간을 갖고 싶어 자발적으로 혼자가 되는 경우이다. '고독을 즐기다'로 나타나는 정서적 상태의 고독은 의지적으로 혼자 있으면서 내가 내 안의 또 다른 나와 관계를 맺어 대화를 나누며 자기 자신을 객관적으로 바라보며 사고하고 싶은 상태를 말한다. 마음속에 대화 상대는 사람마다 다르지만, 어쨌든 인간은 자신의 생각을 타자와 서로 얘기함으로써 스스로를 객관화할 수 있다.

이와 같은 고독 즐기기와 관련한 심리학 용어 중에 '장 독립성 Field Independence'이 있다. 개인이 주변 환경의 정보를 처리할 때 외부 환경에 대한 독립성의 정도를 말한다. 장 독립적인 사람들은 외부

환경이나 주변 맥락에 덜 의존하며, 자신이 가지고 있는 내부적인 기준을 토대로 정보를 처리하는 경향이 있다. 비록, 이런 성향이 나를 고립시키거나 인기 없게 만든다 할지라도 내가 살아가는 나만의 확고한 신념을 갖는 것이다. 그것은 자기 마음을 아는 것이고 집단의 압력에도 불구하고 나만의 관점을 가질 수 있는 것이다. 또한, 장 독립성은 인습적인 환경의 영향에서 벗어날 수 있는 능력이며 탐욕, 증오, 원망, 질투나 인기의 짜릿함과 같이 나를 옭아매는 것들로부터 벗어날 수 있는 능력을 의미한다.

장 독립성을 가진 사람들은 완고하게 보일 수도 있고 기존의 질서를 파괴하는 것처럼 보일 수도 있으나 새로운 방법을 발견하는 과학자나 예술가 혹은 모든 혁신가의 자질이기도 하여 그들이 없으면 아이디어와 문화가 발전할 수 없다. 자신의 의지에 의한 자발적인 고립은 자기 자신 이외에 또 다른 대상으로 자연이나 신 등을 상대하여 철학적으로 높은 경지의 결과를 만들어 낸다.

장 독립성과 반대의 의미로는 '장 의존성 Field Dependence'이라는 개념도 있다. 장 의존적인 사람들은 단체 생활을 할 때, 학교나 회사와 같은 조직에서 협력적이고 집단의 규칙을 충실히 따르며, 집단에 동화되고 집단에서 원하는 사람이 되려고 노력한다. 학교나 직장 같은 단체에서는 장 의존적인 사람을 선호한다.

하지만 학교나 회사 같은 소속이 없어지는 중장년 이후에는 장 독립성이 필요하다. 사실 잘 생각해 보면 이 세상에는 나와 코드가 딱 맞는 사람은 한 명도 없다. 이런 사실은 어느 정도 나이가 들면 더 잘 알게 된다. 친한 친구나 사랑하는 가족과 함께 있는 순간에는 행복하다고 느끼지만 그 이외 대부분의 시간은 혼자 보내게 된다. 인간이기 때문에 느끼는 근원적인 외로움을 당연한 것으로 받아들이고 익숙해지는 데까지는 세월이 필요하다.

　　최근 들어 '혼자'라는 개념은 3단계의 변화를 거쳐 왔다. 1990년대 이전까지는 '혼자라니, 너무 외로워'와 같이 혼자 있는 것에 대해서 스스로도 그렇고 타인의 시선도 매우 부정적이었다. 일정 나이가 되면 결혼과 출산을 하는 것이 당연시되던 시절이었다. 결혼 적령기에 결혼을 해야 하고, 결혼하면 아이를 낳는 것이 정해진 인생의 코스였다. 그 후 2010년대 이전까지는 '혼자여도 괜찮아'와 같이 혼자 있는 것에 대해 홀가분하고 자유롭다는 느낌을 갖기 시작했다. '싱글족'이라는 새로운 소비 계층이 등장하고 비혼주의를 선택하는 여성들의 라이프 스타일이 각광을 받기 시작했다. 결혼은 이제 필수가 아니라 개인의 선택이 되었다. 2010년대 이후로는 '혼자라서 더 좋아'와 같이 혼자라는 정체성이 당당히 시민권을 부여받는 시대가 되었다. 2013년의 총인구조사 통계를 보면 가구원 수별 가구 구성비가 4인 가구보다 1인 가구 비중이 가장 높아지기 시작했다. 그때부터 혼자서 즐길 수 있는 콘텐츠나 문화 활동도 많아졌고, SNS 등을 통해 가족이 아니어도 유대감을 느낄 수 있는 관계 만들기의 기회도 많아지게 되었다. 혼자 살면서, 혼자 밥 먹고, 혼자 여행가고, 혼자 캠핑을 다녀도 괜찮은 문화가 형성되기 시작했다.

이러한 움직임과 관련하여 일본에서 2021년도부터 시작된 '사회적 고립의 생성 프로세스 규명'이라는 정신의학과 심리학 관련 연구에서 개립個立이라는 단어를 쓰기 시작했다. '개립'이라는 단어는 일본어로 고립孤立과 같은 발음こりつ으로, 부정적인 의미의 고립이 아닌 개별적인 심리적 독립 상태를 의미하는 것이다.

이 연구가 달성하고자 하는 목표는 개인이 고립되어 있어도 사회생활의 위기나 건강 위기를 초래하지 않고, 개개인이 창조적인 생활을 보낼 수 있는 가치 전환을 발생시켜 '건강한 고립' 사회를 만들어 가는 것이라고 표명하고 있다. 예를 들어, 고립자 중에는 건강하고 만족스런 생활을 하는 사람도 있다는 것을 알려, 고립자에 대한 낙인을 줄이고 고립자가 자신만의 라이프 스타일로 건강하게 생활하기 위한 모범 사례를 제시하는 것이다.

이 연구 프로젝트의 일환으로 발표된 논문에 따르면, 사회적으로 고립된 객관적 상태 자체는 외로움과 거의 관련이 없고, 주관적으로 느끼는 고립감이 외로움과 밀접한 연관이 있는 것으로 나타났다. 특히 사회적으로 고립되어 있다고 하는 점을 당사자가 인지하고, 외로움을 느끼면 우울 증상이 더욱 높아지는 것으로 나타났다. 이 결과는 고립 상태에 대해 당사자가 어떻게 느끼는지에 초점을 맞추는 것이 중요하며, 고립 상태에 있는 사람들을 지원할 때 사람들과의 관계를 늘리는 것뿐만 아니라 개인의 인식과 생각, 감정에 초점을 맞출 필요가 있음을 보여준다.

  현재 우리나라의 가족 구성의 변화, 생애미혼율 증가, 이혼율 증가 등의 추세라면, 앞으로도 혼자 사는 사람들이 많아질 것이다. 인간은 사회적 동물인 만큼 혼자 살더라도 소속감을 위한 공동체도 필요로 하겠지만, 대부분의 시간을 혼자 보내게 되기 때문에 적극적 의미로 각자 외로울 수 있어야 한다. 과장해서 이야기하자면, 얼마나 외로울 수 있는 능력을 지니고 있느냐가 성공적인 노후를 만들 수 있고 더 나아가 그 사람의 인격의 성숙을 엿볼 수 있는 척도일 수 있다. 따라서, 어떻게 혼자 있는 시간들을 의미 있고 재미있게 보낼 수 있을지에 대한 개인적인 고민을 해소시켜 주는 비즈니스적인 접근도 많이 생겨날 것으로 보인다. 이 책에는 이 부분과 관련된 내용을 다루지 않지만 궁금한 독자들은 졸저 『외로움을 소비하는 사회』를 참조해 주길 바란다.

04
건강한 방식으로 퇴행하기

외롭다는 감정은 근본적이고 본질적인 정서이기 때문에 우리가 알기 쉬운 구체적인 감정과 동반해서 느끼는 경우가 많다. 예를 들어, 슬픔을 느낄 때 외로움이 함께 따르며, 두려움을 느낄 때도 외로움이 동반된다. 허무함을 느낄 때 역시 외로움이 함께한다. 슬픔, 두려움, 허무함과 같은 감정을 겪을 때, 나를 깊이 이해해 주는 사람이 곁에 있다면, 그러한 감정들은 잠시 머물렀다 사라질 것이다. 하지만 그런 감정을 나눌 사람이 없는 고립 상태라면 더 슬프고 두렵고 허무하다고 느낄 것이다. 고립은 우울과 불안을 동반하는 경향이 있다. 고립된 사람은 다 우울하다든지, 우울한 사람은 다 외롭다든지 하는 상관관계가 명확한 것은 아니지만 고립은 우울증의 분명한 위험 요소이다. 사람과의 관계를 맺는 것에 두려움을 느끼는 사회불안도 고립과의 직접적인 인과 관계를 설명하기는 어렵지만 분명한 관련이 있다. 이처럼 고립으로 인한 우울과 사회불안의 공통적인 증상 중 하나는 삶에 대한 의욕이 떨어진다는 것이다.

학교나 회사에 가고 싶지 않은 마음은 누구에게나 있다. 이런 마음이 들 때면, '왜 모두가 당연한 것처럼 학교나 회사에 가는 것일까'라는 의문을 갖게 된다. 학교나 회사에 '가고 싶은데 마음대로 안 움직여지는' 상태일 때, 내가 느꼈던 감정은 '억울'이었다. 도대체 누가 왜 인간은 선천적으로 정상이면 학교나 회사에 가는 것이라고 정했단 말인가? 하필이면 나는 왜 그런 인간으로 태어난 것일까? 하는 억울한 심정이었다. 그 당시 나의 심리상태를 변명해 준 것이 알베르 카뮈의 소설 『시지프 신화』에 나오는 다음 문장이었다.

> **무대장치가 문득 붕괴되는 일이 있다. 아침에 기상, 전차로 출근, 사무실 혹은 공장에서 보내는 네 시간, 식사, 네 시간의 노동, 전차, 식사, 수면 그리고 똑같은 리듬으로 반복되는 월화수목금토 이 행로는 대개의 경우 어렵지 않게 이어진다. 다만 어느 날 문득, '왜?'라는 의문이 솟아오르고 놀라움이 동반된 권태의 느낌 속에서 모든 일이 시작된다**
> (민음사 세계문학전집 343, 29쪽).

가정, 학교, 직장 등, 각기 다른 '무대'를 밖에서 바라보는 듯한 감각에 빠지는 순간이 있다. 자신이 해내고 있는 일상의 루틴이 역겹게 느껴지는 시간이다. 왜 나는 여기에 있는 것일까? 지금부터 어디로 갈 것인가? 나는 이대로 괜찮은 것일까? 어차피 죽음은 피할 수 없는 것인데, 따지고 보면 분명 사는 것 자체가 부조리하다. 어쩔 수 없는 상황을 인간은 그저 운명으로 받아들일 수밖에 없는 것일까? 인간들은 용케도 그 부조리한 것들을 묵살하며 살아가고 있다.

그러나 여기까지이다. 카뮈는 나에게 좀 더 생각하고 더 나아가 의식적인 행동을 기대했을지 모르나, 결근이나 결석을 하고 나서 억울함을 풀기 위해 대단한 철학적 고민을 하는 것은 아니다. 고작해야 실컷 늦잠을 자거나 게으름을 피우다 보면 어느새 하루가 지나고 억울함은 사라져 버린다. 의식적인 게으름은 허무하게 허비하는 시간이 아니다. 열정을 갖고 꿈을 이루기 위해 달리기만 하는 사람들은 잠시라도 쉬면 큰일이 나는 줄 안다. 쉬지 않고 성과에 매달리다 보면, 외부의 강제적인 힘에 의해 멈출 수밖에 없는 때가 찾아온다. 뜻밖의 장애물을 만나거나 조직에서 밀려날 때 우리는 좌절하고 낙담한 나머지 자신의 모든 재능마저 의심하게 된다. 하지만 그럴 때일수록 우리는 스스로를 너무 과소평가하는 게 아닌지 물어봐야 한다. 알고 보면, 우리의 능력은 세상의 평가보다 더 뛰어나기도 하다. 자신에게 필요한 에너지를 충전하기 위해 편안한 상태로 돌아가 쉬어 보면 답을 찾을 때가 있다.

외로움의 함정에 빠져 삶의 의욕이 떨어지고 무기력이 나를 집어삼키려고 하는 것이 아닌지 경계해야 한다. 바깥 세계와 관계를 잘 맺기 위해서는 먼저 나 자신의 내면세계를 살펴주어야 한다. 무지한 상태에서 수동적으로 끌려다니는 삶과 내 마음의 움직임을 아는 상태에서 능동적으로 대응하는 삶은 차이가 있다. 마음이 잘 길들여진 사람은 어려운 상황에서도 자기 자신을 놓지 않는다. 지금처럼 바쁘게 사는 것이 정상처럼 되어 있는 시대에 나 혼자만 도태되는 느낌과 함께 무기력감이 밀려올 때는 의도적으로 나태해지는 것도 필요하다. 누구라도 큰 사건을 겪거나 매우 피곤하고 어떤 특수한 환경에 놓이게 되면 지각, 사고, 감정, 행동을 지휘하는 마음의 기능이 제대로 작동하지 않는다. 지각은 우리에게 어떤 것의 존재 여부를 알려 주고, 사고는 그 존재하는 것의 정체를 알려 주며, 감정은 그 존재가 좋은 것인지 나쁜 것인지를 알려 준다.

하지만 그 기능이 제대로 작동하지 않으면 인지가 왜곡되어 평소에는 생각하지 않는 일들을 상상하거나 생소한 감정에 휩싸이게 된다. 이때 위기에 처한 자아를 구하기 위해 퇴행regression이라는 방어기제defense mechanism가 등장한다. 퇴행은 스트레스가 너무 커 자아가 위기에 처했을 때, 일시적 혹은 장기적으로 아이로 돌아가 자신을 지키려고 하는 것이다. 퇴행을 발견한 것은 정신분석학자인 지그문트 프로이트이다. 프로이트는 사람이라면 누구나 마음에 유아기의 과거가 남아 있어, 힘든 상황에 놓이면 퇴행이 출현하는 것을 발견했다. 퇴행은 병적인 퇴행과 자아를 위한 건강한 퇴행으로 나눈다. 퇴행하는 발달 단계에 따라 발현되는 정신 증상이 다른데, 흔히 구강기로 퇴행하면 우울증, 항문기로 퇴행하면 강박신경증, 남근기로 퇴행하면 히스테리라는 정신 증상과 연결되어 있다고 보고 있다.

노래방에 가서 술을 마시고 노래를 부르는 것은 구강기로의 건강한 퇴행이다. 무의식 속에서는 젖을 먹으며 노래를 부르는 아이로 돌아간 것이다. 좋아하는 모형을 수집하며 즐기는 것은 항문기로의 건강한 퇴행이다. 퇴행은 모든 인간에게 나타나는 정신 현상이며, 일상생활 속에서 퇴행을 무의식적으로 활용하고 있다. 퇴행의 대표적인 상태는 수면이며, 누구나 하루에 한 번은 가장 원시적인 상태인 수면으로 돌아가 피로를 푼다. 누구나 아이에서 어른이 되는 성장 과정에는 즐거운 시기도 있고 힘든 시기도 있다. 퇴행하여 괴로움의 원점을 확인하듯, 그 고통의 씨앗이 뿌려진 시기까지 돌아갈 때와 이와 반대로 즐거웠던 시기까지 돌아갈 때가 있다. 즐겁고 편안했던 시기로 돌아가면 마음의 에너지를 충전하고 새롭게 출발하기가 한결 수월해진다. 그러나 고통의 시기로 돌아가 정신 상태가 고착되면 재출발이 어렵다.

인간은 나선형을 그리며 성장한다. 일시적인 퇴행은 다음 성장을 위한 삐걱거림이다. 서두르지 말고 힘을 비축시키는 것도 필요하다. 다만, 적절한 시기에 다시 성장을 위해 일어서야 한다. 성장을 위한 충전에는 일시적인 퇴행이 필요하고, 의도적인 '퇴행 의식' 역시 도움이 된다. 이와 관련한 나의 일화를 소개해 본다.

딸아이가 고3이었을 때, 모의고사나 시험이 있는 날이면, 유난스럽게 어리광을 부렸다. 갑자기 갓난아이가 된 것처럼 안기기도 하고, 내 옆에 누워 엄마와 함께 자고 싶다고 하는 것이다. 공부는 못하지만, 나름 고3이니 시험에 대한 스트레스를 느끼는 모양이었다. 고3 내내 그런 증세가 보이면, 나는 소파에 다리를 벌리고 앉아 유난히 몸집이 커진 딸아이를 어린애처럼 안고 퇴행 의식인 '퇴행 충전' 시간을 갖었다. '퇴행 충전' 시간의 커뮤니케이션 랭귀지는 '옹알이'로 정했다. 딸아이는 혀 짧은 소리를 내며 말도 제대로 못하는 어린 아기로 퇴행한다.

나는 주로 갓난아이였을 때의 귀여운 모습을 이야기하거나 학교 가기가 싫으면 엄마가 대신 교복을 입고 가겠다고 장난하면서, 적성에 맞지 않는 공부를 하느라 힘들었겠다고 위로하고, 우리 딸은 얼굴도 예쁜데 공부까지 잘하면 큰일이라며 농담도 하면서 30분 가량을 함께 보낸다. 그러다 보면 다리도 저려 오고 딸아이도 안겨 있는 자세가 갑갑한지 벗어나려고 한다. 그러면 나는 로봇청소기에서 나오는 음성과 똑같이 "충전이 끝났습니다!"를 외치며 딸아이를 밀쳐내고 서로 자리를 털고 일어나 아무 일도 없었다는 듯이 각자의 자리로 돌아간다. 딸아이는 서른 살이 되었지만 지금도 가끔씩 '퇴행 충전'을 요구한다.

현대의 직장인들은 하루 종일 회사 일로 시달리다 집에 오면 아무것도 하지 않고 소파와 한 몸이 되어 텔레비전만 본다. 이는 긴장을 푸는 퇴행 행위이다. 건강한 퇴행은 에너지를 보급하여 활력을 되찾아 준다. 이때 필요한 세 가지는 마음 편하게 퇴행할 수 있는 사람과 장소, 시간이다. 이 세 가지를 다 갖추고 퇴행 의식을 할 수 있으면 좋겠지만 한 가지라도 있으면 도움이 된다.

긴장에서 벗어나 릴렉스할 수 있는 나만의 공간이 있는지, 집이 아니라면 카페나 도서관, 공원, 자동차 안이라도 좋다. 잠깐이라도 한숨 돌릴 수 있는 시간을 가질 수 있는지, 단 몇십 분만이라도 잠시 일상에서 떠나 산책하거나 음악을 들으며 에너지를 충전하는 루틴을 갖는 것이 필요하다. 또 편하게 수다를 떨 수 있는 사람이 있다면 많은 도움이 된다. 안건에 따라서는 꼭 친밀한 관계가 아니더라도 안건에 대한 이해도가 높은 사람이 있을 수 있다. 퇴행할 수 있는 장소, 시간, 사람이 동시에 있으면 가장 효과적이지만, 이 중 한 가지라도 평소에 만들어 놓고 자신이 지금 퇴행 의식을 통해 충전이 필요한 상태라고 인식하고 퇴행할 수 있다면 무기력으로 인한 외로움의 함정에 빠지지 않을 수 있다. 생산을 위해서 충전이 필요하다고 할 수 있지만, 반대로 제대로 충전이 되어야 생산도 가능하다고 가치관을 바꾸어 보는 것도 좋을 것 같다.

사람은 근본적으로 나약한 존재이다. 태어날 때부터 그랬고 성장하는 과정은 물론 성장한 후에도 의지할 곳이 필요하다. 특별히 원대한 꿈을 꾸며 강한 의지를 품고 대단한 노력을 하려고 해도 한순간에 무참히 무너질 수 있는 것이 사람이다. 사람이라면 인생에서 만나게 되는 고난과 역경을 사전에 방지할 수 있는 방법은 없다. 고난과 역경은 하늘의 몫이고, 단지 그런 시련이 닥쳤을 때 어떻게 겪어 내느냐가 사람의 몫이다. 이때 묵묵히 자신을 믿고 지지해주는 사람이 곁에 있다면 그 시간들을 살아낼 수 있다. 자신의 상태가 어떤 상황인지를 평상시에 의식적으로 판단하여, 이에 대한 나만의 충전 방식을 어떻게 만들지 생각해 보자.

이 글을 마치면서

한 사람이 죽었다. 아무도 그의 죽음을 알지 못한 채 어느 날, 악취에 의해 확인되는 죽음이 있다. 고독사이다. 사회 안에서 사람의 존재가 완전히 사라질 때까지 아무도 모를 수 있다는 인간관계의 소원함에 깊은 슬픔과 두려움을 느낀다. 고독사가 발견되고 있는 곳은 지리적으로 고립된 인적이 드문 산간벽지가 아니라, 인구가 집중되어 살고 있는 대도시의 원룸, 고시원 등이다. 또한, 우리가 살고 있는 지금은 스마트폰으로 손쉽게 서로의 안부를 확인할 수 있는 시대이다. 그런 사회에서 오늘도 어디인가에 도움을 요청하지 못하고, 도와줄 사람도 없이, 생활의 동선에서 자취를 감추고 세상에 존재하지 않는 것처럼 살고 있는 사람들이 있다.

외로움은 인간이 태어나면서부터 갖는 실존적 차원의 문제이므로 이미 오래전부터 철학이나 문학의 중요한 소재였다. 사회적 고립은 인류가 안전이나 효율성과 같은 생활의 편의성을 추구하며 타인과 협동하는 집단생활을 선택할 때부터 있었다는 설이 있다. 사회의 탄생과 동시에 이와 같은 사회 과제도 생겨났다고 할 수 있다. 최근의 사회구조의 변화로 인한 사회적 고립은 산업혁명으로 촉발된 산업화와 도시화의 진행으로 시작되었고, 약 150여 년이 지난 이 시점에 우리는 그로 인한 처참한 결과를 현실로 맞닥뜨리고 있다. 인간이라면 누구나 외로움을 느낀다. 때로는 혼자 있고 싶을 때도 있다. 하지만 사회적으로 고립되어 자신의 삶을 방치한 채로 죽어가는 사람들은 왜 그렇게 된 것일까? 죽음에 이를 만큼 외로움을 초래한 원인은 무엇인가? 우리 모두는 외로움과 사회적 고립에서 자유로운가? 이 책을 통해 우리 사회는 얼마나 외롭고 고립되어 있는지, 사회적 고립의 발생 배경과 그 리스크는 무엇인지, 이에 대한 개인적, 사회적 차원의 대비는 가능한지에 대해 접근해 보고자 했다.

  우리나라에서는 최근 들어 이 주제에 대해서 연구 분야나 정책 분야에서 본격적으로 관심을 갖기 시작하고 있지만, 아직도 고독사라는 가시화된 부분에 대한 대응책이 대부분이다. 하지만 고립의 특징은 그 대상자가 자신을 드러내지 않고, 자발적으로 지원을 요청하려고 하지 않는다는 점이다. 그들을 발굴하기도 어렵고 발굴해도 지원을 거부한다는 문제가 있다. 그런 생명 위기에 봉착한 사람들을 위한 대책도 시급하지만, 심각한 상황에 이르기 전에 어떻게 예방할 수 있는지가 중요하다. 또한 이러한 고립이 왜 발생하게 되었고 고립에 처해 있는 사람마다 그 원인은 무엇인지에 대해 이해하는 것이 필요하다고 생각했다. 사회복지를 본격적으로 공부하지도 않았고, 아직은 많은 사례를 접하지도 못한 상태의 일천한 지식으로 쓴 책이지만, 사회적 고립이라는 시대의 큰 흐름에 대한 사회의 전반적인 문제 인식의 분위기를 환기시키는 데 일조할 수 있다면 더할 나위 없는 영광이라 하겠다.

2025년 5월
이완정

참고 문헌

- 김만권, 『외로움의 습격』, (주)혜다, 2023
- 나가오 가즈히로 저/신학희 역, 『남자의 고독사』, 연암서가, 2019
- 나카야마 마사키 저/김경원 역, 『한나 아렌트〔인간의 조건〕을 읽는 시간』, arte, 2017
- 노리나 허츠 저/홍정인 역, 『고립의 시대』, 웅진지식하우스, 2021
- 데이비드 브룩스 저/이경식 역, 『소셜 애니멀』, 흐름 출판, 2011
- 로버트 D. 퍼트넘 저/정승현 역, 『나 홀로 볼링』, 페이퍼로드, 2009
- 로버트 D. 퍼트넘 저/정태식 역, 『우리 아이들, 빈부격차는 어떻게 미래 세대를 파괴하는가』, 페이퍼로드, 2016
- 로이 리처드 그린커 저/정해영 역, 『정상은 없다』, 메멘토, 2022
- 마르쿠스 가브리엘 저/이진아 역, 『지나치게 연결된 사회』, 베가북스, 2022
- 마르틴 파도바니 저/백승치 역, 『상처 입은 감정의 치유』, 분도출판사, 1999
- 마크로밀 엠브레인, 『트렌드 모니터: 대중을 읽고 기획하는 힘 2023』, 시크릿하

- 우스, 2022
- 마크 W. 셰퍼 저/구세희 역, 『커뮤니티 마케팅 : '소속감'을 디자인하라』, designhouse, 2024
- 비벡H. 머시 저/이주영 역, 『우리는 다시 연결되어야 한다』, 한국경제신문, 2020
- 서은국, 『행복의 기원』, 21세기북스, 2014
- 아라카와 가즈히사 저/조승미 역, 『초솔로 사회』, 마일스톤, 2018
- 알베르 카뮈 저/김화영 역, 『시지프 신화』, 민음사, 2016
- 야마구치 슈 저/이연희 역, 『쇠퇴하는 아저씨 사회의 처방전』, 야마구치 슈 저/이연희 역, 한스미디어, 2019
- 엘리야킴 키슬레브 저/박선영 역, 『혼자 살아도 괜찮아: 행복한 싱글라이프를 위한 안내서』, 로크미디어, 2020
- 오렌지 크로스 저, 남해권·김마현 역, 『사회적 처방 백서』, 일반사단법인 에듀컨텐츠휴피아, 2022
- 우에노 치즈코 저/송경원 역, 『누구나 혼자인 시대의 죽음』, 어른의 시간, 2016
- 이부영, 『분석심리학:C G 융의 인간심성론』, 일조각, 2011
- 이현정, 『외로움의 모양』, 가능성들, 2024
- 제임스 홀리스 저/이정란 역, 『나는 이제 나와 이별하기로 했다: 융 심리학에서 발견된 오래된 나로부터의 자유』, 빈티지하우스, 2020
- 제임스 홀리스 저/정명진 역, 『나를 마주할 용기』, 부글북스, 2015
- 존 카치오포·윌리엄 패드릭 저/이원기 역, 『인간은 왜 외로움을 느끼는가』, 민음사, 2013
- 지그문트 바우만 저/권태우, 조형준 역, 『(사랑하지 않을 권리) 리퀴드 러브 : 현대의 우울과 고통의 원천에 대하여』, 새물결, 2013
- 지그문트 바우만 저/홍지수 역, 『방황하는 개인들의 사회』, 봄아필, 2013
- 최성애, 조벽, 존 가트맨, 『내 아이를 위한 감정코칭』, 해냄출판사, 2020

- 페르낭 브로델 저/주경철 역, 『물질문명과 자본주의』, 까치, 2024
- 한나 아렌트 저/이진우, 박미애 역, 『전체주의의 기원』, 한길사, 2006
- 한민, 『개저씨 심리학: 신세대 아재를 위한 지침서』, 세창출판사, 2018
- 한성렬, 『이제는 나로 살아야 한다』, 21세기북스, 2021
- 보건복지부, '2024년 고독사 실태조사',
- 지역문화진흥원, '2023년 국민 사회적 연결성 실태조사', 2024
- 통계청 통계개발원, '국민 삶의 질 2023', 2024
- 통계청, '통계로 보는 1인 가구', 2023
- 통계청, '2017 한국의 사회지표 - 장래인구추계'
- 통계청, '2023 인구주택총조사'
- 통계청, 2023년 경제활동인구 청년층(15~29세) 부가조사 마이크로데이터
- 통계청, '2023년 고립·은둔 청년 실태조사', 2023
- 한국은행, '미혼 인구 증가와 노동공급 장기추세 보고서', 2024
- 행정자치부, '2023년 주민등록인구 통계'
- Holt-Lunstad Holt-Lunstad J et al. 2010: Social Relationships and Mortality Risk: A Mcta-Nalytic Review, Plos Medicine. 7(7)e1000316.
- Irene Hou, Owen Man, Kate Hamilton, Srishty Muthusekaran, Jeffin Johnykutty, Leili Zadeh, Stephen MacNeil, "All Roads Lead to ChatGPT": How Generative AI is Eroding Social Interactions and Student Learning Communities, 14 Apr 2025
- Jo Cox Commission on Loneliness final report, 2017 Combatting loneliness one conversation at a time A call to action
- Lauren Y. Atlas, Cristan Farmer, Jacob S. Shaw, Alison Gibbons, Emily P. Guinee, Juan Antonio Lossio-Ventura, Elizabeth D. Ballard, Monique Ernst, Shruti Japee, Francisco Pereira & Joyce Y. Chung , Dynamic effects of psychiatric vulnerability, loneliness and isolation on distress during the first year of the

COVID-19 pandemic, Nature Mental Health volume 3, pages 199-211 (2025)

- OECD, 'Society at a Glance', 2016
- Peter Townsend(1957), The Family Life Old PeopleAn Inquiry In London, Routledge and Kegan Paul.
- Pew Rresearch, 'social-trends/men-women-and-social-connections' 2025
- Saima May Sidik, Why loneliness is bad for your health? A lack of social interaction is linked to a higher risk of cardiovascular disease, dementia and more. Researchers are unpicking how the brain mediates these effects. Nature, 25 Apr 2024
- Space10, 'projects/urban-village' 2019
- 阿部彩〔外〕宮本太郎 編, 『自助社会を終わらせる：新たな社会的包摂のための提言』, 岩波書店, 2022年
- 荒川和久, 『ソロ社会マーケティングの本質』, ぱる出版, 2023年
- 一般財団法人オレンジクロス, 『社会的処方白書』, 2021年
- 關水徹平・藤原宏美, 『(~果てしない孤獨~) 獨身、無職者のリアル』, 扶桑社, 2013年
- 岸恵美子, 『セルフ・ネグレクトのアセスメントとケア』, 中央法規, 2021年
- 岸恵美子, 『セルフ・ネグレクトの予防と支援の手引き』, 東邦大学, 2017年
- 斎藤雅茂, 『高齢者の社会的孤立と地域福祉 ―計量的アプローチによる測定・評価・予防策』, 明石書店, 2018年
- 三十三総研, '孤独・孤立問題の現状と対応に向けた取り組み', 2023年
- 西智弘 編著, 『社会的処方』, 学芸出版社, 2020年
- 西智弘 編著・岩瀬翔・西上ありさ・守本陽一・稲庭彩和子・石井麗子・藤岡聡子・福島沙紀 著, 『みんなの社会的孤立』, 学芸出版社, 2024年
- 田村 真一(孤独・孤立対策担当参事官), '孤独・孤立対策について' 内閣官房, 2023年
- 東京大学出版会, 『生活不安の実態と社会保障』, 2022年

- 内閣官房孤独・孤立対策担当室,'孤独・孤立の実態把握に関する全国調査(令和5年)調査結果のポイント', 2024年
- 内閣官房,'人々のつながりに関する基礎調査票', 内閣官房, 2023年
- ニッセイ基礎研究所,'セルフ・ネグレクトと孤立死に関する実態把握と地域支援のあり方に関する調査研究報告書', ニッセイ基礎研究所, 2011年
- ニッセイ基礎研究所, ジェロントロジージャーナル No.10-011, 2010年
- 牧田満知子・立花直樹,『ソーシャル・キャピタルを活かした社会的孤立への支援』, ミネルヴァ書房, 2017年
- 原田 知佳・土屋 耕治,'社会的孤立・孤独感・一般的信頼は特殊詐欺のリスク要因となり得るか―オレオレ詐欺被害者と看破者との比較検証―', 犯罪心理学研究, 2025年
- 松下啓一,『元気な町内会のつくり方成功の決め手−10の処方箋と80の実践事例−』, 日本橋出版, 2023年
- 三浦 展,『孤独とつながりの消費論』, 平凡社, 2023年
- 三浦 展,『永続孤独社会』, 朝日新書, 2022年
- みずほリサーチ&テクノロジーズ株式会社,'社会的孤立の実態・要因等に関する調査分析等研究事業報告書', 2021年
- 明治安田総合研究所,'イギリスの孤独対応戦略と社会的処方', 2021年
- 渡辺 俊之,『ケアを受ける人の心を理解するため』, 中央法規, 2013年
- 吉田太一,『遺品整理屋は見た！』, 扶桑社, 2006年
- P.タウンゼント・山室周平監訳,『居宅老人の生活と親族網　戦後東ロンドンにおける実証的研究』, 垣内出版, 1974年
- PWC JAPAN,'ビジネスを通して向き合う社会課題: 孤独・社会的孤立1', www.pwc.com・jp, 2023年7月
- PWC JAPAN,'ビジネスを通して向き合う社会課題: 孤独・社会的孤立2', www.pwc.com・jp, 2024年1月

고립이란 이름으로 우리 곁에 숨어 있는
외로움의 함정

1판 1쇄 발행   2025년 8월 30일

지은이 이완정
발행인 조상현
마케팅 조정빈   **편집인** 이명일   **디자인** 페이퍼컷 장상호

발행처 더디퍼런스
등록번호 제2018-000177호
주소 경기도 고양시 덕양구 큰골길 33-170(오금동)
문의 02-712-7927   **팩스** 02-6974-1237
이메일 thedibooks@naver.com   **홈페이지** www.thedifference.co.kr

ISBN   979-11-6125-556-9   03330

독자 여러분의 소중한 원고를 기다리고 있으니 많은 투고 바랍니다.
이 책은 저작권법 및 특허법에 따라 보호받는 저작물이므로 무단전재와 무단복제를 금합니다.
파본이나 잘못 만들어진 책은 구입하신 서점에서 바꾸어 드립니다.
책값은 뒤표지에 있습니다.

더디퍼런스는 다른 시선으로 세상을 담는 책을 만듭니다.

이 저서는 2023~2025년 한국연구재단의 지원을 받아 수행된 연구임.
(NRF-2023S1A5C2A07095987)